詩の顔、詩のからだ

阿部嘉昭

思潮社

詩の顔、詩のからだ

阿部嘉昭

思潮社

目次

I　詩書月評 2016

II　詩の顔、詩のからだ

Ⅲ　補遺と2017年詩集

装幀＝奥定泰之

Ⅰ　詩書月評 2016

幽体化する音韻

わたしは詩集を読むのが速い。けれども是非の判断は遅い。どうなるか。判断留保したものは、それを摑みきれるまで読みなおすことになる。だから詩集価値の即断を月ごとに迫られるこの欄では、馴染まぬままに対象を論じ、誤りを犯すかもしれない。連載の端から緊張している。

三読四読される詩集には、ある一定の型があるようにもおもう。各フレーズのつくりだす意味の重畳、一冊の構造が段階的に把握できたものには読了感をおぼえそれで「仕舞」となる。これにたいし意味が茫洋としていながら音韻が豊かな詩集の表情は、間近にありながら遠さへとうごき、逃げ水のように追跡を誘いだす。焦慮が点火され、しかもその火勢がことばに反して遅いのだ。こうした背反が詩のひとつの姿だろう。もとより音韻は科学的に定義できず、詩の実体でありながら詩の幽体でもある。詩作者自身の計測すら超えた何ものか。――今月はまずこのように格言し、詩集探索の緒についてみよう。当欄前任者・秋亜綺羅さん（軽快な筆致が素晴らしかった）が積み残した、刊行ラッシュだった二〇一五年十月のものへと照準をあわせる。

稲川方人『形式は反動の階級に属している』（書肆子午線）。『稲川方人全詩集』（二〇〇二年、思潮社）に収録されていた未刊の同題詩篇群（「一九八七―二〇〇一」の日付をもつ）十八篇から、十六篇が選択、あらたに十一篇が補充され、さらにその前の未刊詩集から一篇が横滑りしてきた——これが成立のあらましだ。稲川式の、単発詩篇を長篇詩集に繰り込む編集からはじきだされた、旧詩篇のお蔵出しと捉えられるかもしれないが、わたしはそうはおもわない。可能態としての叙法が躍動し、とりわけ稲川好きの若手詩作者への挑発を織りなしている。初出を確認できていないが、八〇年代後半から二〇〇〇年代初頭が制作時だとしても、「文学的な」男性難解詩の八〇年代調が成立するまえの、七〇年代詩的な未分化もある。かつての自分がこうした稲川詩の別の貌にどれだけ影響をうけていたかをおもいだした。

もっと具体的にいえば——イメージ連関の齟齬をしるしながら、反復や、日付の律儀な提示などから「唄う調子」が脈動し、それで詩篇群が抽象と具象、硬直と柔和、現在と過去といった背反性を点滅させる。点滅は鼓動にちかく、詩作者の身体を髣髴させるが、同時に身体はそのものが「音韻」にくるまれて幽体化している。性急な統合を阻むこの分離こそ「抒情」とよばれるしかない。多人格が行ごと聯ごとに連詩独吟をしているような孤独感が胸に迫ってくる。相米慎二との交情を含羞のフィルターにかけたとおぼしい「コオロギ遺文」の最終聯《「ああ足はあるさ、ほら／でも生まれてこのかた／この足にいい靴がなくってね」》は亡き相米の述懐のように響きながら帰属先としてはタクシー運転手（?）が詩篇中にあるだけだし、アメリカ小説の細部をもおもわせるから「宙に浮く」。この宙への浮きかたが、ことばそのものの孤独となる。結語の素晴らしさは最終詩篇「善悪の面影」では人間的時間論の様相をおびる——《いま在ることは　さらに在りつづける／永遠は　それよりもずっと過去にあるのだから／単独者の物語はやがて終わりに近づくだろう》。読み手は稲川の個別性が普遍化されるゆらぎのなかで読み手自身の単独性を編成されてゆく。最後に、やわらかさによって同調をしいられる一節を、『稲川方人全詩集』未収録の一篇「最終戦争のとき」から引こう。

美しい母性の肖像とともに私は歩きつづけた
美しい母性の肖像とともに私は泣き暮らした
衰えた幼年期が橋上で不意に途絶えるとき
川沿いの観覧車に二体の亡霊が乗り込むとき
こんにちは、さようなら。
さみしい話をしてあげる。

カニエ・ナハ『用意された食卓』(私家)。稲川の前掲詩集と比較すると、このカニエの詩集のほうが『償われた者の伝記のために』ほか初期・詩集形の稲川にちかしい感触をおぼえてしまう。助詞の斡旋の、換喩的なずらしによるのかもしれない。助詞のずれは詩篇に立体性をみちびき、同時に齟齬ゆえの偏光をよぶ。偏光が重なれば共約不能な時間も生ずる。この詩集はタイトルなしで置かれた序詩(巻末目次では題は「塔」)の魅力が全体へ浸潤してゆく構造をもっている。冒頭を引こう——《生まれている人が、/存在しない/静かな一日を置く、/いま覚えていることを/つぎの8月まで覚えておくこと。/故郷に近い/他の土地で/恐れるように/人の話に耳を傾けてきた、/私は自分の記憶の深い/終わりに近い/生誕で、/隣あった、離れない/領域、家の一つ同じ名前の/様々なものに/鎮守のために/静かに/風に、私がはためく音を聞いていた。》
引用終結部に顕著な文法破壊がみられる。同時に目的と一致しないぎりぎりの近在、あるいは現在時の順延の予感が、作者の位相を留保的にする。これがあって助詞誤用が時空を散乱させるのだ。作者は書かれた場所に「いる／いない」「いた／いなかった」。これこそを、主体＝意味のてまえの幽体化とよべるだろう。たとえば引用中の芯のことば「生誕」に、音韻感覚の干渉がはいり、引用部では文字どおりそれが「はためく音」、べつの音として変成する。ひかりの屈折のなかにしか捉えられない作者像には、韜晦が介在されているわけではない。むしろおそらく、屈折がみずからの血流のひろがりだという観相が、作者と清潔に一致している。一致していることと、近在していることが同時的だから、詩篇が抵抗圧的な力をもつのだ。むろんここに、現在語一般への反訴がかんじられる。

とうてい円満裡に読了できる詩集ではない。むしろ再読のたびに顕れが変わるのだ。全体では、この世に帰郷した自己感覚の散乱的な多元性が主題になっていて、それが「用意された食卓」という詩集題になっているようにおもえるが錯覚だろうか（詩集題と同題の詩篇、もしくはフレーズは存在しない）。再訪が分岐を付帯すると勝手ながらかんじたフレーズをふたつ掲げておこう。《〔…〕あまりに泣くので、／私の目が潰れる。神経がやみにとどいて、光景を構築する、／かつての時間が、宙を右往左往している。そうして、／世界の半分の門は閉ざされた。》（「小石」）、《〔…〕私がいた駅を降りた／その最初の日の／森であること／やがて幽霊のような世界を行く、／心臓に家があり／触れると／複号化する鍵の／一つになることで／私は少し／病院を訪問した》（剝製）。一致していることと近在していることとの同時性は、カニエ・ナハの詩歴では前詩集『ＭＵ』（私家、二〇一四）からの偏差をしるしづける。詩集ごとの「変化」を読ませずに何の詩作者だろう——この気概には徹底的に同意するが、カニエの変化は方向感覚が一筋縄ではゆかない。たとえば前掲の序詩の終結部もこうなっていた——

親しい友人になるために
生まれたとき、
人々が祈りの声で
小さな葉を
ふるわせて
出て行く日は
昔の闇に続いていく

石田瑞穂『耳の笹舟』(思潮社)。喩の地滑りや消滅をおこしている本稿の詩作者群のなかにあって、丁寧に喩の文学性・説明性に傾斜してゆく石田の詩は、迫力という点で遜色があるとみえる。『耳の笹舟』は失聴危機を体験した作者に、聴覚と微細につながる視覚が「音づれる」さまを展覧するが、体験のこうした芯に、無前提性につながる暴力がないのだ。失聴という特殊体験が独自の音韻化へ嵌入していないといってもよい。ところが耳の危機のかわりに、視覚上の氾濫が起こって、詩は臨界を超え爆発へといたる。

ちいさな修辞では《小鳥たちは陽光にきらきら燃え／光に焼きつくされてしまいそうで》という「ネザーランド」の一節に動悸した。ヴァージニア・ウルフ『波』中の「蝶葬」から、幻想小説体の叙法を行分けでくりひろげる「蝶と電車」に、さらに絢爛な視覚細部の爆発がある。体験をもとにした詩篇は、ホーチミン市のバーを舞台に、メキシコの海辺の光景まで挿入させる。そのメキシコ部分の一節――

そのとき飛来した蝶の大群は
一本のハリエンジュの樹をおおいつくして燃やした
蜃気楼に裂かれる幻の紅葉　風にキスする樹霊の睫毛
枝は数百万もの翅を一挙にひらつかせている
それは　だれかに開封されるあてもない
別世界からの手紙のように
言葉では書かれない一篇の詩の根源を消印していた

それにしても《肉体にはいつも美しい客がいる》という「見えない波」のフレーズがすばらしい。

平田俊子『戯れ言の自由』（思潮社）。地口や音韻変化を伝家の宝刀にした、さすがの風格と知性で、笑いもしたし堪能もした。詩作をエンタテインメントにまで「高める」点で平田は現在、追随をゆるさない。「地口」系の典型となる「蚊」三部作（「か」「いざ蚊枕」「まだか」）は説明がややくどく停滞がみられるのにたいし、平田の文学的素養と音韻変化が見事に並行した「マドレーヌ発」や「アストラル」はデザインの流麗な建物に侵入する夢見心地をみちびいた。これらの詩に自明なように、平田詩の真諦は換喩的な「移り」だ。その移りが「「そうだ皇居いこう」」終結部の人間対人間の鮮やかな移りへも結実する。あるいは「東／京／駅」での「鴨の脚」の移りへとも変奏される。

ところが伊藤比呂美との交友を時間軸に追った「伊藤」では、伊藤にまつわる風説を前提に、彼女に対して頑なに「移らず」それでも宿命的な「同調」をしるしてしまう、実は平田のほうが野太く可笑的に描かれている。女友だちを「伊藤」と苗字で呼びすてにするこの詩篇は、発語のつよさが目覚ましい「音韻」効果をもち、畳み掛けが簡勁だ。このとき「伊藤」の音韻そのものがやはり幽体化する。最終聯——

好色な伊藤
野心家の伊藤
世話好きの伊藤
せっかちな伊藤
〔…〕
多情であった
多感であった
多才で
多弁で
多忙であった

日和聡子『砂文』（思潮社）。譚詩ともいうべき、しかも恋か性愛の気配ある詩篇の並ぶ詩集前半にとくに圧倒された。古典からとりだされただろう古朴な漢語にまず味わいがあり、物語的ながら飛躍のある詩的措辞を注意深く補ううち、ゆっくり味読することを促されてゆく。そこにまた、日和のするどい「音韻」感覚が作用する。たとえば「古墳」中の一行を分解して抜くとこうなる――《床を円く／掘った暗い／静かな／家に棲んで／いたときのこと》。音数は《六・六・四・六・七》。五七五七七の和歌に微妙な増音と欠音が施されているとわかる。古典的素養からの変異ではないか。偏差を介した音韻移行も縁語的だ。冒頭詩篇「旅唄」中の一行《あるとき神裂《かんざき》が　櫛とかんざしを買ってくれたことがあった》での「神裂」と「かんざし」は頭韻をもとにした語形変化だろう。

その「旅唄」が多くのひとに圧倒的な感興をもたらすにちがいない。銅鑼打ちの神韻により家々の空気を裂く「神裂」(造語だろうか、手許の辞書にない語彙)の門付に、拾われたみなしごの女児が同行する。やがて女児は成長、ふたりに性愛の気配が生じる。日和らしい、間隙を孕む体言止め連鎖の以下――《突き当たりに　宿　行き止まりの　くらがりで／裾に　手／大きな　手のひら　指／声》。これ以外にも日和詩の繙読を遅くさせる語の斡旋がある。字間空白ならびに「道道」「門門」「店店」「のぞきのぞく」などの同語連鎖だ。それらはあたかも瞬間の欠片を重複させて時がながれてゆく機微とつうじるかのようだ。そんな器へはいり読者は人物や事実の寂寥を同調的に増幅させてゆく。うつくしいくだり――《銅鑼が響くたび　胸が壊れる／大きな音になるこまやかな風の震えの中に入って／一瞬だけ　懐かしいところに／交ざる　遡って　流れて》。読み手はここで女児そのものへと生成してしまう。

こうした範疇の詩篇とは異質なものも混入している。うち「土星の午後」「砂場」など見事だが、永遠を透視した田園叙景詩「ら」が大好きだ。作品に頻出する「ら」を、「羅＝うすもの＝風に舞う薄布」と読んだ。忘れがたい余「韻」を生じる帰結部を抜こう。

殖えては　減ってゆく
奥山の
ひる前
しずかに降り注ぐ雨
濡れない
ら

次号も、つづけて十月刊行詩集群に言及します。

（「現代詩手帖」二〇一六年一月号）

女になること、女であること

つねづねわたしはおんなになりたいとおもっている。そのために女性を好きになっているようなものだ。生物的な性転換をおこないたいわけではない。女性が女性である自己再帰性を、自分が自分である再帰性に運用させたいだけだ。そうなれば優美になれるだろうか、残酷や聡明にもなれるだろうか。ところが女性の手になる饒舌な詩集を読むと、それをつうじ「女性になること」は今や現在的な脱臼をしいられる。むろんそのことが女性詩の繙読をゆたかにもする。ミシュレはつづった――《女は病気である》。そういえば『男が女になる病気』という名著もあった。

平田詩織『歌う人』（思潮社）。大型新人の呼び声が即座にかかるような達成と捉えた。「凪」「夜明け」「音楽」といった詩語の駆使、複雑な字下げなどレイアウト的な美観にまずは意識がむかうが、この作者の特性はもっと混乱している。一篇の詩が多元性を孕んで長く、さらには詩行の進展が「詩行の瞬間」のみを提示することから、繙読にともなう加算的な記憶が過激に阻害されるのだ（倉田比羽子に通じる膂力だろう）。読者は平田の資質的な優美に陶然としながら、同時にその消去力にも翻弄され、三読四読に巻きこまれる。二人称「あなた」が頻出するが、それが恋人への慕情であるほか、詩篇「連弾」にみられるように恋人とかぎらない記憶上の共演者をしめす場合もある。

イメージが過剰になって像自体が崩壊し、その場所を音韻が代位するとき、この作者のもつ相反性が読者に装填される。そうして読者は抒情性を超えて「女」になる。たとえば詩篇「花火」の以下のくだり――

こうもりたちが
藤棚の頭上を落ちるようによぎるころ
季節の軸にはぐれた
ひときわ青い声が
空の破れ目から走りだし
星々の斜影を追い抜いてゆく
ひらめく背には
かすかな翅脈がはしり
あれはそう
墜落してゆく骨格を
逆さまにかけのぼっていった
みずみずしい羽音のまま落ちて
どこまでも落ちて
ここへ留まるものすべてを
まっすぐに裂いて

そしてつないでゆく光の半双

動詞の斡旋により時空がうごいている。とりわけ「走る」「駆ける」が存在の光条を印象づける。この危急が平田の抒情を切羽詰った何かへと押しあげるのだ。別例を詩篇「春子」から引こう。

温んだ泥のにおいをくるぶしに残したまま
どこまでもつづく廊下を駆けていった
目の奥からにじんでくる
みおぼえのある
屋根のつくる波
のびあがる窓から
あなたが手を振るのだがまぶしくて
呼ばれているのか別れの挨拶なのかももうわからずに

蜂飼耳『顔をあらう水』（思潮社）。蜂飼詩はその初期を愛読していたが、その後は疎遠になっていた。詩的修辞をこれでもかと押しだしてくるその才気と客気に圧され、こちらの「女になること」が縮んでしまうのだ。読者のゆれを許す詩の隙間がないといってもいい。高密度、高圧力。そのうえで実現される語調的な多元。それでも天才的な金言が、やはり『顔をあらう水』にはあふれている。詩篇タイトルを明示せず、いくつか引いてみる。《振り返るときの／仕方をまちがえ／顔という顔は汚れている》《やがて冷えていく地平線／遠くに立ち並ぶ者たちが見える／〔…〕／眠るようにこの世の熱気はしりぞいて／顔の奥からまた顔が来る、ぽかんとしている》。これらの「顔」はレヴィナス的に出現している。おなじことは「水」にもいえる。《真水は真水であることの核心へ落下した》。蜂飼詩はみじかければ量的な威圧感が減って受け入れやすくなる。絶品とおもう一作「戦後野原、いまここの」全篇――

石段を、のぼるたびに振り向くと
眼下の野原ざわめいて沈んでいく
つたわる動きをたとえば風と呼ぶなら
草、そして青人草は、だいたい
おなじ方を向いている
要るとも要らないとも答えぬうちに
にぎらされる傘はだいたい、あぶない
頭上のひろがり、一滴、二滴
あんな遠くから
でも、きっと崩れてくる

大江麻衣『変化（へんげ）』（マイナビ）。前詩集『にせもの』ではいわば核心に届かない近似的な表現が、換喩的なズレとねじれをゆたかに導いていたが、散文詩から行分け詩へと基軸が移ってもその魅惑が更新されている。蜂飼的な単位加算の才能であるまえに、すでに全的な才能である点、同時に発想が詩の通例から外れている点が大江のしるしだ。とうぜん破壊性が前面化している。読者は補塡にむかうのではない。破壊性を丸呑みして、感電にむかう。したがって大江詩によって「女になること」は「女性性を拡張すること」と同義となる。大江は詩を発見しない——発明する。たとえば「みんなの佐々木」の第一聯。

佐々木の姿勢はうつくしい
むかしの多数決　思い出す
正、という字を黒板に書くことが許されたのは、よく出来た子
（！　子どもの頃の姿勢がずっと続く。子どもの頃きちんとしていると大人になってもそんなにおかしなことにはならない）
で
そういう子が、チョークでまっすぐ一画ずつ、一画ずつ足していったときのように（チョークも白だし骨も白だし佐々木の肌も申し合わせたように白い）
骨粗しょう症になりづらそうな、からだ
正しい体、正しい姿勢

何が新しいのか。人体観察と人体比喩が同時的で、なおかつことばが舌足らずの破天荒をまとって

いる点だろう。大江の観察力はそうしたねじれのなかにある。詩篇「黒塚」での行の渡りの、異常なすばらしさも引いておこうか。

肉親以外の死はむずかしいな
亡くなったの。そうなの。
これだけのことが
「忘れないでいてね」
「見たことのほうが大事だよ」
ああそうか
死者について語らないから勉強になるのに
糸。「眠い」
わかりやすいものにだけ目がひらく
おどる岩手に見透かされる
（楽しいでしょう?）恥ずかしい

宿久理花子『からだにやさしい』（青磁社）。二〇一二年「ユリイカの新人」の第一詩集だ。関西弁による口語性の飽和が詩性をねじりあげ、しかも修辞は諸段階にわたり破壊されている。構文の乱れ、とりわけ字間空白と改行の法則外しにより、繙読時間がさまざまな脱臼をしいられてゆく。さきの大江どうよう、「女であること」が「別種であること」へと進行していて、今や女性性こそが創造の破天荒、そのためのらんびきなのではないかと思いをつよくする。
それでもまずは自己身体＝女性身体の把握に、破壊性を歯止めする抒情が隠れている。だからこの作者に愛着をおぼえる。詩篇「暦と数字のあいだを」から――

皆は手に皺が増えていくのは仕方がないと思っているふしがあるけど
よく見てみたらそれは数の刺青だということに気づくはずだ
重なり黒ずんで病巣みたいだけど
　女は
いったいどういう了見で
三十一から一へ引っ返さないといけないのか
三十一から一までの
あいだに力なく　浮いている
無理やりリセット感とでもいうべきものがすっと気持ちいい感もあり後ろめたい感もまたある
とずいぶん前から思っているんだけどどうと問いかける勇気がでない
女は女まかせの乗客に皆すごく大事わたしが弔ってあげるよと
伝えたいと言って泣きます
涙は黒いです

詩篇「かつて」にはこんな端的な二行もある――《栞がなくて終わる／に終われない本みたいにい

っこの四肢だった》。詩篇「無差別愛」の終聯なら自己身体の多元性の礼讃だ――

あたしのからだは、さらピンの折り紙みたいに皺ひとつなく、つややかで白くてきれい。ずっと丘が続いてる。日差しにあたためられた、ぬるい川もある。湿った森もある。町工場も風俗も、ごみ処理場もある。バッティングセンターも。

けれどもやはり行の渡りの異例な詩篇を引かなくては宿久の真価がつたわらない。付言しておくと、行の渡りで宙に浮く接続は、脱臼であると同時に次節待機だろう。この二元性は宿久的な情緒の呼吸でもあって、読者はそこに笑いとともに切なさを感知するかもしれない。一行の長さが顕著な詩篇「寝言がひかってる」（部分）――

〔…〕肉には塩味がついて生え
はじめた歯で噛まれたり柔らかい歯肉に触ったり唾液の泡立つさま、自慢だっ
た肌はなのに素直に還元されててほんまぐずやな。何喋ってる湖で喋って
もそ
もそも買ってくれた手はそこかしこへ指紋をつけて、皺どおしのちいちゃな檻
をつくった気でいるけど
教えた番号のケタ数がひとつ多いこと
も気づかずに白んだ水蜜を啜らせて世界を引き受けた目をするのでいとしい

ので、もうすこし懐柔されておいても良いかなと思う。琥珀の踊り場で目があったきりもう会わなくしても良いかな。私はここです。

紺野とも『擾乱アワー』(マイナビ)。商標だらけの詩空間、いわば資本主義語彙のなかにきしむ、それでもあまやかな女性身体を前詩集『かわいくて』に定着させた紺野も、大江麻衣どうようマイナビの「現代詩歌コレクション」シリーズで間断なく詩作の新境地を披露した。紺野的な女性身体は情報の洪水のなかを漂流するサイボーグもしくは情報、もしくは「3Dプリンタの」「光を通すからだ」(「追儺ランドで高いヒールを履いてはいけない」中の表現)を想起させる。紺野詩によって「女になること」は、「サイボーグになること」に近似してゆく。それと体言止めのつづくくだりになると、歌詞的(Jポップ/Jラップ)な調子を付帯するようにもなり、とりわけ椎名林檎との類縁性をかんじる。詩のポップ化に自覚的なひとりだろう。

彼女の詩ではオフィス仕事は次のごとく多元音楽的に詩化される。詩篇「卵殻」の第二聯から——

朝を定刻に迎えることほど困難なことはないと常々考えるが一二時五八分になればシエスタを自然に終えられる自分の体内時計に驚嘆している。指はリズムに関わらず短調を欲しがり続けている。黒鍵と白鍵よりも複雑に作られた羅列盤を自由に使いこなし、Gクレフのないディスプレイをなぞる動きにメトロノームが内蔵されていることを信じ、他人のリズムを邪魔することはない。それでも貧乏ゆすりの若手の指が十六分音符を正確に刻むとき、姿勢のよい先輩

のうつくしい指がラップのリズムでＹｏ！と煽るのは蛍光灯が一本抜かれているせいだろう。〔…〕

紺野の詩集に難があるとすると、掲載詩篇のそれぞれの印象が、資本ロボットの抒情を主題にすることで相似る点かもしれない。ところが『擾乱アワー』には他に似ないで群を抜く、幻想と笑いの相混ざった譚詩「めがはえる」も収録されているのだった。「メ＝目＝芽」の同音によって「恋人」と「ポテト」が二重性のまま記述される結構。平田俊子をおもわせる。その三聯までの導入部を引こう。結末は小説的な終息感があるので秘密にする。


日なたにほうっておいたらメが出てしまいました。

冷暗所に置いておかなければならなかったのです。

たまの休日に恋人はベランダでひなたぼっこ。ポテトグラタンができあがって呼んだら、振り向いた顔にはいろんな大きさの目ができていました。

翌日、手足を丁寧に折り曲げてあげてクローゼットに入れました。これで安心、もう目は増えないでしょう。ところがどうしたことか帰宅すると日なたにいて、目を増やしていたのです。運悪くお天気続きの春でした。恋人は話します。ある目は近眼で、ある目はレーシックを施されていて、ある目は二キロ先まで見えるんだよ。すべての情報を処理するのにひとつの脳みそでは少なすぎるようで、やつれて見えました。

鳥居万由実『07.03.15.00』（ふらんす堂）。序数000から062まで散文体の断章がならぶ。小ぶりの書物だが、ボリュームは今回のなかでいちばんんだ。鳥居は各断章を意図的に「小説未然」にすることで詩にしている。断章には主人と召使いの対話、学園少女小説、宇宙科学的言説、哲学的箴言などの分類があるが、それらも構造的な連結をみない。いわばひらかれた組成、分散、ゆるやかさが全体をただよっていて、これらのものを女性性への生成材料にしているのかもしれない。その意味でいえばドゥルーズ的な「少女になること」に最もちかいのがこの鳥居の「詩集」だろう（しかし「散文集」とよぶべきかもしれない）。

アトランダムに付箋を入れた箇所を引こう。《苔を飼うように微細な記憶を飼っている》（014）。《曇り日が最近は好きだった、色彩すべてにミルクが混ぜられてまろやかになる。薄膜があらゆるものの表面にふわっとおりて皆を守っているような、同じミルク色の液体の中にすべて溶けこんでいるような気になるからかもしれない。》（018部分）。《目をこらす時、私たちは静かだ。》（038部分）。《人称のない世界だと、いつまでも何も起こらないだろう。空気のゆらぎと、波のたゆたいがあるだけ。でもそれでまったく満ち足りた状態だ》（054部分）。《「わしたちは話さないと存在できない、そしてもう話すことは尽き果ててしまった」／召使いは子どものようにむせび泣きはじめた。》（055部分）。

（「現代詩手帖」二〇一六年二月号）

告げんとしつったわむ言葉は

男性的な抒情をかんがえるとき、おもいだす一首がある。往年の岡井隆『朝狩』中の有名歌《肺尖にひとつ昼顔の花燃ゆと告げんとしつったわむ言葉は》がそれだ。当時、結核臨床医だった岡井の身上が一首理解の導きとはなるが、やはり構造をみるべきだろう。気づかれるように上句はハ行頭韻連鎖だ。ところが頭韻のつくりだす語勢が下句では言い淀みへ転じ、結果、倒置法により苦い余韻をのこすよう歌体そのものが「たわむ」。言いさしてズレるこの発語の換喩性にこそ、男性的な抒情が宿っている――そうおもう。前号本欄で通覧した女性詩はどこかで「あからさま」な生理が透けていたが、男性の抒情詩はたぶん恥辱を、自身の隠れた駆動力にしているのだ。

宗清友宏『霞野』（石風社）。私には未知の詩作者で、詩への多様なアプローチを展覧する才能とわかるが、叙景詩のズレ――それがもたらす抒情性がひときわ眩しかった。細部に眼をやればたとえばこんなフレーズ。《光が少し増し　比重が揺れ／注意深く移動してゆく風の中に／短いものが生じている／様々な長さにズレを起こしながら／どこかに抜けてゆく／消えたところに　緑が揺れている》《一本の線のような人間の腕が伸び／葉陰に斜線が入る／その影を残したまま／垣根の実写が何事もなく／揺れ続けている》（いずれも「葉陰の歌」より）。ズレる思念が風景内の単位を別様に汲みあげ、それで世界がふかまっている。見事だとおもう。その彼の圧倒的な一作が巻頭に置かれた詩集標題詩「霞野」だった。まずは途中まで引く。

カテゴリーが割れて
ちょっと窓を見つめる午後
案件の流れる空の下を
ダニエルが横切り
時の縁がめくれ始めている
誰かがさらに投げ込む
なぞなぞの木の実は
銀色をして
解かれる暇はない
そこに　たまゆら
たままゆる街
逆さまに飛んでゆく
ひと
ゆるやかな曲線の眠り
その軌跡から降ってくる
幽かな文字群

仕事の合間、虚心に「街」を眺める作者の視線が前提されて、街の「たまゆら＝玉響＝瞬間」がどんな虚像をゆらめかせるかが観察と想像のあいだで叙述されている。形容詞「たままゆる」は、「流れのなかに瞬間瞬間をゆらめかせる」程度の意だろうか。平叙を予定される景の描写に、予想不能の修辞が混ざることで、ズレの向こうへ原景が退行する。じつに高度な換喩的叙景法だが、結果、減少してゆくのが作者の身体ではないのか。けれどもその身体を、詩行に隠れたリズムが同時に賦活してもいる。こうした二重性こそが読みどころだろう。詩篇は終結部にいたり、風景と作者の身体双方を、すばらしい余韻を引きながら朧化させてゆく。

小さな火と水
残されたコップに映える
水輪のリズム
〔…〕
手が素通しになるところ
それぞれの視野のこちらに
小さな銀河の渦実が播かれ
極微が舞う
錫杖がしなる
おのごろ　おのごろ

ひるこ　あわしま
あわじしま
むなかたの広い霞の中にいる

久谷雉『影法師』（ミッドナイト・プレス）。歴史的仮名遣いでしるされた抒情詩が収められている。それぞれが複雑で新鮮な感慨をのこすのは、詩行加算がズレて一行ごとに視点の新規化が実現されているためだ。詩の構造が「たわんで」いる。たとえば――《焼けた雲から／五色の栞をひきぬく／めまひに倒れる人が／この石段の下にも／きつとゐる》（「本の死」終聯）。そのなかに作者の抒情的な身体が半ば隠れるようにあり、仕種では「振り向き」などが心にのこる。《愛が最後には／さかのぼるものにしかならないことに／ふりむく朝の　わびしさよ》（「咲かない花」部分）、《不意におまへは振り向く、／家鴨のやうに　そして／／おまへが振り向いた先には　やはり／家鴨のやうに振り向く／人間の列がある》（「家鴨の町」部分）。身体に（恋）情はみちているが、同時にその身体は自己抹消も試みる。《手足も目鼻も性器も切り落とされた筒めいた切れはしとして、わたくしは伯母の家までの小道を移動してゆく。》（「円筒形」終結部）、《だからこそ、わたくしは笑つた、／／鳴るやうに、たゞ／夏の階段のうしろで、糸を揺らして／笑つてゐた。》（「蟬」終結部）。

詩篇「物理」（部分）を引いておこう。読者は「花をほどく」という営為に籠められた性的な衝動、ならびに終結部の「愛する」／「愛するはずだった」間の時制・当為のズレが、抒情性を吸引、それで時空のゆらぐさまを慈しんでほしい。詩的修辞のたわみとは、情の容積そのものだったのだ。

あかはだかの
花をほどくとあらはれる
垂直の
蜜
真夏の川をさゝへる
からい蜜だ
〔…〕
髪を
光らせて
草の上にしやがむ人よ
立つ力よりも
しやがむ力に
ゆがめられた足を
わたくしは愛する
蜜を動かす息つぎで
かたどるやうに
愛するはずだつた

久石ソナ『航海する雪』(私家)。「雪」「結露」など、久石が去年冬まで棲んでいた札幌の記憶が装塡されている。だがそれだけではない。まずは部分を引いてみよう。《聞こえてくるのは新しい記憶の燃える音》（「やさしい頭痛」）――この「現在形の」過去の更新がどこかで身体感覚の自体的なゆたかさと通底している。《食べるものすべてがネオンの味を示す》（「海を渡る雪」）――対象と自らの感官、どちらに変貌が仕込まれているかわからない「主客一如」性はすべてを併呑する潜勢力ともつながっている。これらは女性にこそ期待される属性ではないのか。もともと「ソナ」というジェンダートラップめいた筆名をもつ久石は、外貌もふくよかな美丈夫で、存在自体が両性具有的――とわたしはつねづね彼に指摘してきた。久石のズレ、たわみは、じつに性差領域に発露するのだった。詩篇「綺麗であること」で、《月明かり入りのスープを作るよりも、自分自身を綺麗にすることは難しい。》と、不思議な自己戒律を吐露する彼は、こともあろうにコインランドリーで綺麗さにかかわる展望をひろげる。倫理的な詩なのに、妖しい動悸の避けられないのは、作者＝詩の客体が男性か女性かで迷彩が施されているためで、この点をふくめての変容詩なのだった。その詩篇「すべて」を引こう。

一日の終わりに
服を洗濯機に入れる
私に進入しようとした
汚れは洗濯機の
底へ落ちてゆく
私は裸で

生まれたときの姿とは
大きく変わってしまった体で
回り始めた洗濯機の
渦を見ている
深夜に
大きな音を立てて
回り続けている洗濯機は
汚れと戦っているんだ
〔…〕
この町のどこかで
知らない人が自慰行為をおこなう
それは私には関係のないこと
綺麗であるために
おこなえることは
おこない尽くそうと
誰が言ったのか知らないけど
私も
知らない人も
この町も

従っているんだ
　ほら綺麗だって言い張れる

野村喜和夫『久美泥日誌』（書肆山田）。助教だか院生だかわからない過去の思い人「久美」がヒロインだ。事実を元にしているか否か判別がつきがたいが、それにはたわみをともなう換喩的＝日誌的な書法も関連している。ここで読者を襲うのは恋を「罹患」することだ。つまり恋がつたえられるのではなく、恋そのものに「なる」――こうした誘導が、断章形式と相俟って、ロラン・バルト『恋愛のディスクール・断章』を想起させる。さて断章群のひとつ「23」では、久石が暗示域にとどめておいた「女になること」がずばり書かれてしまう。「女になること」と「恋をすること」の等値。

　奇妙なことだ。あのとき私は女にでもなっていたのだろうか。男としての恋情がマックスになったとき、かえって、身内に洞《ほら》を穿たれたような状態になってしまったのだ。それは恋の相手によって、生きてある彼女の光をはじく挙措によって充たされなければならない空虚であり、いや彼女のマチエールそのものによって、私の言葉やまなざしを呑み込み、消化し、吸収し、排泄しているにちがいない彼女の肉質めくめくるめきそのものによって充たされ、占領され、台無しにされるべき空虚であった。信じられるだろうか、私が、女の膣のようになまめかしくも力強く洞を穿たれ、すると洞は拍動し、タフで、豊かで、絶え間なく私を持ち上げ、歩ませていたのだ、ひくひくとあてどなく、実に張りつめ、実に危うく。

生々しさを印象されたとしたら本意ではない。言語実験をさまざま披露してきた野村だから、「久美」の地縁である「恋ヶ窪」をゆくことが、そのまま「ちたちたと脳梁を水がつたってゆく」（「5」）ことになるように、言語的な地名も恋に作用しているのだった。「42」では「久美」にまつわる「久美泥」の秘密が開陳される。それは媾合自体を誘う名だった――《久美泥という美しい言葉を、私はいつ、どこでみつけたのだろう。泥は「ネ」と読んで、組み寝、の万葉仮名でもあろうか。》。この既定のもと、恥辱にあからんだ「言語上の」回想が始まる。情の美しい連語となった「57」――

久美泥しませんか……　膝をかかえると……　あれはいつのことだったろうか……　発語はつねに曖昧さを残す。曖昧さはそして、それ自体語の輝きだ。眠りの感触が夢をひときわ浮き立たせるように。だが、語の輝きはわれわれの眼のはらを逆撫でしてゆく。その苦しみに耐えられない者は、ついに眼を閉じて、発語する者をめずらかな出土品のように撫でさする。

相沢正一郎『風の本――〈枕草子〉のための30のエスキス』（書肆山田）。副題どおり『枕草子』

の列挙リズムを「借りうけた」、タイトルをもたない詩篇が顔を出し、それが基底をつくっている。《雲は、いわしぐも、きぬぐも、かなとこぐも、しぐれぐも――》（五〇頁）。加えてこの詩集では、本を読むこと、日記をつけることが、詩の主体の内外をどのように変成させるか、詩的で詳細な叙述も繰り広げられる。清少納言になりつつある作者が、そうしてあいまいに自己や対象（これも自己？）をとりもどすのだが、すべての像が淡い点に特色がある。四八―四九頁――《ところできみはきょう〈空に両手をさしのべ、雲にむかって呼びかけた〉って日記に書いてたけど、きみの去来する思いそのままに流れる雲はかたちを変える――馬やかなとこ、鳥やちょうちょ、ちぶさや水母に……。》《〔…〕きみがまぶたをとじて眠ってしまったあと、雲は日記のページのあいだからしずかに漂いだす――まるでまくらの破れ目から飛びちった羽毛みたいに……。》

外界をひきいれて自己領域の朧化が起こるのは、そこがそもそもたわんでいるためだ。結果、『風の本』でも、カラヴァッジョ、シェイクスピア、宮沢賢治が召喚されてしまった構造的な詩篇が混入する。そのシェイクスピア篇は沙翁劇の科白が地の文に不測かつ換喩的に混在しだして、しずかな衝撃を打ちこむ。たわみが「ゆがみ」に進展するのだ。部分的に引く。《《誰だ》――『ハムレット』のいちばんはじめの台詞に、いったいなんて応えたらいい。いま、わたしが手にしている本は、鏡。……あんまり遠くても、また近づきすぎても、わたしにはわたしのものがたりを読むことができない。いつだったか朝、ふるえる手に剃刀をもってひげを剃っていた面皰面は、本当にわたし自身の顔だったのかどうか。》《わたしの人生、すべてこれ大根役者。それにしても、これまでいろんな役を演じながら、たくさんの台詞をしゃべってきたな。朝起きると、左腕が痺れて重かったとき《このとおり、おれのからだは魔法にかけられている》、郵便受けに差し込まれた新聞を引き抜こうとして、つよくひっぱって破いてしまったときやトーストを焦がしてしまったとき、シャワーを浴びていて温水がいきなり冷水に変わったとき《馬をくれ、馬を！　馬のかわりにわが王国をくれてやる！》（六〇―六二頁）。

冨上芳秀『蕪村との対話』（詩遊社）。評論のような書名だがちがう。相沢が清少納言を借り受けたように、冨上もまた蕪村の一句一句に触発された散文形の断章詩篇をなしている。ただし方法は培養ではなく、ここでもズレ、たわみだった。しかもそれらが減少と連絡する驚愕を演じることもある。蕪村《学問は尻からぬけるほたるかな》を付した「ほたるの学問」――

若いころから男は学問好きでした。毎日毎夜、男は学び続けました。〔…〕尻からぬけたほたるが男の周りには無数に飛び交っています。〔…〕やがて、男は死ぬでしょう。ぱったりと暗闇の中で死ぬでしょう。〔…〕無数のほたるは死んだ男の身体の上をしばらく舞っていましたが、男の身体が完全に消えたとき、同じように闇の中に消えました。後は、何もない闇が続くばかりです。〔…〕

（「現代詩手帖」二〇一六年三月号）

韮・甕鍋・あけび・いしもち・ゼリーの音色

一面的な真実をいえば、発語は加齢にしたがい浄化されてくるのが自然だろう。野心や承認欲といった憑き物が落ちだすのだ。しかもその浄化は語彙単位に生じるのではなく、うごきやまないことばの隙間にこそ生じる。それでたとえば六十代以上、大御所ではない詩作者が、詩作のフィールドではとりわけて本質的な存在となる。そうおもえないのなら、この点を周知させていないジャーナリズムに毒されている。

若い意欲的な詩作者が知るべきなのは、修辞の「たりなさ」「すくなさ」が逆に稠密性をつくりあげる、この年齢の詩作者たちの逆転性だ。同時に、観念によらない詩のどこかには具体物のフックも存在している。それがたとえば可食物の登場をうながす。むろん六十代以上であればとうぜん「記憶」「孤独」が主題の中心に収斂してくる。気をつけたいのは、人生における日常性はそのかけがえのなさにより戦慄に値するものだと感覚する叡智が彼らにもたげる点だろう。回顧調はむしろ若年層にある。

吉﨑光一『草の仲間』(北の街社)。一九三七年、青森生。半島の尾根の分水嶺から内湾にそそぎこむ雨水を遠望幻視する冒頭詩篇「分水嶺」での端正なはこびから、この作者への畏敬がただちに生じた。詩篇は福島第一原発事故から離農を余儀なくされる友への共苦に発展してゆく。農が本質にあり、それが民俗と連絡してゆくのが吉﨑の詩の真骨頂だろう。ただしそのまま事実提示的なのではない。むしろことばの運びのなにかが醗酵している感触がある。たとえば詩篇「幻影」の三聯まで——

道祖神の前で
交尾《つる》んでいた野良犬が
昨日処分された

むらはずれの老松の
太めの枝に逆吊りされた躯体は
皮と骨と肉に手際よくばらされ
ほどなく青年団員の鍋に供された
あっという間にことは仕舞い
そのあとは昏いしじまが閉じた

枝に一夜取り残された皮は
血を滴らせ乾かされ鞣《なめ》され
そして山子暮らしの祖父の胴着になった

犬鍋という可食物が出てくる。だがそれは無意識の閾へと潜行する。滴るように鮮烈な印象をのこす具体物はほかにある。連作「草の仲間」中の一篇「韮」。全篇引用する。

死ぬかも知れない
死んでは困ると思うた
自分のことではなく

少年であったころ
自分の小遣いをつくるのに
にわとりを飼わされた
たまごは母の商っている小店へ売った
町の肉屋で買ってもらうため
籠にいれバスに乗り
少年クラブや
好物の穴の小さな竹輪に換えた

ひよこが病気になり
死ぬかも知れないと思うと
死んでは困るので

父が教えた韮の青汁を
何度も服ませてやった
それでもいよいよ死ぬかも
知れないと思うたときは
少年クラブは読めないと思うた

町の肉屋へにわとりを運ぶとき
満員のバスのなかで
籠が怯えてゆれるたび
服ませ過ぎた青汁が
床に零れ落ちないかと思うて
ボクは韮のように
真っ青になった

平野晴子『黎明のバケツ』（洪水企画）。一九四二年、山形生。詩集標題の由来は、茂吉記念館に展示されていた生前愛用の排尿用バケツだが、それが認知症で不如意となった夫を主題とした詩篇群へ自然と接続されてゆく。その最終的な様相は、詩集末に収録された詩篇「高野聖」にしめされる。鏡花世界とわずかながらに連絡する幻想が湛えられるが、自由間接話法、くわえて詩の主体にたいする「白萩」の位置が換喩的ですばらしい。そうおもわせる三聯まで引こう。

家路を忘れた月が
あまねく人の世をてらし
さまようころ

男を寝かせ
病を夜にたのんで
女はこっそり
霊力をそなえた女に逢いにいく
眠れるものを
馬か蟇にしておくれ
蝙蝠やうわばみは止しとくれ

物の怪が
裳裾をひき
夜まわりするころ
中空で月が青ざめ
白萩がほろほろこぼれた

この世代の詩作者たちは語調を誤ることがない。恬淡だからだ。ところがその恬淡さがさらに説明過剰を拒み、結果的にとおいもの同士に連結が生じ、語法が奇異に刷新されることもある。この素軽さが若年層の多くには実現不能だ。傑作詩篇「来なくても来たのなら」。出てくる可食物は霰鍋。終結部でのゆれと禅的な脱規定性を堪能されたい。

霰の夜は
足音たちがやって来て
霰鍋をつつき
飲み食いしている

大根おろしが
土鍋の底にびじょびじょ沈んで
主が独り
鱈の切り身を箸でつりあげ
いにしえの人に勧めている
猫に睨まれながら

〔…〕

やがて

来なくても来た人が
一人去り
二人去り
膝に猫もいない
〔…〕
湯気のたたない鍋には
降りやんだものが
澱んでいるばかり

霞の客は
冷たい里へ行き着くころか
来なくても
来たのなら
帰らなくとも
帰っていったのだった

沢田敏子『からだかなしむひと』（編集工房ノア）。一九四七年、愛知生。記憶の多元性、現在の多元性が作者に到来していて、それがまず語調の優雅さにつながっている。ところが優雅さはこれまで掲出してきた詩作者どうよう簡勁な措辞の賜物でもある。詩集は一年十二か月を順に主題化した第一部からはじまるのだが、たとえば「三月のうた」と副題された「背の明かり」の終結部四行ならこうだ。《夕方／雛飾りの雛たちを　いっせいに／向こうむきにした／背から　こんなに明るさがひろがるなんて》。「向こうむきに」させる作者の本質的な転倒性は、物事の背後を視る視線の質と相即する。詩集標題作「からだかなしむひと」がその証左となるだろう。四聯まで引いてみる。

痛い、とは言わず
哀しい、と言った

こころが哀しいのではなく
からだのそこが哀しい、のだと
遠い日の祖母は少女のわたしに
半裸の背を向けて。

家族のなかのほかの誰に言うのでもなく
ただ　潮がざわつく前の少女のわたしに
老骨のからだをさらして
哀しい。
と言った。

その向こうには湾曲の半島があり
海が眺《み》える

初潮前を「潮がざわつく前」と暗喩することで、海が換喩される。これはこの作者の世代（団塊世代）の手法、その残影とよべるかもしれない。詩集第三部では「旗」の連作により六八年世代の作者の過去も造型される。ただし悲哀が優雅と連絡するのは加齢後の感慨だろう。加齢にたいして繊細な作者の感性は認知症をわずらう実母の「時間」にも思いをはせる。ただしその「時間」が可食的な実へと換喩的に変化する経緯が見事だった。具体的にはあけび。ところがその「むらさき」は褐色ににじむ褪色にすぎない。そうして時間と色彩が分離不能となる。詩篇「明後日」の途中から終わりまでを転記しよう。

終日　羽を畳んだ母ではあるが
〈あんくるバス〉から降りて
歩いてくる藪沿いの道の絡まった小枝の間に
ひっそりと覗いていた実ひとつ
今日とは
かくあっただろう
消えても絶えてもまぎれもない成果として人知れず
生《な》っているところに

断たれても埋もれてもあたらしい道に続くそのいちじつ
いちじつに
半世紀と三十六年
記憶の抽斗の番人たちの影も次々と去り
日傭《ひよう》を頼んだ農繁期のあのひとたちの影もないが
膨大な瞬時を背負い
〈あんくるバス〉はもう通過したのか
抽斗は深層で互いにつながっていたはずだが
深層はとうに露わになっているのだ
砕けゆく脆いものを
急ぎかき集めるように今日を問う　顔のなかに
それから
明日と明後日がゆっくりとはがれ落ちてくる
――また来てね　今日は来てくれてほんとによかった
〈あんくるバス〉の停留所へと急ぐ藪道に
むらさきのあけびがひとつ。

筏丸けいこ『モリネズミ』(フラミンゴ社)。一九五〇年、東京生。八〇年代詩の旗手という印象のつよい筏丸のこの詩集は終結部ちかくになって十八番の多弁も披露されるが、全体に渋い印象を清潔に貫くのは、以下のふたつの要因によるだろう。まずは「東京ローカル」から揺曳するグローカリズムに作者の身体の芯が通っている点（たとえば詩篇「モリネズミ」で埼玉県坂戸市の四川料理「伝承」の家常豆腐から東京根岸の「笹の雪」の豆腐にずれるくだり）。つぎに、融通無碍さに変化はないものの、作者の語法が従前よりも簡素になった点。詩篇「大道芸人の部屋」の終結部などには唸った。

男は　木の玉に　話しかけた
おまえをタドンにしないよ
玉は　その夜　夢を見た
人間の　聲が　聴こえる
慰めを　もとめない聲だ
このくらいの甘さがあってやっていける
つかみどころのない前祝い
ふらつく足で

融通無碍ながら構成力が確かなことが、筏丸の詩を愉悦にしている点も見逃せない。引用できないが、三聯で構成された詩篇「半分だけ」などは、各聯それぞれに「半分だけ」の主題が、詩的修辞をともなって展開され、全体が宥和、結果、「二分の一×3」の数式が成立、詩篇タイトルが優雅にゆらぐことになる。それで笑いがこぼれる。筏丸の詩篇には奇妙な物質性もあって、これが既存値を超える保証となる。「孤独」が「いしもち」とむすびついた冒頭収録詩篇「いしもち」。全篇を引くが、最終行の文法破壊など狂言綺語の鑑だ。

あったかい
東京湾のイシモチで　つくった家は
天気がよければ　一夜干し
釣り上げたとき
グゥグゥ
イシモチは　腹の筋肉をふるわせて
グゥグゥ　空に騒がしく鳴く　鳴き魚
わたしはイシモチの壁を見る
びっしりついているウロコが
四方から　迫る
ただただ　わたしはイシモチでできた壁を見つめる
そうするほかなく
銀色をおびた　淡い灰色
あざやかな赤いエラ
現在　わたしが息をつく場所
身構えさえもなく

現実に引き戻してくれる
東京湾の沖の　海の底
ここに　わたしはいて
それでいいのだと
光にかざすと　年輪がみえる
月が照らして
あたまをかじる
気詰まりな　煙ったい
自分のそばに　こうして戻る　わたしを越える

平井弘之『浮間が原の桜草と曖昧な四』（ミッドナイト・プレス）。一九五三年、東京生のこの詩作者のみ、残念ながら現存者ではない。二〇一四年に没し、作者生存時の詩集構想をミッドナイト・プレスの岡田幸文が遺稿編集した。素材はブログ発表詩篇。平井の詩も省略的で素軽く、そのぶんだけ文法破壊性がたかい。それでもその破格に独特な悲哀の味がある。三か所、部分をまず抜いてみよう。《今年の夏は／浮わついているな／だれもが浮き浮きしていないと／ラジオで云っているけれど／それは間違いだ／浮かれているものだけがわかる／面倒な淋しさもある》（「ペリエの梅さん」）。《期待して引き出しを開けると／法則が邪魔をする／気がついたことの補助として／名を付けようとすると／もう一日を数えている》（「かれを追う」）。《小さな穴だらけだったけど／ミネソタも良いところだったぞ／トシアキはそう云って／ミネソタを脱いだ》（「トシアキの船」）。

この「脱いだ」が平井詩にあって独特の動詞だった。着脱不能なものがじかに身体に着脱されて、それが身体変容のありさまとなり、同時にラヴソングの傾きも出てくる。性倒錯があるのかどうか判明しないが、奇怪作「あなたをすこし脱いだりもする」が愉しい。全六聯中、奇数聯のみを抜こう。「ゼリーの音色」という、可食性が変貌した具体物にご注意。

ひかりの斑のなかで
あたしはあなたを着たりする
微笑みながら水色の旗をなびかせ
風の滅んで行く方向で
あなたをすこし脱いだりもする

太もものあいだのゼリーの音色よ
あたしはあなたのこゝろで着たい
「あたしはあなたを唄いたかった」
夏には和綴じの本の感じで
冬にはつめたい指揮棒をふって
あなたの飛ぶ管《くだ》は夢なのだろうか

水色じみたあなたの体力を

あたしはくしゃくしゃな祈りの運河を昇ろう
ソラは風にこう云ったそうだね
「おれたちは古びているが滅びはしない」
あたしはなにに祈るのか当惑気味だった

滑稽詩がそれだけに収まらないのは、発語の連鎖にこれみよがしでない意外性があるほか、詩行発想が直線性から「たわんで」(これが前回のテーマだった)、透明な容積をつくりあげるためだ。平井は浄化された発語と、換喩を意欲する発語との、美しい中間にいた。平井の死は予期を外れた急変だったというが、詩篇「あたしのはるかな彼方」では不吉にも死を予感するおもむきがある。全篇を引いて終わろう。

紅茶のパックを
出張先のホテルから失敬してくる
幻想
思ったこと
何ひとつためにならず
何ひとつやくにたたず
何ひとつみにつかない
幻想の

紅茶パックはそのようにあたしのはるか彼方に
じっとりと濡れて
ふっくらと膨らんで
滑稽なほど臨場感にあふれ
最後の一滴まで
あとなんてきか

（「現代詩手帖」二〇一六年四月号）

瞬間の王は死んでいない

速く書かれた詩は、速く読まれる——ひろく流布しているだろう詩作上の謎だ。分離されるべき想像力と創造力、その和合の褥で多くの詩が書かれる——こちらはその是非が解決されなければならない詩作上の難問だろう。いずれにせよ詩作原理をバカ真面目に究明しないなら、これら二つの命題はむしろ詩の促成に結びつき、目くじらをたてる必要もない。なぜなら詩作は多様性こそを予期しているからだ。「瞬間の王」はいまだに詩作を賦活している。それを「死んだ」と宣した者は、錯誤していたにすぎない。

瀬戸夏子『かわいい海とかわいくない海 end.』（書肆侃侃房）。現代歌人シリーズ10として刊行されたこの本は区分でいえば歌集となるが、破調を駆使する瀬戸短歌の多くは、一行詩として短歌の外側にも屹立する。かつての加藤郁乎『えくとぷらすま』が定型俳句へとった位置どりを、定型短歌でおこなっているようにおもえる。まずは定型の瀬戸の歌を掲出してみよう。

はちみつとビオレのように血飛沫のたえず笑わぬ兄弟がいる

ある日という椅子の名だけがそこにありただふたくちのけものの子ども

酩酊と黒鍵のあいだ花束の命のための三日三晩に

愉悦すら悲しみに変えるぼくたちはいまだ若くて至高の半分

「はちみつと」の歌における対象の鮮やかな実在性はまぎれもないし、「愉悦すら」の歌での世代表明の不如意さもきびしく胸を刺す。瀬戸短歌の受容は五七五七七の定型性からの逸脱、そのグラデーションを色彩感とすることにある。隣接的な離脱なら以下。

わたしたちこの両手のフルハウスよりもっと感傷的にならなければね

口を出さないでくれこれからのしゃぼん玉のなかにひらく無数の傘よ

喫煙をゆるす天気がすれちがうほど弾丸の愛をトレースしていた

晩節を汚すためにもそばにいてくれ他は正式な最終通告

果汁1％未満のかがやきそうあれはわたしではないのです

これらにも連辞そのものの意想外が充満しているが、むろんシュルレアリスムのオートマチスムで書かれていない。イメージは結実寸前に周到な否定斜線を引かれているし、それでも横溢する情があって、その情の帰属不能性が現代的なのだ。「晩節を」など、わたしの年齢などには切実にひびいてやまない。では瀬戸短歌がもっとも破調へと針を振らせたときに起こることはなにか。それこそが「驚異」なのだった。

エイプリル・フールが葬儀　帰路、右手に財布、左手に砂糖・糊　うつくしかった

幾億のむかしからくりかえす花への問いかけにそのまま失態の窓をひらいた

実《み》ととおくから急速になれあった果実の手をこまねいて皆殺しだろ

オフィーリアすなわちオフィーリアの行方しれずの黒髪の姉

もうひとりがかつて春に惨殺されるのをみていた世界中の賛辞を浴びながら

利き手と名づけておいた葡萄の最高裁をにぎりつぶした、まだ間に合うから

鑑賞を付さないわけにはいかないだろうか。なら二首だけ。「オフィーリア」は論理矛盾そのものが閃光を発している。「エイプリル・フール」は世界と死んだ者、どちらがうつくしいのか分明でないまま、葬儀後をあるいた主体の身体が、左右の手の持ち物をしめされても消えかかっている「嘘」がなおうつくしい。

榎本櫻湖『metamusik』（私家）。意気軒昂さで耳目をあつめるこの作者は、「瞬間の王」の信奉者にみえて、その王すら冷遇する気力がすばらしい。榎本の詩を端的に説明するなら、現代思想系的な複雑な構文をこのみ、ただし語配置に凶暴なずれが生じている、とでもいえばよいのか。もっと端的な構文を選択すればイメージの瞬間的な閃きと、ある種の内部性の確保により、その詩がさらに親炙へいたるとわたしなどはおもうが、複文と形容節の過度の重畳により、イメージが相殺されてしまう——つまり「連辞の殺戮」こそが狙われているようなのだ。かなづかいは現代のものだが、用字に正字異字がもちいられてより難解さがましてみえるこの文学的な詩集からも、瀬戸夏子にしたように、詩篇名を明示せず、まず「フレーズ」を抜書きしてみよう（用字は現代的な通用漢字で代用する）。

・それにしても翡翠の飛びかう水中には極彩色の絹絲がはりめぐらされ、鳥たちの嘴に纏わりついて苦しそうでもあるのに、悠然と縦横にうつろうあざやかな火球を鏤めていると網膜に錆びた銅が繁茂するようである、

・森林地帯には死刑執行人の蒼褪めた義足が象嵌された深海が鏤められてある、

・波うち際にいつのまにかおかれてあった異国の楽器は調律が狂ってしまっていて、鍵盤を敲くと曇った硝子の音がし、

・いくつかのめだたない星座に楔をうちこんで、火酒の注がれるのをまつ夕べ、単眼鏡のレンズにも霜は降りる、

・書物の夢はあわただしい昏睡のさなか、蜜蜂の複眼をのぞきこむようにして現れる、

・風紋、干あがった湖の底にアコーディオンを沈める、はなびらがやわらかく彎曲する机のうえで、

・絲車に巻きとられた旋律が煙管のさきから溢れでていた、勘違いしてはならないのはその位置から眺められるものが絲杉では決してないということだ、

あえて論脈・詩脈を切断し、部分を換喩的にとりだした。そうする正当性もあるだろう。榎本の詩篇は、部分が充満しすぎて、詩篇ごとの全体性が溶解するのだ。だから繙読のなかで「部分」だけが擦過することになる（けれども丁寧に読めば、全体性を構築できるはずだ——そうさせないのが、榎本詩のつくる速読のリズムだった）。掲出したフレーズのうち「いくつかの」以下は、序数断章形式をもちいることでフレーズがみじかくほぐされた00から99までの連作「Poème Symphonique for 100 fragments」からのもの。充満性がとかれフレーズの見透しがよくなったことで、より注視が綿密になる。たとえば「書物の夢」のフレーズでは、昏睡する脳を、書物と蜜蜂の複眼がわけあうトポスの二重化がとても魅力的に映る。

松本秀文『環境』（思潮社）。多彩な型の詩篇発想を並立させ、しかも架空の猫・野良太郎の詩篇を別添巻末でまとめたとする、多様な「書物」意識にあふれた詩集だ。オンデマンドによる著者負担のすくなさが活用され、大判・大量頁の体裁に迫力があり、フォントの大きさの変化で視覚性もあたえられているが、とりわけ連用付帯節をつくらない一行完結文を詩行に林立させる部分のあることで（ラップの影響か）スピーディな繙読が可能だ。近代詩を中心にした参照系に反動のみられる点、サブカル参照が手近すぎる点、詩作じたいに懐疑のない点が惜しい。彼の詩篇も個々のフレーズに「瞬間」性が歴然としていて、まずはアトランダムにフレーズを摘記することにする。フォントの多様性、天付き／尻揃えの別はこのさい度外視。

・「どんな世界も偶然未満さ」と呟いた黒猫は馬車に轢き殺された（世界は無事動いている

・馬の男　まずは果実について考えてみることが歴史である

・究極の一撃　俺は神に到達する香りを手に入れたのだ

・「自由の意味を知らないまま、俺たちは自由をラアラア語っていくのだ」
・（信仰のない讃美歌がどこかでうたわれて……）
・「好きに吠える」
・誰かと誰かは必ずそこで出会う
・（空が支えきれないほどの）花火が大聖堂から上がる

技術的にみたばあい安易ともとれる詩篇と、高度なことば遊びになっている詩篇「いろはに歩兵と」などとが並立しているとき、感じるべきなのは多様さのポップなのか。ナンセンスに情がのるとき光芒を発するこの作者が得難いのは事実だ。とりわけ好きな四聯詩篇「その他（おぎゃあ」から一聯と四聯をひいておく。

永遠に死に続ける場所で
今日も生まれる
その他（おぎゃあ

郊外のアパートで
一篇の詩が誰かに盗まれる
その詩はどこかで生まれ変わる
その他（おぎゃあ

大野南淀／藤木哲明／村松仁淀『過剰』（七月堂）。三者合同著作で、詩篇ごとの作者名提示がなく、大野は深緑、藤本は灰青、村松は朱と、それぞれ印刷インクがつかいわけられている。この体裁からもわかるように、発語にスピードをもつ三者の境界消滅がつよく意識されている。
むろんそれぞれに個性の別はある。たとえば大野の、以下のフレーズ反復による音楽性がすばらしい。

セックス茶坊主が
振り返るな
呼びかけられて振り向くな
振り返る
全ての呼びかけは振り向く
ためにあるのではなく
顧みられぬ呼びかけもうたくさん貫いて
呼びかけられても振り返るなあ

振り返る振り向きの中には
雪が詰まっている

（「おれは上方人」部分）

和調語彙の展覧性を誇る村松なら、さらにギラつく不逞さもある。

わたくし自身、不鮮明に
書くことが課題なのであるが」
講堂全体に、ドッと笑いが
起こった
ぼくは、文芸の時代が終わった
と知った
ぼくは、弁護士になろうと
思い、翌日から少しずつ
ポケット判例を読み始めた
ああ、ぼくは最初から法学部に
行くべきだった
そして、ああ、ぼくは
『クレーヴの奥方』など
読むべきではなかった

ぼくは
留学なんか、したくはなかった
（二聯詩「大江健三郎氏のために」第二聯）

「すくなさ」によりスカスカの抒情をつくりあげる藤本に、もっとも技術的な先駆性をかんじる。三人はそれぞれにボヤキ節を唸るが、藤本のそれがもっともボロく、こちらの乞食めく感性を打つのだ。詩篇ふたつから部分を引く。瞬発力と自己馴化の理想的な共存もみてとれるだろう。

安易に悲しむな
などという
にんげんこそが
たやすく
悲歌と結託する
それでいて
溺れ、死んだ
というじじつ
聞いた
試しがない

それは

端的に
不吉である

うみにしかゆくな
（じゅすい、だってよ）

海辺に住んでいるからといって
優雅さとは程遠い
表へ出れば
燃え尽きた
フナムシの白い
亡骸が眩しいだけだ
あの、テトラポッドを渡って
海に倒れこんだ会社員の
背丈だけが優雅で
ドッペルゲンガー、ドッペルゲンガー
おれはただことばを
発することに嫌気がさして
昨年の夏は恋人と

（「偏執狂的論文」書き出し部分）

しりとりしかしなかった
どんなに熱くても
しりとりは持続可能で
あまりに終結しないので
交番に駆け込み
水没した
社用携帯の紛失届をだす
恋人は交番前に座って
絵を描いており
熱くはないのか

（三聯詩「ロング・サマー」第二聯）

青石定二『形Ｒ』（現在実験箱）。形象についての思索散文詩の連作といったおもむきだが、その「形」に「Ｒ」のつくことで実在者への思慕が語られている余地もある。すべてが鵺のようにつかみがたいのは同一もしくは近似フレーズが詩篇間を越えて再帰してくるからだ。不明性と連携してくるスピーディな文体があたらしい。だから全体の横組とフィットする。冒頭詩篇「形Ｒ」の書き出しを抜いてみよう。

形にならないと　内容は整わない　形Ｒは　形伝説の地に　大きな足の上に　だらり腸ときゃしゃ
首を繋ぎ　生の研究をする　図であれ　言葉であれ　生を形に収束することだ　もろもろの流れが

あるにしろ　きらりと光る断片があるにしても　そこに生の塊　すなわち生の形を求め続けること
だろう　形がなければ　見えぬ　聞こえぬ　分からぬ　さらには感じられぬ　生の流れや　生の断
片は　おびただしい浮遊物であり　ある種　自由活動を絶えず続ける　この流動の宇宙にあって
人も　勿論形Rも　流され流される〔…〕

もう一箇所、詩篇「放心」からも、この出所のあやしい哲学的詩作者の白眉の記述を引いて終わろう。終結部――

この夏は　雨がよく降った　確かに猛暑日もなかった　太平洋高気圧が　弱かった　それでも　形
Rは　越夏できた　いつこわれてもおかしくない形Rが　これはすごいことだ　今　放心の形R
は　放心のくつろぎに　在るのか　放心の言葉の形は　今なのか　2014年の今　放心か　変化の
少ない日常に　振り返りの雨が注ぐ　秋雨前線に　生を繋いでいく

（「現代詩手帖」二〇一六年五月号）

女性詩の色価

色価【しきか＝valeur】　絵画の画面における、各部分の明暗と位置関係の対応のこと。たとえば、「自然」内にある色彩は無限で、絵具の有限数では忠実に再現できない（とりわけ事物の光度や反射が問題となる）。このとき絵画では、色彩と位置との相関により、制約を超え、色価を表現できる。

「ヴァルールが合っている」とは、この技術の卓抜さをいう。ちなみにコローは色価を「トーンのプロポーション」と換言している。

――とまあ、ネットを参考に、いきなり辞書的な記述ではじめてみたが、女性詩の一類型はこの色価と関連があるだろう。一点性やつよいコントラストの忌避、かわりにあるしずかな充満によって、情と時空がやわらかに融即する。読まれるままに納得の生じる文の型を平叙体といってみると、平叙体の素朴を高度に救うのが第一に色価なのだ。男性詩がこうした美点をもつと、それも女性的とよばれることになる。

高橋留理子『たまどめ』（コールサック社）。一九五一年生の作者の第一詩集だ。夫へのおもい、韓国で結婚生活をする息子への郷愁、亡母への哀悼、旧友との同調など、通用性のある情を詩篇ごとに吐露するこの作者は、勤勉な歴史取材とともに、ことばのならびの色価によって読む者を魅了してゆく。巻頭をいろどる「あさがお」はこのようにはじまる。

あなたが
このよのひとではなくなってから
ひきだしのなかに　それをみつけたのです
そのすうつぶのくろいたねは
みどりがうずまくごがつに　また
あなたによって　まかれるはずでした
わたしは　そうすれば
あなたがいきつづけられるようにおもい
くるとしも　くるとしも
「ははのかたみよ」「ははのかたみよ」
といっては　たねをまきました
わたしのちいさなまごも
いっしょにまきました

「ははのかたみ」としるされることから、よびかけられる「あなた」とは亡母だろう。ひらがなのならびから色価がわきあがってくるが、それで形見という静的なものが動勢を付帯的に胎みだす。その後起こるのは書き方のしずかさからは一見つかみにくい爆発だ。

かがやくなつのあさ　つるをのばしながら
たとえようもないうつくしい
あおやあかのはなが
つぎつぎとひらきました
あなたのいっしょうの
よろこびとかなしみのかずほどにも

朝顔の青や赤はわずかに掠れ、それが涼しさや中国や江戸をよぶ。襞をもつ花弁のゆれかたも脆い。それが時空の進展と同調するのだが、高橋留理子にあって同調はさらなる同位をもたらす。それが類似を超え、悲哀をゆたかにする。見事な結末——

あきのいろがふかまりはじめると
こんどはたねをとりました
くるとしも　くるとしも
「ははのかたみよ」「ははのかたみよ」
といって
そうして　たねはふえてゆきました
けれどもあるひ　かがみをみつめていると

わたしのめのなかにあなたがいたんです
わたしのくしゃみや　かみのけ
つまさきにさえも

あさがおのなかに
あなたがいたのではなくて――

かわいふくみ『ひとりの女神に』（土曜美術社出版販売）。こちらも一九五一年生の作者の第一詩集だ。巻頭詩篇「ひとりの女神に」に新川和江とも通底するような圧倒的な女性性把握があるが、授乳のマニフェストからはじまった詩篇は、最後には幽明境を異にする母娘どうしの同調的な聖画となってしまう。このとき老いの定着がこの作者のべつの匕首だという直観が走る。実際そのテーマで「配達人」「あかずの踏みきり」と佳篇が顔を出す。どちらも空間性＝「位置関係」の提示が卓抜。これは凄い個性なのではないか。そのなかで時間進展自体を迷宮とかさねた「時の方向」の全篇を引こう。寂寥を湛える詩中の「おばあさん」は作者の自己貶称と捉えた。

孫たちは
おおきな遊園地へ行くようになって
おばあさんは　ひとり
からっぽの乳母車を押して

いつもの公園にやってくる

おばあさんは
時計のように
ぐるりと回るものが　こわい
メリーゴーランドが　こわい
観覧車が　こわい
ぐるりと回るたびに
孫たちはおおきくなって
はなれていった

用心深くなったおばあさんは
うっかり自分が回ってしまったとき
どれほど先に行ってしまうのか
見えない風景に立ちくらみ
ベンチで目をつむる

とろとろと
木洩れ日がゆれ

風が背をなでてゆく
巣箱のような乳母車からは
にぎやかにヒナたちの声があがる

しばらくして
ヒナは舞い立ち
どこかで時報が鳴る
おばあさんと乳母車は
押して　引かれて
軋みながら　公園を出る

家からの散歩道が
時計回りになっていることに
おばあさんは
気づかない

mako nishitani『汚れた部屋』（澪標）。現在は韓国ソウル在住、一九七二年生の作者による第一詩集だ。さきの二作者が普遍から悲哀を導いて色価をかたどったのにたいし、彼女は女性自らによるミソジニーを武器にする。母性を剝奪された片翼的なアブジェクシオン。狼藉から画柄をつくる作者の資質をつたえるため冒頭の詩集標題詩篇を抜こう。

あたしは金も才能もない女だ
あたしの部屋は腐った花の匂いがする
数ヶ月前玄関先で洗剤の箱につまづいて
白い大量の粉が廊下に散らばったままだ
〔…〕
買ってきた野菜は冷蔵庫で腐っていく
ビールとチューハイの空き缶が転がる
キッチンのシンクに何ヶ月も前に使った鍋や皿が
澱んだ水に浸かっている
〔…〕

見てのとおり詩的修辞は極力縮減され、平叙体がぶっきらぼうにひろがる。むろん作者をとりまく絶望の状況は、この力感あふれる簡勁さによりじつはもう救抜されているのだ。

性的な放埒は、海水浴場でのゆきずりの性愛や不倫に飛び火する。闇金融に追われ、韓国へと流亡する。詩篇をつなぐとそう要約できてしまう作者の生は、実際は生の刹那への洞察に注がれている。「くずれ」によって不可逆性が可逆性に回収されてしまう奇蹟のようなものが凝視されているのではないか。乾き、殺伐としている作者の眼は真実に直面して脈動している。自宅そばの川べりの菜の花の群生を不倫相手にみせようとして微妙な結末となる「菜の花」もいいが、より短い詩篇「妹」の全篇——

妹とあたしの恋人がふざけてキスをしていた
「あ、ほんとにした」と、思った瞬間
あたしはあたしの恋がだめになってしまったのを感じた
あたしの恋人は色が白かった
あたしは男の顔を見ながら
この人は誰だっただろうと考えていた
妹があんまりうれしそうな顔をするので
目をそらすことができない

伊藤悠子『まだ空はじゅうぶんに明るいのに』（思潮社）。前詩集『ろうそく町』からずっと注目している作者だが、生来の生成的な詩脈のやわらかさのなかに「たりなさで言い切る」「力の切断」のようなものが兆しはじめている。ハッとしたはこびなら例えば以下。《木材は幼子ほどの大きさだけで／ただそれだけにしかすぎないというのに／幼子になっていた》（「衣服をつけた一枚の木材は」部分）、《私のいない坂道は／なぜか明るい／気持ちすずやか／そんな気がする／滔々と坂道》（「滔々と坂道」末尾）。そのほか、作者にとって義母にあたるひとの葬儀に一族が集まったようすを散文形で綴った「また会おう」などは自由間接話法が生き生きと波打っている。いずれにせよ詩脈に「挿入」

的な緩衝域を挟むことで連辞内の位置関係が新鮮な色価を発揮している。同時に詩篇「旅の荷造り」では作者の身体の痩身化（減少）が伝わってくる。世界の「隙間」はそうした自己位置を基盤に測られているのだ。事物の点在する眺めの寂寥。詩集標題詩篇と「ランナーズ・ハイ」、どちらを引こうかと迷ったが、後者をまず全篇引く。

ランナーズ・ハイをまって走っていると
木々がたおれたり傾いたり
廃屋のような林があった
空いたところに消化器がざっと百本ほど
赤く立っていて
立っているものには使命がある
それをわからせるための赤でもある
わきにはたおされているものもある
終わったのだ
赤くてもだ
半月まえ
歩道のわきに鳥が上向きにたおれていた
廃屋のような林に
白いひとえのヤマブキが低くわたり

こんなものですが
と咲きはじめていた

ジョギング時の移動する視界を綴った詩としては視界が過激に濾過され、過激に強調もされた不穏な痕跡がある。平叙なのにすごい。けれども作者が隙間の位置から遠くを望む際には祈りの色価が漂ってくる。視界の選択が自在なのだ。詩篇「返信」（全篇）——

問いを抱えながら
カーテンを開けると
枝のあいだに
星がひとつまたたいて目が合った
これが問いへの返信と星は言う
今みつめているひとは君だけでないとしても
とおく問うたのは
君なのだから
まっすぐ受けとればよい
胸底ふかく受けよ

来住野恵子『ようこそ』（思潮社）。夜明けの気配の拡大を、夜と朝の葛藤として描く「The

maximum output」から詩集がはじまる。これまでの女性作者とくらべ、意志的に詩的修辞が彫琢され、平叙性が回避されている。ところがその詩篇から「部分」を拾うと、やはり卓抜な色価が定着されている。それは舞ってもいる。《天地の全幅を尽くし／何もかも初めて出会いなさい／刻一刻　始原のダンス／ばらいろの公転に身をまかせ／塵芥さえ無心に踊っている》。来住野詩にはターナーをおもわせる光の旋回があって、それが色価の中心をなしながら、しかもそこを修辞の「凝縮的飛躍」が襲う。方法も多様だった。以下、列記。

世界は走る傷で織られた粗布《あらぬの》、そう纏っていた半世紀
沈まぬ眼に魅入られてある夜ふと気がついた
傷の繊維一本一本が、
えもいえぬひかりを放っていることに。

傷。それが白道《びゃくどう》だった。

（「あれの発」部分）

寡黙な唇を宥めきれず
秋のおわりの耀《かがよ》いを逝くわたしは
波　こわれるだけの　それだけのピアニシモ

（「フォルティシモ」部分）

びるしゃな　光明はかたちをあふれて　死と訣別する

（「あわになってきえていくのよ」部分）

一縷のまつさらな唯々
（「唯々」終結部）

魂振《たまふ》りの最初の刃で
わたくしの謂を切りおとすビブラート
ほろほろまぼろしの吹きこぼれる防波堤からおちる
まっさかさまにそらへおちる
（「精霊ビブラート」部分）

はじけとぶ非のふかい合理に焼き尽くされ
　舞う　会う　舞う　会う
（「傷痕」部分）

ことばが瞬間移動する驚愕のなかに、記憶を超える色価が生じている。来住野詩では音韻の良さは付帯的で、まずは視覚から驚異がちりばめられる発想の端緒がある。それは分離不能のものを分離せず掠めとる観察力にも負っている。アッとおもったのが、あろうことか海の液体性そのものを主体にした二聯詩「海の言」だった。その第一聯を引こう。

ふたつの眼をもつ生きものは
何でもふたつに分けたがる
かたちのないぼくのからだにもことばの線をすっと引き

あの線のむこうは光それとも闇
この線のてまえは生あるいは死
ぼくにはどちらだっておなじこと
水だからね
切れない割れないこわれない
はじめもおわりもみないいっしょくたにつながれて
いつもひとつ、いつも全部さ。

最果タヒ『夜空はいつでも最高密度の青色だ』（リトルモア）。話題となった前詩集『死んでしまう系のぼくらに』同様、より若い世代に仮託して、口語性を主体に「新しい感情」を体現しながら時空をゆらす詩法が継続されている。縦書き詩篇と横書き詩篇の混在も踏襲されている。《かわいくなきゃ殺される場所　夢の街》と〆られる「渋谷の詩」などに着目すればサブカル度の高い社会性の詩、ともよばれるだろうが、感情が関係とともに重畳して、色価をつくりあげている詩法にやはり惹かれる。詩篇「花園」の後半を引いて終わろう。

解散ライブのCDをリピート再生することで、終わらないものにする、何かを。私の体、老いが見えるねって、なつかしいひとばかりが言う。都会に住むから、夜更かしだから、嫌いなものを増やして生きたい。そうして、死をゆっくり、受け入れる準備がしたかった。百年かけてだれかが嫌いになったその人自身を、愛して台無しにしたかった。それだけの、それだけの世界への仕返しに憧れて、愛しているという言葉を発声練習している深夜。
この世でいちばんいらないのは、きっと私の優しさです。誰かと人間やるためにも、ここが天国だということはずっと、ずっと秘密にしたい。

（「現代詩手帖」二〇一六年六月号）

老耄という方法

詩を読みつけてゆくと、逆説にとらわれる。「これが詩か」という戦慄がかえって魅惑を呼びさますのだ。詩の条件、その同定性にたいし、詩そのものがときに侵犯的に書かれる。自由詩の「自由」はこの点を等閑できない。従来こうした危険な詩作を領導したのが意気軒昂な実験精神だっただろう。いまはもう眺めがちがう。「老い」「衰退」「反復」など、「へらすもの」が、詩作のまんなかにふかい脱同定の穴をあけてくるのだ。

岩成達也『森へ』(思潮社)。本年度詩集の極北的達成といえる本書を対象化するまえに振り返っておこう。わたしが岩成の作品で最初にふかく親炙したのは、岩成自身の「脱」自画像の連鎖ともいえる軽妙洒脱な『フレヴリイ・ヒツポポウタウムスの唄』(八九年)だった。「老い」にわずかに侵食されたヒツポ氏の身体異調がむしろ鑑賞に浮力をあたえた。次が愛妻みどりさん(洗礼名マリア・セシリア)との共生と永訣を綴った『みどり、その日々を過ぎて。』(〇九年)。真率だった。もともと岩成を詩論家として崇敬していた。『私の詩論大全』(九五年)、『詩の方へ』(〇九年)、『誤読の飛沫《しぶき》』(一三年)などすばらしい。それら詩論集が純化へむかうにしたがい、その詩作もブッキッシュな随想との合金性をつよめてゆくことになった。

『森へ』でも敬虔な自然＝季節描写のあいだを縫いこむように、（科学）哲学的、言語学＝詩学的、神父との問答を交えた神学的な思索が混入してゆく。この混入には孤独にうごいている者独特の間合いがある。裏打ちしているのが、森（そこに岩成の山小屋がある）と塔（高層マンションとおぼしい）の往還。組成に気をつけなければならない。混淆的なテクスチュアがしめされるとして、それはモビールさながら機会的にうごいているのだ。しかも微動こそがほんとうのうごきだというように。岩成の人体が生々しく近づく。

岩成のみた風景にも、「人体のようなもの」の揺曳がある。まずはプロローグ「浮島」から。《ある日〔…〕浮島が灰色の　コロナの滲んでいる　つむじ風のような翳に摑まれているのをみた　いや摑まれているのではなく　風の五つの関節が浮島全体を包むように添えられていて　手頸から上の筋は　捩れながら塵のように　彼方へと消えはじめていた》《〔…〕軌跡としては逆同型をなしているこの二つの　揺れる動き……しかも　それが浮島において交差し重なるかにみえるということ……私は知りたいのです　これが私に予示しているのが　本当は「何」であるのかという　そのことを）》。しるされているのは尋常なことではない。変容可能性を孕んだ同定の難しい風景がそれじたい受肉して主体の身体へ入り、信仰の契機を織りなす神秘性がつづられているのだ。視力聴力の衰えを各所で示唆する岩成には触覚性が浮上してくるのだが、そこからも読者は「剝きだしの生」を感受しなければならない。《「受肉」の傍らを通過したときにも、みることや聞くことは歪み、消えたかもしれないが、手の想いだけは残る——というか、むしろ、そこを通過し得たのは、実質的には手の想いだけだったのではないか》（「森からの手紙」）。

複雑な思索連関が織りこまれている全体から、たとえば「記憶」の主題を出してみよう。むろんそれは悲哀にみちた老耄により濾過（異化）されている。

あの嵐の夜、私がみた「巨きく白い何か」も、私の現存に添っていたが故に「白い何か」と言うほかなかった。だが、翌朝、確かめに小川を渡った私が、それが折れた幹にあらわれた空洞の顔と「知った」とき、そこを漂っていた縁暈は、淡い記憶の翳を除いては、何一つ残されはしなかった

（「森から戻って」部分）

記憶の顔貌化（記憶が顔で構成される／記憶じたいが顔となる）へと体験が滑りだしている。このことは「夢」を媒介に以下のような転位をもたらす。

だから、夢は記憶を形成しないだろう。たとえ、切れ切れの記憶が
夢の形成に与るとしても。そして、夢が跡絶えるそのとき、切れ切れの
記憶や夢は花弁のようにその周りに寄り集り、同時に私へと目覚めてくる。
だが、そこでのイマージュの鮮明さ、筋途の明晰さは、その滑《ぬめ》りとともに
しばしば、局部的に（というのも、そこでは、隅あるいは周辺部は
いつでも闇だから）いささか突出が過ぎるという気持を私に与える。

（「夢の唄《ラルゴ》」部分）

岩成のかんがえる信仰と受肉につき、最後に出自のちがう三箇所から列記をしてみよう。「信じ

る」身体をどんな明瞭ならざるものが貫通するのか。①《視線とまなざしとはいったい何が違うのか。まなざしにあって視線からは消えているもの、それは共苦〔…〕――主がときあって私（達）にかいまみせ給う主の共苦、その深淵の揺らめきであるのではなかろうか》（一一一頁）。②《「私」と言うとき、それと相関的に私にあらわれてくる「私ではないもの」は、とりあえずは私の相に応じて三つあるように思える〔…〕私に似た者、世界（事実性）、そしてそれらを全部超える何か、の三つである》（一五四頁）。③《祈りを了えて元の道に出ようとしたとき、不意に私の失われかけている聴力が水の流れる音のようなものを捉えた。驚いて密集した木立の間を透かしてみる。すると折り重なっている草や幹の間から、流れている小川の燦めきのようなものが浮かびあがってくる》（二六〇頁）。①における自己感覚の主への譲渡、②の哲学的自己分立、それらと関わるだろう③の五感内における優位性置換に注意されたい。

手塚敦史『1981』（ふらんす堂）。若手男性、その抒情詩の実相は、手塚と久谷雉（近作なら『影法師』）との対峙に、その全体があるような気がする。手塚の前作『おやすみ前の、詩篇』では帰属先の分明ではない具体的な記憶の欠片がきらめいていた。手塚の詩作にはそうして非人称的なフィルターがかかる。本作『1981』ではそのフィルターがあきらかに「塵埃のようなもの」にまで昇格、それが詩的文法の関節を外しだすような逸脱がかたどられる。こうした文法破壊の不安定さが手塚よりも端正な久谷の詩にないものだ。手塚にあるのは方法論的な老耄の先取、詩作の意志的な減衰ではないか。まずは了解のぶれない巻頭詩篇「ひかりは、カスタネット」（全篇）をみてみよう。

思いだす人々がいる
それは埃が積もっており、使うのに一瞬
ためらいがある
物と似て、どこか時間の彼方の
生暖かい風を運んで来る
静電気は眠り、気配は失せ、合図は伝わらず
痺れを切らし
いたるところに窓の音寄せ
思いだす人々は、しろい毛玉を被る
粉とみわけがつかない
境界面への
いりぐちでぐち
端には、蜘蛛の巣や虫の死骸の
薄さや軽さ含み
射すもののあらわな、はざまへと、
葬られてゆく
それは
塵を払えば舞い――　指には、付着しだす

塵埃と親和する記憶が本質的にもつ「間隙」、それが身体に作用してしまうこの不如意では、あきらかに自己滅衰への肉薄が意図されている。この肉薄は詩篇細部を逆に分離させてゆく。運びの病理を具現している箇所を抜書きしてみよう。《…結局、どこから来て、どこへ行くのか、そして何ものなのか／もたらされた問いと／かさねられて／いつしか、別の方角へ　別れ／…かこう／灯は、とおくから／うつろい、目の前の…それに触れることをおそれている》(「恋人達」部分)。掲出中「…」は吉田文憲的であって、しかもそれを覆す抒情記号だ。了解ではなく不安定さが狙われているためだ。一行内字数の不均等も読みをゆるがせるのだが、とつぜん闖入する「かこう」とは何か。「書こう」「加工」「河口」「下降」「火口」「河港」……などにぶれながら解答が出ないのではないか。ついでに「解答の出ない」圧倒的なイメージも抜いておこう。《中心からまっすぐ消えていった樹木》(「しずけさ」最終行)。正直をいえば手塚詩の変貌は何度読んでもつかめない疲弊をもたらす。よって最後は好きな一作を。助詞の斡旋が破格であるため詩のはこびの容積がふえている詩篇「映像」全篇(連作「季節のためのエクリ」中の一)——。

静かにそこにあるキンモクセイの
においに、わたしは目を通して映った
もののしろさを徐々に
離れてゆけるような気がしていた
両手には爪があって、下ってゆく時のことを
かたちにはしないまま豊かであって

のびやかなままを保つ
すすみゆく
はだの内気に、目を奪われてしまった
シーラス、いつのまに
置かれるほどの透明がここにあると言えたのだろう
わたしたちはちょうどいいすべてが
ぜんかいする星のほとりから
消えていった

荒木時彦『要素』（私家）。荒木の詩集はいつもちいさく薄い。文体は簡潔な小説体だが、「散喩」が駆使され、詩集空間そのものが断章という以上に断片化される。ふんだんな「余白」は熟慮された連絡もしるす。「要素」は明澄に可視化されているが、要素の相互連関が脱自明化ともつながる。コーヒーブレイクに再読を、と誘うかのような諸作だが、いつもスリリングな手ごわさがある。その荒木が、この『要素』ではあからさまな「方法」を盛った。「反復と差異」がそれだ。具体的にいうと、詩集の第一パートと第二パートは、それぞれ街の何かに「ダブルダンガー」マークをのこす「男」を追う「私」の追跡旅程なのだが、ほとんどおなじ展開に、細部の差異が盛られてゆくのだった。ところが差異はとりたてておおきな意義を呼ばない。このとき恣意的な細部を装塡された世界が大筋では同一だという諦念も浮上してくる。詩集はもともと反復により減衰しているが、同異そのものの無意義に、これまた老耄ともいえる作者の減衰志向が覗く。この点がホラーなのだ。細部が対応している箇所を例示しよう。まちがいさがしゲームに挑んでもらいたい。

海岸にはテトラポットが並んでいた。陸には、倉庫らしき建物が並んでいる。海岸は一直線でひどく長い。軍服を着た大きな男たちが歩いてくる。私は、彼らと目が合わないように、距離を置いてすれ違った。後ろから、彼らの笑い声が聞こえた。何がそんなに面白いのか、私は憂鬱な気分になった。彼らの見えない足跡が、向こう側からこちら側へと続いている。今日は気圧が低いのだろうか。頭が痛む。ひときわ大きな倉庫がある。このような大きな空間が必要な荷物というのを、私は想像することができない。私の見えない足跡が、後ろに続いている。

港には大型の貨物船が並んでいた。陸には、倉庫らしき建物が並んでいる。海岸は一直線でひどく長い。Tシャツを着た小さな子供たちが走ってくる。近所に住んでいる子供たちだろうか。後ろから、子供たちの甲高い笑い声が聞こえた。何がそんなに面白いのだろう。しかし、子供とはそういうものだ。彼らの見えない足跡が、向こう側からこちら側へと続いている。今日は気圧が低いのだろうか。頭が痛む。ひときわ大きな倉庫がある。このような大きな扉を開けて、何を搬入するのだろうか。私の見えない足跡が、後ろに続いている。

詩集の第一パート、第二パートのあとに第三パートがくる。ごく短い。予想されるように「追われる男」と「追う私」の総合を綴る現代フィルムノワール的な結末がやってくる――といいたいところなのだが、結論のぶれを導くような、じつに微妙な書かれ方（つまり「詩」だ）がなされている。実地に読まれたいかたは、なんとか著者から入手を――。

稲垣瑞雄『点滅する光に誘われて』（書肆山田）。二〇一三年八十一歳で物故したベテラン詩作者の最晩年の作を集めた遺稿詩集なのだが、ここでも魚類の「煙」化などとともに、著者自身の身体的な老耄がテーマに選ばれる。冒頭収録詩篇「ヴィヌ」の冒頭が鮮やかだ。

ヴィヌは空からやってきた
神に誓ってというのだから間違いない
ぼくも確かにそれを目撃した
ぼくの方が後から生まれたにもかかわらず

空は霽れ
二つ三つ白い雲が泛んでいた
いや　そうではない
一天にわかにかき曇り
分厚く灰色の雲におおわれていた
そしてその膜が破れたのだ
裂け目から日は射さず
代りにまるまるとした柔らかなものが降ってきた

まさに降ってきたのだ
声は立てず　いや　ヴィヌヴォンと啼いて
彼女は鮮やかに着地した

この鮮やかな出だしは、やがて長い交情のあった女との経緯語りへとユーモラスに低回しだす。冒頭の予感とちがうライト・ヴァースのすぐれた書き手。読みすすむうちそんな定位が起ころうとしていた。
ところが玄妙で怪しい詩篇が各所に収められ、作者の同定性がゆらいでくる。「罌粟の匂いが」「ぬめる肌」「襤褸の僧」「魚籠の烟」といった秀作詩篇の数々。そのなかから「罵倒する霧」の全篇を引いて終わろう。

初めて霧に　罵られた
言葉が湿気を帯びているので
ふとした傷口からも
容赦なく染み入ってくる

霧よ　一体お前は何が言いたいのか
ぼくはたしかに妻を裏切った
だが　それはもう

四十年も前のことではないか

箆棒め　と霧は言った
おれがそんなちゃちなことで
お前を罵るとでも思っているのか
おれはもう　押し匿すことができないのだ

霧は尻っぱしょりし
臆面もなく下半身を剝き出してくる
半月《はにわり》の　醜い姿が目を塞ぎ
ぼくは思わず後ずさりした

霧はなおも腹のまわりに付きまとう
二形《ふたなり》の　二枚腰
撥ね上げてくる股倉から
白い言葉が臭い出る

お前は己自身の女房をその手にかけ
返す刀でおれの妻を　刺し殺したのだ

それを赦せとでも言うつもりか
篦棒め

声とともに霧は雲散霧消した
ぼくは初めて身ぶるいした
半月《はにわり》の上前を刎ねるとは
何という恥知らずだ

空には冴え冴えと
半月《はんげつ》がかかっていた
が　やがてそれも濃い霧につつまれ
掠れるように消えていった

（「現代詩手帖」二〇一六年七月号）

アレゴリー、あつめること

詩集は詩篇を「あつめる」のが通例だ。つまり自己蒐集の熱狂と無縁ではない。さらにこうした集中性が主題の選択に傾斜することまである。「○○について書かれた詩篇集」。――ところで、現在的な観点からみると、蒐集物をたんに戦果とするだけのものには減退がおぼえられるだろう。時間や経済の余裕だけが大手をふるっている厚顔に耐え切れなくなるのだ。そこで再価値化されるのがベンヤミンのアレゴリー＝静止的弁証法。あつめられたものが不全不連続であるがゆえに、あつめられたものの隙間に永遠がみえる。この永遠がときに「敗者の歴史」とさえ同調するようになるのだった。

山田亮太『オバマ・グーグル』(思潮社)。蒐集の成果を「列挙」として差し出すこの詩集での山田の方法は、フィールドワークと似ている。たとえば圧倒的な詩集標題詩篇「オバマ・グーグル」では、バラク・フセイン・オバマがアメリカ大統領の座をかちとるまでのネット上の情報・記事が、公平かつランダムに抜書きされる。分量が半端でないのだが、オバマの来歴紹介、演説の手法、オバマ人気への便乗さわぎ、選挙戦の推移、ラッパーたちの同調などの詳細からみえてくるのは、「チェンジ」を標語にした希望の正当性だけでなく一過性のむなしさ、あるいは「初めての」黒人大統領誕生を目前にしての「アメリカ的な組成の確固たる残存」だろうか。山田はここでなんら自身による作文をしていない。膨大なネット情報から何を抜くかの選択に賭け、それらを適切にならべるだけだ。ところが彼の天才はあふれるゴミのような文字の列なりから波動リズムをとらえ、結局は列挙自体を、潜勢力をもつ巨大な詩にかえてしまう。とても真似できない。

「オバマ・グーグル」はすくなくとも数ページにわたり引用しなければ魅力がつたわらないだろうか ら、「みんなの宮下公園」へ視点を移す。渋谷・原宿間の明治通り沿いにある宮下公園につき渋谷区がナイキに公園の命名権を売却、さらにスポーツ施設の諸整備をゆるすかたわら、公園を拠点としていたホームレスの「駆逐」にのりだした。これにアート系が熾烈な反対運動を起こしたのは記憶に新しいだろう。山田はこの騒擾下の宮下公園へ赴き、公園内に書かれている「文字」をこれまた不偏にただ抜き、詩にしてしまう（つまり山田のフィールドワークはネット分野にとどまらない）。官憲のことばと反対派の怒号の並立。詩篇の冒頭と終結部を「…」でつないでみる。

落書き禁止「きれいなまち渋谷をみんなでつくる条例」違反者は、処罰されます。見つけた人は警察に通報してください。／おおむらさきつつじ　つつじ科／ここはみんなの公園です。うらに書いてあるきまりを守って、みんなでなかよく遊びましょう。／NO NIKE!! ナイキ　悪／ゴミは持ちかえりましょう／水を大切にしましょう／公園はみんなのものだ！／PARK is OURS／〔…〕／宮下公園を壊さないで／ナイキは公園を奪うな／渋谷区による野宿者排除を許さない／持たないものは買え　JUST DO IT／PARK is OURS／フェンス反対／ご自由に、参加して下さい!!／公園はみんなの場所なのだ／渋谷側へぬけられます。

みてのとおり、引用は最後に懐かしい開口状態をもしめす。
宮下公園の詩でかんじられるのは、メモをとりながら、たとえば官憲の使用するひらがなを気味わるがって移動してゆく山田の「身体」だ。複数のものを同時に見、それらをフラット化しながら、そこに空隙をも察知してしまう「アレゴリカルな視力」も浮上する。この資質が無生物を主体化してしまう憑依をよびだす。東日本大震災の大海嘯で大量にながれた自動販売機の慨嘆。その反訴の力。

四千ものわたしたちがよりあつまってたえていた
みんながたおれないようにたがいによりかかった
あちらからこちらへすこしだけうごいた
みんなたおれはしなかった
水のなかでじっとまっている
わたしたちはずっとまっている
海が見えるほかになにが見える
いまここにいて正しいのかわからない

（「自動販売機」部分）

「四千」という田村隆一的数値。語りにある反復と差異が悲哀の情感をつくりあげてゆく。
廿楽順治『詩集　怪獣』（私家）。タイトルからすると廿楽幼年期の円谷プロ特撮番組や東宝等怪獣映画を素材にしたサブカル詩が「あつめられている」ようにおもわれるだろうが、むろん飛躍による空隙化や歪形のなめらかさ、その結果としての詩行ごとの多声化を旨とする彼だから、収録詩篇は理想的に理路が壊れ、同時にオルタナティヴな脈絡を発露する。廿楽詩集のなかで最も幻想的なのではないか。現れてくる多くが怪獣＝異形者＝敗者＝孤独者の、記憶上の風貌だろう。円谷プロ『ウルトラQ』第十七話、オルタナティヴな秘法十七番とさえよびたい秀作「1／8計画」を題材にした詩篇「1／8計画」などは元の世界観（＊万物のサイズを1／8にすれば混雑緩和、エネルギー節約が可能になるという不自然な計画が露呈する）を吸引しながら、「みじかくすくない詩」の必要を説いた詩論詩になっている——しかも奇怪な感触の（戦前の満州投機熱が接続され二重化が生じている）。全篇を引こう（ただし原文の尻揃えを天付きにかえる）。主体がゆらぎ、最終的には計画阻止者ではなく計画立案者の場から詩が起こされている点に注意。

混み合いますから満州へ
そう言っていた軍人さんも
みんなちいさくなった
ちいさくなれば
まだまだ住める
たべものだって少なくてすむ
わたしたちは少しはにかみながら
1／8になった
苦悩も文法も

知り合いの数もみんな少なくなった
わたしの死だけが
小さくならない
かどうかは死んでみないとわからない
ぜんごさゆう
どれも1／8
もとの大きさを忘れたので
（まあ目測だが）
世界の余白が増したことだけは確かである
この詩もそうだ
ほんとはもっと長かった
もっと苦悩が多くて
もっと難しい単語が多かった
わたしたちの計画はやはり成功している
みんなちいさな詩になった
だから希望とか満州は
もういらないのだ

ノスタルジーは政治的・領土的・操作的・排他的・後付的・不可視的で、本来なら与することなどできない。ところが歪形化されたノスタルジーだけは、ひとの心室に穴をあける。最も親和する虚偽をもちい、同定を剝奪してゆく甘楽の力は「なつかしく」凶暴だ。まだ戦禍の証がわずかに残存している東京下町、そこにある地元パン屋「みかどパン」（ネーミングが不敬だ）をまえに、小銭をもつ青っ洟小僧たちがジャムぱんか餡ぱん、どちらかの選択を残酷に迫られる。それでブリダンの驢馬さながら餓死へいたる。その「中途」がえがかれたともみえる「みかどパン」は、花田清輝やスピノザを下敷きにしているのではないか。「木がなければためらわない」という作品の謎めいた主張もある。昭和天皇の口癖模写がヤバいその詩篇の終わり十二行（これもまた尻揃えを天付きで）——

えらべないこどもらは
木の前で長くさびしい影になってならんだ
かれらには世界はまだ分かたれていない
それがしあわせかどうか
みかどパンの主人は
あいかわらず何もいわない
（あっ、そう）
わたしたちはいつも
みかどパンの前に
日暮れまで放置されているだけ
そこには

ためらうためのめじるしの木があった

夏石番矢『夢のソンダージュ』(沖積舎)。俳人・夏石が十年以上にわたりみたそれぞれの夢、その記述が合計二百「あつめられて」いる。一体にわたしは、夢の記述をこのまない。記述が作為と結ばれてしまう形跡もつらいが、作為者以外に主体のいない記述構造の閉塞性が容認できず、真偽だけに神経質になる反射性も納得できないのだ。むろんこの分野に漱石、レリス、一色真理などの卓越者がいるのも承知。そのなかで夏石は、みられた内容とともに、夢の不安な不整合性にも測鉛＝ソンダージュをおこなう。自己納得や隣接をよびこんでしまう散文ではなく、行わけの短詩形式が選択されたことで、その測鉛が「すくなさ」と「なまなましさ」を同時共存させたのだ。だから夏石自身の言に拘泥せず、これも現代詩だという判定をわたしはおこなう。

ふたつの夏石の夢を全摘記しよう。ひとつめでは「いや」の連鎖に驚愕と同感をおぼえる。ふたつめでは主体が遍在であり不在であり、結局は意識の場所でしかない様相に、夢の本質的な敗北性を伝達される。

私はまた大学生に戻った
二人部屋に引っ越す
荷物はなにもない
相方は留守
外に出ると

寒い公園
丘から
ボールがしきりに飛んでくる
公園を囲う透明なシートをくぐると
ふるさとの駅に到着する
いや見知らぬ崖の上にたどり着く
いや実家の庭先にたどり着く
次姉が日焼けした顔で
長姉が高齢出産であちらへ連れてゆかれた
と私に告げる

（「夢2　２００６年1月2日午後」）

京都にある大きな大理石のホールを歩く
天井の彫刻が半透明で青空も見える
私の来訪を嫌がるK・U女史の心が
天井に灰色のまだら模様を描く
さらに西にあるふるさと
姪二人が私の来訪を嫌がっているのを
公園の植え込みから千里眼で見ている

（「夢156　２０１３年11月14日午前」）

川上明日夫『灰家』(思潮社)。灰が「あつめられて」いる。どういうことか。かたちさだかでない灰を主題にし、形象化し、遍在させ、眺望にちりばめて、ありきたりの無常に、リアルな黄泉のおくゆきをあたえる、そんな味わいぶかい「灰詩篇」だけが詩集を連鎖しているということだ。玄妙。幽邃。「灰」はおそらくツェランへの参照から現代詩の積極的な語彙ともなったが、川上のそれは特異にして禅的東洋的だ。それを実現するのが、改行ごとに墨染めの隙間が加算されてゆくような、詩法の独自境だろう。まずはひたすら戦慄した三例を。

人間の門をまがって
手をつないで
おだやかにさ
お墓だって減っていったんだ
魂だってさ減っていったんだ
秋の雨に染まった
笏谷の石がいいな
柔らかいみどりの
人間の手のような
うすい淋しさがね
たまさかに　みしらぬお人の
たなごころに盛られた

かりそめがね　そっと
灯をたしにやってくる

（「灰墓」部分）

＊

人の心の軒下でかおる
灰
風が吹けばわかるんだ
むかし
私が死んだ屋敷の上空
を　いまも
ひっそりめぐっている
どくろの目に泪が溜る

（「灰人」終結部）

＊

灰
灰の河原
渡るのか　渡らないのか
あの世の　枝さきからは

もう
ほころんでは
そろそろ貌がみえるころ
たまに　誰かが
この世の
灯を　たしにやってくる

なにしろみえないもので

（「灰花」終結部）

引用で気づかれたとおもうが、諸篇が灰を主題にするのみならず、部分的にフレーズも反復されている。灰や灰にまつわるものが神出鬼没なのだが、こういえばいい――予兆であれ結果であれ「死」と連絡する「灰」そのものが同在的な反復だから、その内部に諦念や来世への開口をしるすのだと。川上の詩篇が陰々滅々としないのは、このライトモチーフ回帰に似た何かによるのではないか。そうおもって、詩集全体の前提となる第一詩篇「灰霊」を改めて見直す。可視性／不可視性がゆらぎあい、それが波のようで、すばらしい。波は視覚性とともに音韻なのだった。しかも情でもある。メルロ＝ポンティの参照があるかもしれない。ともあれ「よわいもの」がみえる。途中からラストまでを引こう。

髪を梳いて　まっている

階《きざはし》のかがみに
うつして
みえるものみえないもの
が
背戸をあけて　咲かせた
庭の
木陰の　そのあたりには
もう
耳をそばだてた
この世の　波打ちぎわが
ひっそり
うち寄せていて
水着をきた　みしらぬ
あなたの「老い」が
いまも
向こう岸から
　そっと
さきの世をふりつもって
　いましたね

お先に　と
たまに
灯明をたしにくるのです

白骨草が咲きましたよ

宇宿一成『透ける石』（詩人会議出版）。鹿児島の火山礫をみて育った作者らしく、詩集前半では「石詩篇」が「あつめられて」いる（詩集後半にも「春の。」をはじめ見事な詩篇がある）。たしからしさなど何もないように石は脆い。詩篇名はしるさないが、たがいにこすれあい砕け、波に揉まれてうごき、生誕しなおし、「石化」する「私」に透明をみちびき、海底火山から吐き出されて呼吸し、風に吹かれて歌い、硯にかえられて水と親和などする。バシュラール的な按分ともいえそうだが、宇宿の着眼は石の変容傾斜性に集中している。「あつめられた石」はもう「石ではない」——この点にこそ、配置の隙間によってつくられたアレゴリーの妙がある。鳥のせいで変容する石の運命がつづられるスケールの大きな「鳥の石」全篇を引こう。

石は嘴に銜えられながら
重力から解放された身の軽さに
おののきつつ酔っていた
そのために

ぱちんとはじけて
呑み込まれる時が来ることを
思いつくことがなかった

鳥はその鋭い視力で
石が種子であると見抜いていた
はじめから
呑み込むために
銜えたのだ

石が木の種子だったのだ
あたりに転がる石たちすべてが

嘴で割れた
石の種子は
粉となって
鳥の胃袋の粘膜をただちに乾燥させた
胃袋はたちまち袋の形の石になった

鳥は飛んでいることが重いと感じた
やがてどんなに良い上昇気流に羽を乗せようとしても
空にうかぶことができなくなった
爪の先まで石と化し
羽はぱらぱらと枝をすべった
鳥の形の石が
石の木の枝に置かれているかに見えたが
鳥の石は石の樹皮と融け合っていた
ほんとうは
鳥の石が木に実ったと言うべきだった

（「現代詩手帖」二〇一六年八月号）

流麗感の発露、隠された齟齬

多様に存在しているものを、多様性のひろがりのまま対象化するなら、それぞれに独異性をみとめる方策が採られる。対象が若手の詩集であれば、そこに新しさという価値も交錯するかもしれない。今回はその方針で以下をしるすつもりだが、まったくちがう詩集群にひとつの共通性があるともかんじられる。それぞれがながれるように組織されているのだ。流露感の尊重と確信。たとえば流露感と断続感を弁別することの無効をわたし（＝阿部）の世代の身近な詩作者が訴えたとすれば、以下に扱われる詩作者たちは、流れを自明視する詩篇をそれぞれにつくりあげている。むろんこれは素朴ということとは関係がない。

永方ゆか改め永方佑樹『√3』（思潮社）。四季別からはじまり、「氷」「恋」「懐旧」と移る部立により展開するのみならず、漢字・ひらがな・カタカナいずれを主要にするかで目に届く印象を変転させてゆく詩篇がならぶ。構成が顧慮された詩集で、漢字＝tanθ、ひらがな＝cosθ、カタカナ＝sinθ、S（総計）＝√3、という詩作の舞台裏を想像させる自註もある（これが客気か公理かよくわからない）。ひらがなに漢字のルビを振る引用者泣かせの発明が、いくつかの詩篇にあるのも目につく。漢字→ひらがなのルビなら音素の付記となるが、ひらがな→漢字のルビなら、音素としてまず出現したことばへ漢字＝イメージを後天的に付与することになる。文字の大小が問題で、「音素∨イメージ」の図式が成立せざるをえない。ここに注目すると、永方に中心的な文字類型が音素そのものとひとしくなるひらがなという判断になる。ひらがなの連辞による不定形、変貌可能性、それゆえの流露感。永方の詩をよく駆動させているのは、ひらがなだとおもう。ところでひらがなの脱形象性の奥行きは自然現象では降雪に似ている。よって永方の詩篇で雪に特権的な位置があたえられる。

雪の予感はまず詩篇〈輪廻プロトコルへのみちしるべ〉の一節にしるしづけられる。

ときおり、
こゆきの音が聴こえた気がして目が覚める
しかしそれは　こゆきなどではなく
ペチカの焔がシアンの色ではぜた音
だれか、何か
名の無いやさしさが
コバルトの吐息をはきながら
やわらかく息を引き取っていった
瞬間のシグナル

音素に色彩の混入する予兆もあるが、漢字・カタカナ・ひらがなの混在する分布ではまだ不定形性そのものが色彩化されてはいない。これが圧倒的な詩篇〈きんのヒカリをくみ、ふらせ〉で解消される。詩中「テイネ」は札幌の手稲か。部分的に引こう。

しっとりとつたうみずのかおりとともに　ぬれそぼり出したユキのおもたさは相変わらずで、オパールのように　あわくななつのいろにかがやきながら　テイネのゆきはほろふり　降ってまいります。それらはほんとうに　お空にあるあいだはつめたく、あかるく、ましろで、ひたすらきよらかなだけで、しかし　ヒトビトが足と足をせわしく動かすこのつちの上にたどりつくと、たちまちにごってだめになるのも、しょうがないことです。〔…〕あわくななつのいろにかがやきながら　オパールのようにひかるゆきが　ほ、ほ、ほ、と降ってきます。それらはまっすぐにわたしを通りすぎ、ゆきにくぐられたわたしのまぶたのなかには　残されたななついろのあかりが　ひかりのおもたさでつもって、わたしがまばたきをすると　まぶたに溜まったひかりがあぶれ、ほほの上をジグザグとつたう〔…〕

――「ゆき」はひらがなであるがゆえに「わたし」の身体＝「まぶた」に浸潤して、「オパールのように」分光する。

この永方の詩作意識がつたわる一節を転記しておく。

私は慎重に
切っ掛けの造形から
時間の光沢と彩度を抜き取り

意識になじみの良い
残像の手触りに変えると
呼び水として記憶の上に垂らし
身を屈めて
あとをたどる

〈五感反映のゆらぎ〉部分、原文の尻揃えを天付きにした）

高塚謙太郎『sound & color』（七月堂）。明確にひらがな使用が照準化され、音韻のなめらかさがさらに前面化してくる。むろんこれは流露感を装った一種の罠で、そのなめらかさを隠れ蓑にして意味が変形する瞬間（それはとりわけ詩篇終結部に満を持して現れる）が待望されているのだ。このことは秀作詩篇「さようならはらはら」の冒頭とラストを〔…〕でつないでみればわかる。

それから
よこ顔がたおやかだから
よこをむいてみないまま
耳でみているうちにあなたは
はらはらちっていくおとになった
あわててむくと
わたしははらはらとみていて
すっかりたおやかなおとに

すましてすわっているばかりだった
〔…〕
ぴんとはった背すじをならべて
ながれていくはらはらというおとが
こぼれていくわたしたちをなみうたせ
このままちぎれてしまえば
こえとなってわたしはあなたは
なごりのみずのようだった

「ちぎる」に千切ると契るが掛けられ、確保されていた記述一人称「わたし」が「あなた」と共存、しかも最終次元の過去形が「いまはもうない」決定性へ転じてゆく。詩集には仏教的観点から衆をとらえ、念仏が歌に転化する歴史眺望をつづった次元の異なる佳篇「あるき念仏」もある。全篇引用しよう。反復こそ歌だという髙塚の見解もつたわるはずだ。

わたしたものがわたしたさきからうしなわれる
ないているのはこころではない
くりかえし人びとはいのちがあって
からがらあるいてきたときいている
きいているいのちもえんえんと

えんえんとのびてきたようにみえる
旧記にある
うたになっている
うしなわれたわけではないものしかこの世にはない
わたしたものは
すべてわたされている
ためしにうたってみるとわかる
おおきなことにうろたえ
かちどきをあげることを
うたうとはいわない
けっしていわない
くりかえし人びとはからがらあるいてきて
えんえんとあるいてきて
うたになっている

谷澤理衣『世界観をもとめる』（グループ絵画）。複雑な字下げを駆使したヴィジュアル効果、行間の不規則、難字とルビの多用、ときたまの字の横倒し、さらには古典文法を壊しながら参照した語調の独異的な流麗感などによって、これまた永方佑樹どうよう引用者泣かせの作者だ。俗にいうなら「前衛性バリバリ」で、今回の詩作者中、最も驚愕感をあたえるが、音韻が良く、必殺フレーズも各所にちりばめられ、くりかえし味読してしまう。馴染みの薄い作者かもしれない。新しい才能のようにおもえるが、一九六五年生。全体が十三章におよぶ連作構成も一九九六年から二十年間の長きにわたって成ったという。まずは陶然としてしまう必殺フレーズの幾つかを、詩篇出典を省き摘記してゆこう。《通いのさささ。さささ枝吹く彼世《かよ》の息／正面に満月ありゆ》。《詩の文字は詩ではないのだよ／息に近く、近いぶんだけ少し遠い／息は、詩ではないのだよ》。《二つとは、無い事が前提だ》。《世《ぜ》世《ぜ》の在る間《ま》は／世世の果てまで降りしきれ》。《或る魔、／残ったものは速度と呼ばれた》。《沢山の人とすれ違って、沢山光る音がする》。《迦陵頻伽《カルラビンカ》がこんなに沢山近づいてきた》。《天上の…………華の降るとは／／いつまでも／底の抜けた／色と香りのある闇に》。仏教的な直観、知覚の法悦が一貫している。受動性の強化とは能動性のことなのだ。その証となるうつくしいフレーズ。《月はわたしを月とみる》。谷澤にあっては、強度と謙譲の弁別こそが無効になるだろう。

　むろんこれでは埒があかない。もっと大きな単位の連辞を引用しなければその凄さがつたわらない。困難な引用だが、原典のレイアウトをなんとか模倣してみる。あふれてくる自己交響性がつたわるだろう。

たった一つの梨の花　　（時花《じか》の切り花
欄干から　　（欄干から
投げあげれば　　（投げあげる
刀《カタナ》、――――。　　（時花の切り花
花香《あ》り花香《あ》り　　（花の輪郭に

闇傷ついて　(花香《あ》り花香《あ》り
花証《あか》し　(鮮やかな赤ね
萎《しお》れの中心　(目覚める引きさがり
の少し脇の方から　(現れる
橋に見紛う　(橋、現れる)
闇に見紛う　(闇、――振り仰ぐ
空、に見紛う　(わずかな
欄干見紛う　(欄干、投げあげる
見紛う　(投げあげる
刀、――。　(時花の切り花
背後を振り返り　(夜空の舞台ですね
動かせてあげよう　(月夜に
吊りさがって来る　(やがて
蜘蛛よ　(正面に
刀《こえ》、――。　(満月
で翔《た》ちあがる　(新世界
星　(の光
を眺めていると

(「3」部分)

黒崎立体『tempo giusto』（七月堂）。詩集題については黒崎の自註がある。《テンポジュスト：正しい速度で。（一般に心拍の速さと言われる。）》。正しさが慎ましさだとわかるし、そのような速度で詩集が読者に読まれたい要請でもある。この要請はむろん詩篇の流麗性を自明とするなという警告につながっているだろう。一読、全体印象は痛ましい。しかし陶然となる。痛ましさは事実に依拠しただろう内容から訪れる。陶然は「わたし」にかかわる措辞の発明などによる。初期の杉本真維子との共通性をおもった。詩篇の部分を摘記してみよう。

わたし、

いなくなったらよかったでしょう　虫みたいに
書き殴って、消せば消える文字みたいに
あなたのせまいまならで、
わたし何回も死んだでしょう
わたし何回も　死ななかったでしょう
（「の、記憶」）

「むかし、
ここは戦場だったよ」「みらい、
ここは私だったよ
（「あこがれ」）

心音は　足音のように
来る、いちばんいいたかった胸のなか
あなたがわたしをこわしはじめる
くだけながら、骨はいくつもの色を放って
わたしがとても
うつくしかった

（「tremolo」）

心臓と似た色で咲いてしまえば
心臓とまちがえて、傷つけられるだけだった
刃のことを聞けば　あなたをだきしめたいとおもって

しまうから　作り話をする
だきしめすぎてしんだ女の子の話を
すれば、あなたにころされてみたかった

偏在をかきあつめるばかりの
わたしを　あなたがうつくしがってくれる、
かろうじてゆめみたいなくず

（「かみなりの花」）

幾つかの引用では、改行が文節にたいし異例性をもつとわかる。読解に齟齬をにじませるシンコペーションが伏在しているのだ。そのなかで「色彩」がさほどの明示性もなく揺曳してくるのもこれまでの詩作者とおなじだろう。これは、新しさの傾向なのか。読者は家族へのまなざしにも衝撃をうけるだろう。主題的な新しさの点ではこれを筆頭にあげなければならない。ただそれは実人生を媒介にした感情の吐露というより、黒崎の視覚に特質があるからかもしれない。「あざ」の第一聯ならこうだ——

速度を持ったいくつかのひかりが、ひとつの木をめがけてくる。
ひかりは、木のからだで反射をして、どこかへ消える。そのひかりのうごきが、木にあざをつくる。ひとつの木が、あざからくさっていく。木が、裂ける。

この「崩壊」をみつめる視線が、往年、旅行をともにした父母のすがたへも適用される。《父と母／ふたりとも少しずつ死んでいる、／だからこうして、海なんか見ていられる／ならぶ背中は／かげろうのように》(「かげろう」部分)。とりわけ母にかんしてはそのアブジェクション（おぞましさ）を痛烈に批判する諸詩篇へと結晶する。「母を殴る」全篇。

時々、

母を殴る夢を見る

相変わらずだらしない
部屋着のえりぐりをつかむ
素肌があらわれると
それは、わたしのような鎖骨だった

わたしは泣いている
母はくさっている
ののしっても怯えてくれず
殴っても
傷んでくれない
頬は紙のようにかわいたまま
わたしだけ
泣いている

夢の中でさえ
ろくに、母を損なうことができずに
わたしは

あなたからうまれてきたのだと
刺される

野崎有以『長崎まで』（思潮社）。すでに多くの詩誌等で書評が載った話題詩集なので、簡潔にする。野崎の美点は以下のようにまとめられるだろう。①自己記述に徹しているようにみえつつ、典拠が歌謡曲にあるとしるす一節もあって、作者を同定する読みがはげしく混乱する（書かれているすべてが虚構、という見解も成り立つ）。②ともあれしめされる自己像に誇大性はなく、人間本性的な同調と悲哀を誘う。③記憶あるいは記述の網目がこまかい。土地と時間が匂いをもって再定着される。④故郷、家族、知己というベタな主題が詩作で自然化している。人格の慎ましさ、存在のさみしさが奏効している。⑤文尾はほぼ動詞過去形。描写も多い。よって小説的文体がたくまず改行され詩が標榜されていると一見おもえる（一行の字数も多い）。流麗感抜群。文体は周到さに裏打ちされている（たとえば接続詞の不在、無媒介な景転換の鮮やかさ）。多弁でありながら冗長性が皆無。詩的文体の創出という点で新しいとかんじる。「ネオン」の一節を引こう。

煤けた外壁の都会のマンションのなかで
夏の雨が地面に跳ね返ってできた霧雨の音か
思いっきりレバーをひねったシャワーの音か
わからないまま身体を拭いた
エアコンに湿気を取られた部屋は

冷気が形を変えてまとわりつく
あなたがテーブルの上に用意してくれた
氷の入ったオレンジジュースを飲んで
脇腹が動いた気がしてこわくなった
後になってよく考えてみたら
ただひととき身体が冷えただけだったのだと思う
誰もいない部屋のなかで
時計の針が不規則に時を刻んだ
丁寧にたたまれたワンピースをとって
あなたを待たずに
あなたを避けるように
部屋を出て行ったあの時の私に追いついて
両手を広げて通せんぼしたい

（「現代詩手帖」二〇一六年九月号）

幽邃ということ

からだはかんじたものの反照だ。だから幽邃をおもいえがけば、その身も幽邃になる。一体に詩作は自分語りのかしましさから、はるけさやふかみやしずけさのほうへと成熟してゆく。それでことばが自明でなくなる。この過程で、まだみぬ詩法が付随することもある。たとえば私はそのひとつを「減喩」と呼んだ。それが何だかはいまもさだかではないが、「凄い詩」の共通符牒だとはいえる。

金井裕美子『ふゆのゆうれい』（書肆 山住）。十三年ぶりの第二詩集、作者は群馬在でわたしと同年だ。これほどの詩作者にこれまで不明だった自分を恥じた。彼女にあっては遠近、幽明、内外、現在過去の境などが自明でなくゆれる。それでいて詩の仕掛けは簡明で、抒情効率というべきものがたかい。わたしは女性詩の幽邃を入浴詩で測る癖があるが、金井のそれは「身をゆるませ」という措辞の一点、その奥行きに賭けられている。「ささやかな旅」の全篇を引こう。

シジミチョウがとまったほどの
痣ができていると
洗っていて気づいた

飛ばないようにそっと押さえたら
滴る音がしみてきた
蛇口からしずくがおちてくる
内側のパッキンは傷ついてしまったのか
涙のようにおちて
船べりをたたいている
あてもなくゆれる湯舟で
身をゆるませ
滴る音を聞きながら
一日の終わりにささやかな旅に出た
今ごろ　あのひとは
きのうの夢を見ているだろうか

最後の二行があまくひびくが、たとえばこうも読める。入浴は深更未明のできごと。ホテルで逢瀬があったのち、女は自宅へ帰ったとみたい。いまは離れた男がさきに寝て、その気配をもう日付が変わった夜に女が家風呂でかんじている。となると痣とは交歓のあかしではないか。ところが詩想が作者の年齢とそぐわない。それで気づく。この詩篇では過去が現在として書かれているのだと。「身をゆるませ」とはそこに入り込んでくる身体の態度なのだった。

すばらしい詩篇が満載だが、詩集標題詩篇「ふゆのゆうれい」が圧巻だ。渋みのある道具立てのなかで行ごとに時間の推移がある。酩酊のはなやぎがあり、旅と偶然のかなしさもある。幽明の境が不分明なだけではない。員数のうちにいる主体もまた不分明なのだ。こうした自明性の剝奪が気張らない運びから顔をだす。しかも金井の魅力が催涙性だと理解されてゆく。全篇。

古い宿場町で
『詩人の墓』という詩集を買って
中村家という鰻屋で
来世の鰻を食べた
食べるまでに一時間を要し
とっぷりと日も暮れて
昔ながらの夕日を想いながら
ごまあえ
にこごり
エビスビール
詩じゃないことばかりしゃべりつづけ
ぽりぽりと音をたてて
お新香の胡瓜と大根を食べた
三つ葉の浮いた肝吸いは
濁りのない味わい

ほろ酔いで
身も心も透きとおって
外へ出たら
雨が降っていた
広げた傘の中にだけ世界はあった
見えない肩を寄せ合って
濡れて
ふゆのゆうれいたちは
現世の駅に辿り着いた

河口夏実『雪ひとひら、ひとひらが妹のように思える日よ』(書肆子午線)。詩集題は詩篇の一節から。これも未知の作者。詩篇に覗くジェシ・ウィンチェスターやニール・ヤングなどミュージシャンの固有名詞からわたしの同世代だとおもうが、略歴は不明だ。多くの詩篇は一行の字数がすくない。詩篇は比較的長い。それで詩の空間がはかなく横へのびてゆく。二様の読みかたができる。一行の字数のすくなさをとっかかりに素早く読む。あるいは使用されている構文の複雑さ、行渡り、聯間の不安定さを噛みしめるようにスローモーションで読む。たぶん読者はその中間で読み、理解のゆらぎがそのまま幽邃な表情を湛える、詩法のあたらしさに気づく。

本稿では何かとべつの何かの境界消滅や弁別不能にずっと着目している(ゆく)が、河口の詩ではロマンチックな甘さと幽邃がとけあう。それは1フレーズの効力の届き先がどこまでおよぶのか論理的にわからなくなるためかもしれない。たとえばすべてが平明にみえてそうではない冒頭詩篇「花売りに恋をして」では、フレーズ中の「花を咲かせ」「花になり」が具体か抽象か不分明で、それゆえ「花売りに恋をして」というモチーフの中心すらもが意味を内破させることになる。その全篇。

花売りに
恋をして
しおれそうな花を拾い
胸にさす夜は
どの
テレビをつけても
春一番が吹いていている
ほったて
小屋の回りを
うろつく小川が
花を咲かせていくと
春一番が
吹いていいて
新聞紙が舞いあがり
鳩の散らばる

広場に
ベンチが据えられる
もう
百年が
流れる映画を
川が流れ
二杯目のお茶は薄く
ポテトチップスに
塩の味がする
花売りに恋をして
散りそうな
花になり川になる
落ちていく明りと
テロップを
浮かべ
それが本当の恋だと
告げている
すべてが吹き飛ばされていく
週末を

よく働いてきたので
眠ってしまう

中森美方『最後の物語』（思潮社）。中森詩の符牒、物語＝散文詩が今回もしずかにならべられている。中森の詩は短篇（掌篇）小説とどこがちがうのか。以前にも書いたが、架空の登場人物に寄せられることで、書く主体が不安定にずれ、書くことから自明性が奪われていることが小説からの離脱点だ。結果、まず描写がちがう。描写は脱描写をふくんでいる。幻想の導入ではなく、書法が厳密にそれを実現している。あるいは過去の喪失、悔恨といった感情が、書く主体との距離を測りかね、自体的なずれとなってゆらめく。その残存感・幽邃感に陶然して「これは詩だ」という判定が生じるのだ。今回の『最後の物語』では、霧のように瀰漫するものへと作者のモチベーションの多くがむかっている。それも書法の必然だろう。

またある人は伝えた　海霧におおわれた椿の木は生死のひとつの姿だと　もちろん椿の木自体は死者の化身である　ひとつひとつの赤い花は死者の呟きだ　深い山中で海霧につつまれた椿の木は生きている人間のように見える　そんな姿を見かけたらまず手を合わせて拝むのが大切なのだった
椿の木は海霧におおわれる度に葉の照りが強くなりいつも樹勢を増してゆく　（「命の海霧」部分）

多くの詩篇で中森は命でないものに命をみている。ならば命にべつの命をみることもあるだろう。以下の抜粋は、フォークリフト作業員が作業場の夜警も兼ねるという劣悪な労働環境の改善を社長の娘に訴えようとした矢先のくだり。最終の「もうしばらくは」の限定が時間上の埒をはかなくうかばせ、さしぐみそうになるが、それは命への愛着に幽邃な穴の開く、感情の発見に通底している。中森は感情の伝統を墨守するようにみえて、感情をべつのものへ微分しているのだ。

エレベーターを降りて通路に向かうと脇に大きな窓があって川面が見えた　水の流れまで確かめられた　そしてどうしてだろう遠くの山の上に朝だというのに赤い月が残っていた　おぞましいくらいに不気味な赤い月　不吉な知らせだ　あの犬は今死につつある　そうおれは直感した　末期の哀しい叫び声が聞こえてくる　痙攣をおこしてたった今死んだ　これから冷たくなってゆくにちがいない　相談はやめることにした　おれの体のことなどどうでもいい　通路をひき返そう　もしかしたらあの犬だけが友だちだったのかもしれない
おれはあわてた　気が気じゃなかった　冷たくなってゆくあの犬のことばかり思って市バスに乗り街路を足早に歩き階段を上りドアの鍵をふたつあけた　するとどうだろう　あの犬がのっそり尾をふりながら玄関までやってきたんだ
生きていたんだ　首すじを抱きしめて頬ずりをしておれは生まれて初めての嬉し涙を流した　しばらくはこの犬と暮らすことができる　もうしばらくは
（「作業場の月」終結部）

書き落としていたが、犬は別れた女が連れてきたもので、主人公は老いたその犬と距離を保ち暮らしていた。しかも犬はガンを患い、経済的余裕のない主人公には入院措置がとれないとつづられていた。

荒川洋治『北山十八間戸』（気争社）。教養があり、個人的な脈絡もある荒川の詩篇は、それでも韜晦とはちがう流儀で措辞を減算し、減喩というべきもので自身を組織する。組織とつづったが堅牢ではなく脱落だらけ。脈絡さえ確認ではなく予想してしまう反読解まで付帯する。このことと詩集総体の「すくなさ」がむすばれるから、みたされない。可読性がないのではない。詩は眼前に「そのもの」として不敵な面構えでたしかに書かれている。このことの二重性が幽邃の印象をあたえる。結果、幾度でも詩集をひもとく愛着が生ずる。やはり現代詩の達人だとおもう。

書かれている端から定位をはぐらかす余韻自体的なフレーズがある。荒川の天性だろう。二箇所抜く。

昔のものはすべてみられなくなる
よわい時刻がある
よわい線が波打つのだ
そのためにやわらかくしぼられた雲が浮かぶのに
壊れたこの目の果てに消えては浮かぶのに

（「外地」部分）

菱の実は早くからの仲間をゆさぶって
泥の下に　戻っていくようだ
人は非常に速い

雨がやみ
青沼はきょうも
風景だ
町の帽子をかぶって
梶山商店の主人が
道の上に出てきた

（「青沼」終結部）

抜粋を申し訳ないとおもうのは、たとえば詩篇「外地」では、「外地」という概念へ展開ごとに分光器をかけ、しかも成果を列挙しない、荒川詩の意地悪な組成がつたわらないためだ。圧倒的な催涙性をもつ一聯がある。みなが言及するだろう。荒川版「橋上の人」。鮎川信夫のそれはいまでは戦後の点景だが、荒川のそれは時間への帰属性がなく、幽邃なままだ。しかもブッキッシュな荒川の外側でその無為のおもかげが生きつづける。詩集標題作「北山十八間戸」の中心部。

鎌倉期の僧、十八間戸を建てた忍性は
僧衣のまま　用事もないのに橋の上にいて
帰宅しない
奈良・川上町の木造は
白い十八の部屋に　ひとりずつ入れる
暮れはじめた　とても重い人たちだけが

よろこびのまま直列する
仏間には
霧雨のように風が吹きつけ
エンジンは位置につく
不屈の位置につく
「大和古寺風物誌」になし
「古寺発掘」「古寺巡礼」になし
「日本の橋」になし　池田小菊「奈良」になし
バス停の角の小さな商店に声をかけ
そこで鍵を借り
テンナンショウ属のない路を
随意みたされた気持ちで
歩いていくと
奈良坂に胸をつく白壁、十八間戸があらわれ
すべての明かりが消える昼さがり
「忍性はでかけています。
いつもの橋の上です。
いなかから人が出てきたから。
でも橋の上では、ひとりです。」

の立て札が夢の土に浮かび
奈良坂の四つ角には
四つ角ごとに人が立つのに
他人の香りはない
人はそこにいるのに風景は
気づいてくれないのだ
忍性は腰をかがめて　こぼれた稲をひろい
帰宅から遠い道を選んだことを思う

——何という音韻感覚だ。

北原千代『真珠川 *Barroco*』（思潮社）。端正で無駄のない、静謐な女性抒情詩の名手という印象のあった北原が変貌したのだとおもう。多数の詩篇に畸型真珠＝バロックの歪形フィルターがかけられ、獰猛さが生じている。しかも幽邃なのだ。今年の収穫として騒がれること必至だろう。たとえば詩篇「櫻池」が何を描いているのかそれを精査するだけで眩暈が起きる。桜でも沼でも内臓でもないこと、しかも同時にそれらであること、これがすごいのだ。五聯中四聯を抜こう。

おなかに横皺のはしる病に罹りました　と仰ってから幾月か過ぎた春の宵のこと　桐の下駄を履き
先生は出てゆかれました

〔…〕

ひろげてみせる内臓は　花びらがびっしり　咳こむたび　饐えたももいろの体液が穴々からこぼれますが　先生はきげんのよい胡桃のようにわらって　しんぱいはいりませんと仰います

壁の奥へ手を差し入れ　もう少し　もう少し　導かれゆくとそこは蝶のかたちの入江でした　摂氏千五百度にも溶けないという　骨に囲われた沼地のようなところ

触れると先生は　頷かれました　ここに住いしていたのでしょうか　先生の聲が渦巻いて　千年の櫻が底から吹きあがるのを　熟れた春の瞳は　うるみとろけてゆきながら　ああ　と見まもるばかりです

畸想が沸騰しているのに、このしずかさとかなしみはなんだろう。

入浴詩の極北もある。「砦」。一聯は過去、二聯は現在、三聯は幻覚という三幅対の構成で、その構成を伝えるため、長い全篇を引く。詩中の「砦」にはたして解答が出るか、それに注意してほしい。「闘うからだの張り」というべきものだとする意見もあるだろうが、この詩を暗喩詩ではなく減喩詩とするわたしはあえて解答をかんがえなかった。

陶器の肌にまもられているように

はりつめて滑らかな皮膚が
またたくまに湯をはじき
陽の浴室に嬌声をもたらしていた
たしかにわたしも
わかものたちの群れのひとり
発光性の肌をもっていた
長湯を禁じられ
湯浴みする陽の裸体らを見つめていた
酔うほどの湯気に浸かり
地球の昆虫のようないちずさで
からだを磨いたことがある

暁け方のような　夕暮れのような
朱金の湯船に身をほどく
長湯をじぶんにゆるしている
産んだようにも産まなかったようにもおもわれる
たしかに覚えているのは
両手がしてきたことだけだ
錆びいろの貫乳がはしっている

呰を覆うからだの原料が
湯船の湯に溶けて糸のように流れている
掬おうとしてひらく指の
すきまから湯が逃げている

浴室の硝子戸をあけて父が入ってきた
発光のはじまりかけた父の骨が
湯船の傍《はた》に屈んで
盥に浸けられた赤子のわたしを見たときのような
眩しさで
いじらしい呰　といった

最終聯、浴室へ入ってきた父は、たしかに「骨」としてみえる。「発光のはじまりかけた」という限定辞が効いている。骸骨はバロック表象の代表だが、しかしこちらは随分と幽邃だ。「呰」の語は父にもかかっている。

（「現代詩手帖」二〇一六年十月号）

詩の「たりなさ」、詩の「生き物」化

情報（≠描写）の重畳を第一義とする小説とちがい、ほとんどの詩は「たりなさ」をその成立要件とする。ほかに箴言もあるが、真理の剔抉、逆説的断言、循環論法、矛盾のおもしろさなどを機知でしめす箴言から離れ、詩は圧縮とは様相のことなる空漠を湛えつつ、しかもそのたりなさを自立させうる。歌唱性、改行余白によるフレーズの点燈、意味の欠落、連辞の飛躍……たりなさの内実もさまざまだろうが、いずれことばのすくなさは、詩の地位が低下している現在、詩への再招致をうながす意志と無縁ではない。このとき「たりなさ」の凄み、私が「減喩」と呼んだものの方法論が俎上にのぼせられることにもなるだろう。

大木潤子『石の花』（思潮社）。著者十四年ぶりのこの詩集は「たりない」どころか、あらかじめのたりなさがさらに更新してゆく稀有な著作で、震撼させられた。こんなにことば数のすくない長篇詩があろうとは。まず「石」にたいする著者の哲学的所見、感覚がもられた序詩を引こう。じつは詩集中、一頁あたりの字数が最も多い箇所だ。

石はそこで、紡いでいた。

旧い記憶の上に、新しい記憶の糸が重ねて織られ、どちらも、隠されることがなかった。

糸は、物質ではなかったから、
蝕まれない。
布は幾重にも、小さく畳まれてゆき、
質量だけを、重心に、集めるのである。

蒼い光と、碧の蔭とが時に、
交互に行き交い、縞目を描き、
自分が居るのは水底だと、
錯覚したかもしれない。

そよぐものがあった。

劫初的物件である「石」に、多層性、内在性、自体性、変化が導入される。以後、左頁のみにすくない字数・行数で（ときに一行のみのこともある）しるされてゆく間歇性にあふれた本篇は、光／闇、水／波、声などの別要素を介在させ、石の本質を語りかえてゆくものだ。序詩の役割はそれだけではない。最終聯「そよぐものがあった。」での「無媒介性と余韻自体性との共存」が、以後の詩法に基軸をもみちびきだす。

あるもののすべては一様ではなく、その内在性に変化や反復を含む。たとえば闇――《闇が退き、／あけ渡された場所がまた、／闇である。／波のように、／次から次へと、／暗さが寄せる、／複数の闇。／／足をとられて、／歩く。》。聯が変化したのち主語を消され、あいまいにさまよっているのが「主体」だ。そこに「幽邃」もうまれる。こうした環境に干渉されて石は「それ自体」を「それ以外」に向けて静かに生成する。その幾つか。これまで同様、引用はいずれも一頁内の全体。《石のなかに／また／石がある。／／重さを／増して》《石／／少しずつ動いている》。そうして前掲した序詩でしめされた石の属性に主体がひそかに関与する（とみえる、その実は正体不明の）フレーズが不安定に滲みだす（助詞が行頭に来る改行形態に注意）――《石のなか／に凝縮する光／の粒の重さ／から抜ける穴／に糸を通す》。実際はこの前にある、何についてしるしているのか不分明な（あるいはさらにその前のくだりにあった「芒」の主語が反復を嫌って消されているともかんがえうる）以下が微妙な陰翳をあたえている。《光のぶんだけ、／軽くなっている。／／粗い粒の／重さ／／空洞を／渡っていく》。ばらばらに置かれた詩句は、他に静謐な力動をあたえるよう周到に配備されている。だから読者は石にかかわる（脱）物質性とともに、「配備」そのものをも音楽的に読むようになるだろう。失語に見舞われたように、詩集は終結にむけことばを減らす。経緯を書いてもネタバレにはならないだろう。詩集を手にとったときの空隙的な物質感こそが問題なのだから。改丁単位の飛躍をあえて「／／」でしめすと――《菫の灰、――／／一段一段、のぼってゆく／／何もない場所で／／どこにいるのか／わからない／／座標が／ない／／闇に／／石の花／／咲く》。このピアニッシモの開花は、無化の完成でもある。

神尾和寿『アオキ』（編集工房ノア）。ユーモラスかつ哲学的な深読みのきく短詩が、見開き単位で余白たっぷりにならぶ。余白が多いから、ひと見開きの左下に次の見開きで展開される詩篇タイトルがしるされるレイアウトになっている。発想の自在、運びのやわらかさ、叙法の新規性、どれをとっても超一級品だ。説明よりも引くほうがわかりやすい。以下、三篇を全篇で引こう。楽器の用法変化により楽器そのものを脱存在化させるという斬新な着想が、楽器との一蓮托生に横ずれする、最終行の軽さが得難い用途論「楽器の色々」——

老婆の顔面を強打することで
マンドリンの用法が
広がった
前世紀の初頭から
さみしがり屋さんは
ベッドのなかに　チェロを持ち込んでいる
やがては
色とりどりのカスタネットが
上空から　ばら撒かれることも
あるだろう
拾わなくてもよし
拾って

タンスの底にしまっておいて
六十年後に
自分と一緒に焼き上げてみるのも　また
よし

社会への（不可能な）皮肉に排中律をかかわらせ、余韻たっぷりに逆説の恐怖にむかう「祝福」

おめでとう
ありがとう
税金を全部
費やして
花火を打ち上げます
あらゆる因縁も打ち上げます
となると　今後
地上に残存するのは
正直な
わたしたちだけになりますね
すがすがしくも感じられますが

よく考えてみれば
恐いことですよね

「現在」の把握が不可能だという時間論テーマに「痴漢」行為がとつぜん乱入し、それが花火へと永劫回帰するニーチェもベルクソンも蒼褪めるだろう「過去形」——

ものごとが起こる瞬間に
そのことを同時に語るのは　無理だろう
夏の河原に
仲良しの　みんなが仕事のあとに集まって
花火を見上げる
弾けると
もう
思い出か
帰りの満員電車のなかで
痴漢行為に走ったのも
思い出か
軽快にふるまった中指と人差し指の先端を見詰める
君の

声が出ない
すかさず
ながい睫毛《まつげ》
その次の次の　花火

坂多瑩子『こんなもん』（生き事書店）。現代女性詩の別の中心（この評価はもっとゆきわたるべきだ——わたしは彼女の詩がずっと好きで好きでたまらない）、その坂多の詩集発表の場を、佐々木安美が版元を興して提供した。案の定、装丁は高橋千尋、奇ッ怪で懐かしく可愛い感銘が上乗せされる。坂多の詩は女性の生活誌を基軸にし、口語導入もあって柔らかくユーモラス、というのが定評だろうが、実際は短詩のなかに不連続な飛躍（時間的なもの／論理的なもの）が織り込まれている。そのまなら女性版・廿楽順治ともいえそうだが、注意ぶかく読めば、飛躍そのものが「いつも」詩の生成にやわらかくむすびつく点が、飛躍によって暴力性と驚愕を志向する廿楽とは異なる。二篇を全篇で引こう。「対象」が魔法のようにすりかわり、前提が忘れ去られたのち冒頭への再言及が起こり、それが余韻になってしまう卓越した構造の（詩行の換喩的展開と自由間接話法の手本ともいうべき）「どこへ」——

大根を切っていると
窓ごしに
男がよぎっていった

風でとばされた
ぼうしを追っかけている赤毛の男だ
いるな
と思ったら
ぼうしのほうが
あたしのところにきて
水を一杯のんだ
これから旅にでるという
たしかにリボンのわきに切符をはさんでいる
ザーッアルマからノマロフ越えて
橋をわたって
ぼうしのくせにおしゃべりだ
聞き流しながら
里芋と人参を切って
鍋に湯をわかしていると
台所は湯気のあたりから暗くなりはじめた
夜になっちまった
ぼうしがいった

ずいぶん昔に
お土産ですよって
大叔母さんがくれたグリーンの表紙の本
色の悪い花びらが舞っていて
ぼうしがあご髭をはやしていた

遠い夜のはずれで
赤毛男
ゆくえふめい

次に掲げるのは、姑の死をこれだけ切実かつ同調的、しかもユーモラスな予想不能性で描いたものはないといえる詩篇だ。ここでも「変容」が詩行の運びに躍動している。冒頭の無媒介性、名人芸ともいえる時制操作に注意。「姑」――

あれっと思った
顔が少女のようになっているのだ
かけっこの選手だった姑は
夜の道

全速力で少女へともどる地点までかけのぼっていった
呼吸は深いが乱れてはいない
次の日
電話で起こされて
いそいでかけつけると
少女はもういなかった
なんとなくふるくさい姑がいて
葬儀屋さんがきて
すっかりの旅支度をして
すましていた
だれも少女のことを話さなかったから
わたしもだまっていた
だまって通夜の大根を切っていた
てつだおか
てつだおか
少女の声がした
わたしは無視した
わたしは嫁なんだから
どんなことばも通じないよ

大根はかたくなって
石みたいにかたくなって
ベティナイフの刃がかけそうになった
行年九拾弐歳

林美佐子『発車メロディ』（詩遊社）。七〇年生まれ、伊勢市居住の著者だ。「ですます」短詩の名手、第二詩集でのこれほどの成熟かと驚愕した。すべて三頁以下に収まる短詩で、修辞の省略と展開の綾、それぞれがユーモラスな味わいをつくりあげる。題材も自在。歩廊を舞台に、来ぬ人への思いをつづった逆転構造の詩集標題作、ハウスメイドの独白により勤め先一家の乱倫がミステリアスかつ笑いを伴って展開される戦前劇「メリーゴーランド」、お呼ばれに行って出されたケーキに意外な描写を盛り、「奥さま」への畏怖により最終部が幻影的に変化する「ショートケーキの断崖」など、この詩集も佳篇が満載だ。ここでは性描写の暗示的修辞がかえって大胆に映る（この著者の特質だ）、幻想的な桜恐怖譚「桜だらけの丘」の全篇を引こう――

開ききった桜を
見あげると
花の一つ一つの
まん中の目が
いっせいに私を

見ていました

あなたの顔には
モザイクがかかって
見たことのない
顔のようなのに
ズボンから現れたのは
見たようなものでした

目を閉じたまま
私は両脚を
扇状に開いていきます
あなたの書いた
壮大な自分史ごと
和綴じにもされていきます

日はいつかずり落ちました
丘はわずかに傾きました
あなたの後ろには

目だらけの桜があり
私がまた目を閉じるころ
あなたはおびただしい目で
できていました

以上の詩作者たちがならんでみて気づかれることがあるだろう。みじかい詩はすくなさによってのみ読者を魅惑するのではない。飛躍した箇所が、空隙による模様にみえる点こそ肝要なのではないか。それを保証するのが内部反響（大木）であり、やわらかさが自然におこなう意味のたわみ（神尾、坂多、林）なのだった。このふたつは集約できる。詩の時空間を文学的に調伏するのではなく、自発的な自動性でことばの運びが「生き物」化するにまかせる——強圧ではなく、そんな手許の余裕が共通しているのではないか。むろん推敲が介在していないわけではないが。

萩野なつみ『遠葬』（思潮社）。本誌投稿欄や「Aa」などで注目された著者の第一詩集。静謐さと淡さがうつくしいこの著作もまた無駄がほとんどない。「すくなさ」も達成されている。フレーズの厳粛な減算はたしかだ。それが文学性を組織している。ところが詩篇が自発的に「変容」していった呼吸ものこっている。それでこそ愛着する対象となった。
まだ三十代の作者らしく、放心や衰弱や遠望や喪失などにたいして詩作がすなおに起動している。ないのが、幽邃感や放埒感だが、それはこの作者の今後の推移に生じるだろう。それだけの包蔵がある。ぎゃくに「作者の現在」でしか書けないものがここにはきらめいている。たとえば母親の消失の予感、その不安な瞬間をとらえた以下のくだり――

いつだって
生まれないものを孕みたくて
しずかにあきらめていた
母の手を
ひいて

わたしは渚をたどる
とおく
産声のようなものを聴く

あ、と
ふりかえると　もう
母は風に溶けているのだ

（「産道」部分）

あるいは体験か幻視か不分明ながら葉桜の下での「あなた」との逢瀬をつづった詩篇での、葉桜の光があおく反射して不可解な吐瀉へとみちびかれるこんな反性的な運びはどうだろう――

あなたには
繰るべき頁があり
季節はいつも
肺に挿した栞の
おもてを反射しては過ぎる
いびつな堤防がひたすらにつづく
あおい腕の中で
何度も嘔吐してはわらう
きらきらと

まひる
葉桜の下

わたしたちのために
ささげられるまあたらしい喉

（「真昼」終結部）

さらには恋愛感情が祈禱感情と相即してしまう様相が、不如意としてではなくえがかれる若さもある——

ゆるすことは
ひとりになること

だから
さきざきまで見通していた
しのつく雨さえも
あなたの祈りであったこと

＊

海へと落ちる
その断崖の上から
さしのべられるもの

春

いつか燃される耳を

あなたへと向けている

（「pray」終結部）

萩野なつみの可能性は、たぶん境界が消滅してゆく運動、そして消滅したあとの空位をみすえるまなざしにある。つぎにしめす詩篇「葬列」は、水蜜桃に潮騒が干渉したとき、白光が集中して空位ができるような知覚が主題になっている。このときの一種の脱落感は、「わたし」と「あなた」の交歓の場を代位させる契機をもつくりあげる。そうして詩篇内部が「変容」する。全篇引用――

雨に濡れた明朝体のような
あなたのてのひらで
さやさやと海をやどす桃の実と

どこからか
うちよせる
まひるまの
葬列

泳げないわたしのために
あなたが桃にナイフを入れるたび
潮騒がこぼれるものだから

白く染まる爪先と
わたしの髪と

馥郁とした香気を
どうすることもできずに
ほそく
煙があがるさまをみていた
あれは
あるいは

あかるい葬列
しらぬまに
また　ほどかれるまで

乾ききらない髪を
金星の方角になびかせて
荼毘に付されるだれかをおもった
まひるまの、

あなたのてのひらがなぜる、白い
墓碑銘と
わたしと
桃の実と。

（「現代詩手帖」二〇一六年十一月号）

本流はなく、亜種だけがある

二〇一六年度、大量に詩集を読むめぐみをうけたひとりとしておもうのは、「変型ライト・ヴァース」を収めた逸品がじつに多かったということだ。歴然たるこの事実を見誤ってはバカだ。時評家の資格すらあやうくなる。しかも時評家はその理由をも顧慮しなければならない。そこでおもうのが「恥辱」だった。どういうことか——

いま詩を書き発表するのは恥かしい。とりわけ詩を自明なものと捉え、ほんらい詩とは異質であるはずの文学性と結託させるなど厚顔のなせるわざだ。蓮實重彦ふうにいえば、それらは「イメージの詩」に拘泥して、ほんとうの「詩のイメージ」を自損している。もともと本来的ではない「イメージの詩」の実現のために、隘路の通過をしいられ、書かれたものが自家中毒する。詩語、約物、字下げ、ルビなどに徴候がでる。いけない。まずは可読性を確保しなければならない。

そこで連辞・改行など「構造」が可視的なライト・ヴァースへの参照が必然的に起こるのだが、「恥辱」意識が介在して変圧も加わる。所与肯定ではない主題が舞い込み、ペーソスだけでも済まなくなり、やがては書かれたもの自体が「遅れて」再帰的にうかぶ、分類不能、その意味で狷介な変型ライト・ヴァースが出現する。詩を書くことが恥辱だという意識から始まった変型ライト・ヴァースが、完成されてそれでも恥辱の表情を消せないとき、この再帰性も現在的な詩なのだ。厚顔無恥な文学的詩作にはこうしたたわみがほぼないだろう。「書いた者勝ち」という法則は、詩壇はともかく一般には通用しない。若者語「イタい」はそうした無恥を迂回的に制御する形容だったのではないか。とはいえ、ここでは粛々と月評を継続、最終回を完成させるだけだ。毎年九月十月は詩集刊行ラッシュとなる。いくぶん字数がふえたとはいえ、傑作詩集を消化するのに、通常より叙述速度をあげなければならないだろう。

もうひとつ趨勢の指摘をしておく。「譚詩」の流行がそれだ。物語的な展開をしるしづける「流れ」を担保して詩を書く。それでも詩を標榜するかぎり、動力は飛躍、異想、間歇などとなる。時空の隣接性にもとづく「描写」は捨象される。一切の無駄のなさが物語を辿る喜びと不思議に同居すればいい。理想形が粕谷栄市ではないか。しかしなぜ譚詩「も」流行するのだろうか。そこでふとおもうのが朗読との親和性だ。朗読されている状態をメタ的に投影しているだろうこの譚詩を本稿では中盤あたりであつかうことにする。ただし小説体の地雷を踏んでしまったいくつかの話題作については割愛した。理由は単純。それが「詩集」ではないためだ。詩集の存在論を真剣にとらえない者は、おそらく「ことばの存在論」についても不気味な異見をもっている。連辞であるだけの詩のことばに夾雑が加わっているのだ。

小峰慎也『いい影響』(書肆梓)。福間塾の盟友、小山伸二の興した版元。小峰はわたしのいう減喩詩のおそろしい体現者だ。彼の詩は連辞が脱論理的、切断だらけで、読むごとに新鮮な脱臼を生ずる。ライト・ヴァースとの連関でいえば、詩語を徹底的に廃絶する清潔さが共通する。さらにはねじれが「容積」をつくり、そこに詩性がかすかに滞留しているか否かの判断で読み手が審問にかけられる。

この意味で分析の難しい再帰性があり、それは小峰の詩のスカスカな外見と離反する。彼の詩は変型ライト・ヴァース特有のみじかさ、たりなさをもつ。まずは二篇をまるまる引いてみよう。

ぼくたちははっきりしてきたのだった
あの方は
朝から生きている方だから
期待しすぎましたよ
Ｍという字が小さくみえる
トイレから出て
角のＡＴＭで
並んでいた
ことがある。
「この庭で殴っても
おまえの得にならないぞ」
まだ七月なのに
九月がはじまろうとしていた
指を
動かしていたからだろう
子供としてしたことが

いまになって
あらわれたのだ

（「M」）

すぐに何かをしようとして、
川と
そうでないところが
どうなっているか記憶を
さぐったが
だめだった
牛に石を投げて
結果を見ずに帰ってくる
それが午後
まだわたしたちは巨大すぎて
目の前にあるものが
顔を上げなかった

（「顔」）

「M」は無媒介であいまいな——それゆえに驚きをあたえる書き出しをもつ。そのあとの文脈のつながらなさはご覧のとおりだ。では読者は意味の補足をおこないつつ鑑賞するのか。そうしていけない理由はないが、実際は裸出状態のことばがとつぜん自明性をうしなっている状態に翻弄されながら、街の点景として作者がいて、その心情的な不如意を「なぜか」抒情としてうけとってしまう。くわえて、その逸脱に本然的な詩の動力を感知してしまう。曖昧詩ではない、峻厳に実現された脱自明詩なのだ。

いっぽう「顔」は最終三行まで飛躍が、魅力的な空白を文脈につくる。詩行の余韻に感銘するのではなく、連辞が内在させる空隙そのものを「読んでしまう」スリル。ところが最終三行では定位がとつぜん困難になる。「目の前にあるもの」とはなにか。「牛」の余韻だろうか。なぜ「わたしたちは巨大」なのか。なぜ最終行から詩篇タイトルがつかわれたのか。そうした疑問から読者は混迷を読まされることになるが、この詩が混迷そのものの「顔」を捉える内在性の容積をもつともおもわれてくる。

大橋政人『まどさんへの質問』(思潮社)。やさしく正統的なライト・ヴァースの書き手として大橋の世評は高いが、哲学性が連辞・改行にふかく介在する点で、世評は大橋詩の本質に部分的にしかふれていないとおもう。既存詩篇の例示はおこなわないが、大橋の作品では猫は時間や内部的連続と弁別がつかなくなり、人間の身体部位も脱部位化して、せつないわらいを醸成するようになる。詩篇は自明的加算状態でしるされているようにみえながら、たとえば部分引用をしようとすると全体が崩壊してしまう有機的な結合を遂げている。やわらかいのに、峻厳なほど無駄がないのだ。いつも大橋詩はそうした達成を涼しげに実現しているが、あえて途中省略し、詩篇「泳ぐが泳ぐ」を本詩集からまず転記してみよう。「うごき」に関わる認知哲学がそこに現れるはずだ。

イルカは

ドルフィンなので
ドルフィン・キックで
全身を
上下に
しならせていく

〔…〕

泳ぐものには
カラダと
しなりとの
境目がない

しなるものと
しならすものとの
境目がない

〔…〕

泳ぐものは
泳ぐ

と思う前から
もう泳いでいる

時間が変化しているのだろうか。目標物が、あるいは媒体が変化して、なにかの境目が消去されてゆくのだろうか。いずれにせよ、世界は単位膨張して、部分は部分でなくなる。この認識は「水」にたいしても成立する。知見に富んだ詩篇「水を見ないで」の後半――

水を強く見てはいけないよ
水はコワイんだよ
水には頭もシッポもない
水は切れ目がないからお化けなんだよ
昔々、『アフリカン・ノートブック』
という本で読んだことだけどね
アフリカに
水を一生、見てはいけない
と言われた少女がいた
女の子はその禁忌を守って
丸木橋を目をつぶって歩いていて
川に落ちて死んでしまうというお話

水はじっと見ていると
だんだん長いお化けになっていくんだ
だから水を強く見てはいけないよ
ほら、さっきから見ていただけで
もう水がチカチカ光り出したろう
目もチカチカしてきただろう
そのうち頭がクラクラして
もうすぐ自分が立っていられなくなる

能祖将夫『魂踏み』（書肆山田）。おなじ版元からの『あめだま』と同時刊行だが、「もしもの」「時の又三郎」「魂踏み」「ひらひら」「落想」「運搬」など完璧な詩篇がより多くならぶこちらを俎上にのせる。作者は「びーぐるの新人」を受けた。この詩集では「魂」を擬人化・物象化したような、一見メルヘン的、実際は幽玄な主題の詩篇が印象的だ。語調に辻征夫を髣髴させる面がある。ところが辻に本当に似ているのは「構造」の明晰さのほうだ。結果、辻と同等のことが起こる。「やるせなく」「ファンになってしまう」のだ。変型ライト・ヴァースが趨勢だった今年だからこそ出た詩集。贅言は不要、二篇をまるまる引こう。

ふと泣きたくなった

猫がぼくを通り過ぎていったから
と君は言う
通過されても
ぼくには分からない猫だけど
通過されると
どうやら泣きたくなるらしい

君の視線が上がっていった
猫が昇っていったのだ
日溜まりのような、青光りの猫の国へ
と君は言って
手を振った
猫もきっと振り返って肉球を振っている
と想像して目を閉じる

ぼくには見えないけど
通過されると
なぜだか泣きたくなる猫がいるんだ

(「通過猫」)

秋夜《あきよ》の雨に誘われて
家を出ると
雨の林だ
どこまでも長い雨が林立している

雨の林をさまよううち
ぼくもまた
一本の雨になってしまった
さびしいような
ビニールの花を咲かせて

（「霖《ながあめ》」）

武田肇『られぐろ』（私家）。衒学的耽美的な詩風イメージのつよいひとだが、俳句作者の一面をその詩作から腑分けできて、馴染んでしまう。プロローグとエピローグだけ（つまり本編がない）という挑発的な二部構成で、叙述冒頭がそのままタイトルになった、詩行の長さがまちまちの三行詩が延々ならぶ。内在的な連関もある。ときどき詩篇のみじかさによって「天気」など初期西脇詩を髣髴させる潜勢があり、このとき武田の詩篇が変型ライト・ヴァースに連絡する。うち四篇をまるまる抜書きする。ちなみに用字は武田ごのみに旧字異字で統一されているが、通用漢字に改めた。

（お姉さま道の匂いがするわ）
（妹よそれは秋の曲り）
合図は手首の月状骨　まだ誰も見たことのない昼の白さで。
（「（お姉さま道の匂いが」）

ことしも戸口をたくさんの白薔薇がふさいだ
このいへの中に道がある
一人の病人と便所とを繋ぐ只一本の
（「ことしも戸口をたくさんの白薔薇が」）

粘土に　無が生じる
ある種の地勢
アフガニスタンの誕生だ
（「粘土に」）

その時ぼくらの運転手が気を失って　青空にマッターホルンが見えた。
原子や分子が見えた　見えた婚約指輪が赤ん坊の笑顔が
望むものすべて　傷口という傷口から　死以外のものすべてが。
（「その時ぼくらの運転手が気を失って」）

和田まさ子『かつて孤独だったかは知らない』（思潮社）。変型ライト・ヴァースで一世を風靡した彼女は、英国滞在の体験を抒情的な詩篇群にまとめた。主題により、詩風が変化する柔軟性はむろん嘉したい。旅行詠ではないが、景物、感官に入る刺戟、さらに自身すら「旅体」を帯びて、そこに不安と寂寥が迫ってくる。すべては旅をしているのだ。倫敦塔の出現する細部があり、漱石の英国留学が根底を揺曳しているだろう。「構成」の見事さは光と音のかけがえのない偶有性を際立たせる。そこへふと侵入する、《どのみちいつかは／すべてを見せる日が来るのだ》（「城」）という、諦念とも希望ともつかぬもの。音の変転が、そのまま時空の輻輳をしるし、そこに身体がみえてしまうような佳篇「記憶」、その第二聯以下を引こう。

ホテルの屋根裏部屋で目覚めた
意識が拡散されたなかに
幾筋か傷口ができて
通りを歩く男たちの笑い声が侵入してくる
異国の言葉が弾けている

信じるということの
薄っぺらさ
灰色の敷石の上を
勝手に散らかすがいい
この街から逃れ難い
とは思っていない

スーツケースは用意できている

雨だれの音は
誰かがシャワーを浴びる音に変わった
浅い眠りのなかでふるえるしかない
行く当てのない今日は
こんな目覚め方がふさわしい
幸運からはするりと逃れる方がいいと
あの男ならいうだろう
裏切りはいつも
輝く記憶になる

シャワーの音が止む
人の気配が
部屋の空気に緑青を混ぜて
重くする
外からは
悲鳴

瀬崎祐『片耳の、芒』（思潮社）。瀬崎は従前の詩風からかすかな重心移動を起こしているようだ。たとえばこれまでの瀬崎詩にあって「幻想」は連辞のなまなましさと分離不能だった。それはとりわけ改行により物質的な刻印となり、しかも各行が生き物のようにうごいていった。今度の詩集では散文形＝譚詩の比重がたかまり、強調がながれのなかで溶解しだしている。同時に「分離」も起こっている。瀬崎はもともと変型ライト・ヴァースの手本となる詩篇を書かなかったひとだが、それに属する佳作を片方に置いているのだ。「幸せピンポン」「雨を忘れる」など。ここでは変型ライト・ヴァース「かたむいて」の一聯と四聯以降を引いておく。

休日の朝は
早くから庭でかすかな物音がする
そっと門扉を開けてやってきた幼子が
如雨露で草花に水をやろうとしているのだ

〔…〕

児童公園のシーソーにのった幼子は
反対側でなにかを引きうけてくれた人の重さで
空にむかってのぼっていく

シーソーに乗った幼子は

自分の重さだけでは地にもどれないことを
訝しく思っている
空にむかってのぼってしまった身体を
自分のものではないかのように思っている

訝しさも忘れるほどにたくさんの休日の朝がすぎて
水のかたむきにも耐えて
ある日ふいに
幼子の一生懸命さが地に戻ってくる

かたむいていたものは空のどこかにおき忘れて

草野理恵子『黄色い木馬／レタス』（土曜美術社出版販売）。草野は「譚詩」のつくり手だ。すきなのは、変容どころか気味悪いイメージを盛り込んだ物語進展が、さらりと語られてしまう点。むしろ静謐をかんじてしまう。「あとがき」で腑に落ちる読者も多いだろう。草野詩の最初の読者にはたぶん障碍をもつご子息が不可能のままに想定されて、それでそのフェアリーテイルの残酷が同時に「やさしい」のではないかと。「構造」は分離的だ。だから作者にとって各詩篇は、重要詩想の選択、すなわち「A／B」のかたちでタイトルされる。《私は殴られた　ひどく／あの日　誰かが大量に死んだ》というフレーズが衝撃的なタイトル詩篇のほか、「花／束」「エイ／背中」など佳篇ぞろいだが、

ベンヤミンにたえず回帰してくる気味悪い幻想とリンクしているかもしれない「こびと／万華鏡」、
その最初の三分の一を引こう——

私の万華鏡の中にはこびとがひとり入っている
十年も二十年も前に捕まえて入れた
辛いことがあるとその小さな黒い穴から覗く
中でこびとが膝を抱えている
くるくると回す
白　青　赤　緑　茶　灰……光の帯の中こびとは回る
手足をくねらせあちこちぶつけ
こびと自身も無限に増殖しながら……
一様にこびとを痛めつけると
私はまた大事に万華鏡をしまう
本当は大好きなんだよと言い訳をして

水を大量に飲まされたある日万華鏡を覗いた
こびとは消えていた
どう生きていったらいいかわからなくなった
その日から何をされても何も感じなくなった

加藤思何理『奇蹟という名の蜜』(土曜美術社出版販売)。これまた譚詩。ただし終盤の断章形式のものなどは言語を素材にした文学的詩篇の様相も帯びる。加藤の譚詩も畸想と展開の飛躍により、豊饒な印象をあたえる。民譚の財宝が意識されているのだ。二篇めの幻想的拡張的ファミリーロマンス「裏庭に豹」のつよい印象が詩集全体にシャワー効果をもたらす(草野理恵子で述べたように、ファミリーロマンスからの拡張がおそらく譚詩の原動力のひとつだ)。その書き出し。

ある朝のこと、ぼくは裏庭で金いろに耀く豹の屍体を発見する。
どこから迷い込んできたのだろう。
あるいはまさかとは思うが誰かがこっそり捨てていったのか。
屍体はなかば腐敗し、腹のあたりの柔らかい皮膚が破れて、ルビー色の爛れた肉の上を
夥しい数の白い虫が蠕動している。
ひどい悪臭だ。
だが不思議なことに母も姉もその屍体に気づかない。
ただぼくと父だけが豹の屍体の存在を強く意識している。

ところがとあるセールスマンだけが「なぜか」豹の屍体の悪臭を嗅いでしまう。死んだ豹を隠しもつと露顕すれば銃殺刑もまぬかれない。どうするか。加藤の筆致は、クライマックスを迎えた弁士のように緊迫してくる。父子の会話が肉感的に挿入される。

――今夜、あの豹をふたりで処分しよう。
――でも誰かに見つかると逮捕されるよ。
――心配するな。あれはわたしとおまえ以外にはけっしてみえないのだ。

この「つづき」は詩集にて実地検分を、ということにしよう。恐怖譚は見事に完成する。

ここから以下、言及する三冊が、変型ライト・ヴァースにも譚詩にも分類されない、「プロパーな現代詩」ということになるのかもしれない。ただし文学的な厚顔を仮面にしたものを「本流」とよぶなら、話題にするものはみな亜種だ。というか、「本流はなく、亜種だけがある」という自認だけが詩集の孤独をつくりあげるのではないか。今回対象としたすぐれた詩集すべてに妥当する。

カニエ・ナハ『馬引く男』（私家）。こまかい説明は煩雑になるので控えるが、詩集空間を改行された連辞が自由にながれる、とまずはいっておこう。すばらしいのは、連句のように、あるいは稲川方人のように、各行が前後にまたがって、「それ自体」を摘出できないことだ。意図的に茫洋状態をつくりあげるカニエの詩法により、「馬」「島」「山」などの主題系が明滅するが、トータルの組成や秩序がうまく把持できない。ならば韜晦詩かというと、ことばは何も「勿体つけられず」、眼前に裸出されている。だから連辞の脱自明性に魅了され、再読をうながされることになる。それにしてもカニエは絶好調で、この欄で唯一、二回登場した作者だった。「馬」にかかわるうつくしい連辞（中平卓「馬」にもかかわる）を以下、三つ引く。それで全体を予想してほしい。《馬は／起きようとするたびに、／頭を打って／ほとんど死んで／死ぬことによって／否定する／否定することで告白する、》。《あらためて問う／なぜ、植物図鑑か？／それは馬を逃すこと／転がされている現実の／馬たちまでも呑みこむ時間を、ここに、再び／示す、／笛を吹くように》。《洞窟で／屈している／百頭の馬が一万五千年／照らされるのを待って、淡淡と／沈黙の中で、火と呼ばれるものを知らず／時間を持っていなかった／夜に／何も知らず／失った森で、異なる時間を開いて、／呼ばれている物語で／浄化する、［…］》。

齋藤恵美子『空閑風景』（思潮社）。齋藤は詩集ごとに詩風を横ずれさせてゆく。確認できていないが、当初は静謐な女性詩だったのではないか。それが前作『集光点』では横浜などの地誌をもりこみ、しかも改行の呼吸に不穏なシンコペーションをえがいた。今回の『空閑風景』は撮影者の眼をもって風景を移動しながら、その移動により風景が定着をうしなうさまを捉える。詩語の乱射。撮影ショットをあかしするような体言止めの連鎖であっても、連鎖の動因がむしろ音韻にあるから、詩が容易に結像してゆかず、誘惑されるままになる。逆説はいかようにも換言できる。「豊饒なのに淡い」「個人的なのに普遍」。戦慄させるフレーズがふっと忍びこむ呼吸でも動悸をおぼえてしまう。たとえば――《（名前よりも、わたしへ食い込む音が、この世にあるだろうか――）》（「鈴」）、《眠りのなかで出会うあなたは、決まって、幾らか、わたしを帯び、触れればたしかに生きているのに、少しも、息をしていない。》（「野姿」）。ここではみじかいゆえに比較的引きやすい「孤影」全篇を引こう。ラスト、自己分与が無償性へと昇りつめる昂揚を聴きとってほしい――

跡が消された跡、のような、道筋をたどり終え
箱より軽い部屋の闇へ
みずからを消し、風を通した
部屋と世界が、触れあえぬまま重なるときの、余剰部分
そこで、外皮から朽ちるとして、最後に
わたくしに、何がひかるか

待たれたことなど一度もなかった背中へ、静かに差し掛けられる、涼しいドーム
白昼の傘。その先に建つ送電塔
張り渡された声の束の、すべての、光の、神経がはりつめて

――此処にも、居たことがないのです
――陽射しが、硝子を、折れていました

この世へ、落剝されまいと、張り詰めている真円の、月のように
誰かへ向かって、この身をしんしんと注ぎたい

清水あすか『腕を前に輪にして中を見てごらん。』（南海タイムス社）。清水は女性詩の「みえない中心」だ。八丈島という辺境を詩作の基盤にしているからではない。古代日本語が漂着残存する八丈方

言を軸に、ときに異語とも紛う形容詞・動詞の名詞化、改行呼吸のズレなど独自の「文体」を確信的に継続しているためだ。詩に「文体」は邪魔、という向きもあるだろうが、清水のばあい文体は認識の形式に直結していて、それを諾えば、文体もまた魅惑となるしかない。「島」の孤独、被差別的疎外、同時に緑や海風へのアニミスティックな官能、そのなかの女性身体、朋輩への愛着、中心転覆性、神話性……考究に値する主題の幅も中上健次もしくは松岡政則と、スピヴァクもしくはミンハ、イリガライを併せたようにひろい。唯一性がこれほど尊ばれる異能者は詩のフィールドではなかなかいない。しかも清水の連辞はすべて新規性によって現れ、流暢さ、了解の馴致性をもたない。フェイスブックでの甘楽順治の表現を借りれば「ぼきぼきに骨を折られる」。「ことばの仕置人」。

連辞そのものの「途轍もなさ」をまずは詩集から採集してみよう。どの詩篇かは明示しないでおく。催涙性もある。《道路に落ちた雨、雨一滴の中に生きている時間が見える風景だ。》《めくるのはくりかえした昔でなく、それを経た身体である。／思われるを書き重ねられた皮フはずいぶんと／乾きバリつく紙のよう。〔…〕》《消えたい謡とはなんだろう、終わりたいと言ってくる風景をどうしよう。》《夜になるのは周りではない。身体の方なんだ。》《夜のアスファルトでヤギが帯びる青は、何十年の夜を抱えた夜／何百年の進化を携えたヤギが、何千年の色を知って選んだ青だ。》《次にはまちがえず椎の木の一本になる。／目に入りきれずこぼれる色の数になる。》《なんてこんなにも一人だろうと思うし、／一人であったことなど一微たりともなかったとも思う。》《〔…〕わたしは／身体のかたちをすることだけで、叫ばないでいる。》。

清水あすかは、凶暴性が逆説的にかかえるやさしさが、身体のしるしだ。それを過不足なくつげる、不可能な自己愛を主題にした詩篇「息による地層。」全篇を引いて終わろう。みじかさもあって意外に変型ライト・ヴァースに似ている。

わたしはひれ伏したまま手をのばし
その上に土がかぶさり、石が吹いて
アスファルトはなめされ
葉は落ちて積もり、積もる。

三千年たったわたしをわたしが掘り出して
顔の泥をすり、まるで涙の線になる。
「おぼえているよ」
ああ、おまえが生まれた、初めてやさしくしようとしたときを思い出す。

（「現代詩手帖」二〇一六年十二月号）

Ⅱ　詩の顔、詩のからだ

承認願望

　とりあえず自分が良い詩を書いているというおぼえがなければ、とても詩作などという、役立たずで面倒で、実りすくない営みをつづけることなどできないだろう。悪作しかしるせない絶望はむろん詩作を存続させない。このために批評能力は必要だ。それでも自分の詩作が他人の作を圧するほどの絶対的な優位性をもつとする「自負」は、おこがましく、みにくい。ひとそれぞれはまず有限なのだから、そんな自己抑制が人間性の前提となる。

　承認願望はとうぜんあるが、いつでも他人からの評価は、期待するほど到来しない――それどころか、励ましてほしいひとの無反応で失意がつづく場合すらある。だが失意も無駄だから解除されなければならない。そのために詩作が更新され、いわば「次善」が手許にうまれつづける。傑作を書ききっていない渇望こそが、あらたな詩を書かせる。

　承認は、とりあえずは他人ではなく自身が自身にするものだ。しかもそれが自己愛ぬきであるためには、熾烈な表現をつうじそれがおこなわれるしかない。心情は遮断される。

　表現はかならず再帰性の圏域を形成する。詩を書くひとは、詩作の繭のなかにいて時に明視性をもたない。その気配は繊細な他人にはつたわる。秘密の線分がそのひとから放射されるのだ。詩を書くひとは倦み、しかも倦むことにさえ倦んでいることで、その皮膚が多重にみえる。おそらくは繭の内部性、あるいは多重の皮膚のすきまに、「それでも」なにかのあたたかみや光明があって、それがそのひとを了解可能なものへと変貌させている。表面でしかない天才自負者にはこれがない。

いまはだれも、自分の作品を理解してくれないが、死後をふくめた後年に、評価的栄光が訪れる——したがって現状の無理解は笑止なものだ——そう状況をとりかえてみせることが、なぜ滑稽なのか。こうかんがえる。

時の進展はたんに無惨な延長であり、身体を除けば、ひとつの時はつぎの時と親和しない。だから希望は再帰性の枠組に現れない。そうでなければ希望の峻厳さがうしなわれる。このことが等閑されている思考など虚偽にすぎないだろう。それは、詩の行を書き足してゆくときにすでに自明になっている。時間認識の練習をしていたのだから。報酬はいまこのときの再帰性のなかにしかない。孤独と契約をむすんでしまったことは、何度もおもいだすべきなのだ。

救いはないのだろうか。絶望そのものではなく、絶望にかぎりなく漸近する見通しには、そのなかにやはり再帰性がある。わずかなすきまが機能するのだ。空間、かんがえてみればそれは、実際には自己の身体まで形成している。頭ではなくその身体が叡智をもつから、絶望は希望との混色でにじみだし、言動にニュアンスをあたえることになる。

他人の詩を良いものとして読む場合は、かならずその再帰性の審級が読まれている。それが「身体」を読まれることとおなじだというのは、上記から理解されるだろうか。身体が身体に伝播する。もっといえば伝染する。だから詩の繙読は、顔のないままに身体をことばのながれで装塡する離魂体験へと様変わりする。身体を原資にした再帰性は、「そのひと」であると同時に、脱個性なのだった。この事実は、希望／絶望の二項対立さえ超越している。「ただ、ある」「そのひとに即した空間と時間だけが、そのひとの身体に前提的にある」という観察は、希望的でも絶望的でもない、味のない世上の事実にすぎない。その味のなさが渇望をよびたすのだ。

一音の発現にまで還元された音楽が、そのひとつの時にそれじたい再帰性をもつこと。詩の身体はそれを模倣する。くりかえすが、絶望そのものではなく、絶望に漸近した自身の状況は、身体的な再帰性をもつ。ほんとうのところは、それが読まれる。それでも顔のない身体が詩に現れると、それが渇望の対象になってしまう。行間にそんなものがさまようのは、音楽的なものにかぎられ、その一角に詩もある。それは希望や未来ではなく、あくまでも「現今」なのだ。かなりの時が経過して振り返られてもその「現今」性が手放されない。だから未来の評価という視座が無意味になるのだ。

おそらくこの「現今」性の承認が、自己承認の用法なのではないか。気弱でありながら、事実を予感しているこの繋辞構文に、あらゆる「作品」がひとしなみにもつ運命がきざまれている。「作品」はいずれ散逸するかもしれない。それでもかつてそれのあった場所に、自己再帰の感触だけがのこる。藺の内部や皮膚のすきまは、対象性がなくても対象性を発現するていのものだ。

良い詩を書いているというおぼえがわずかでもあれば、あとは「もののさだめ」のかなたへと、作品を抛りやればよい（ネットはその便宜をはかる）。このために詩作者は詩で生計などたててはならない。必敗主義からはなれ、そうおもわなければならない。それでも詩を書く手許は、生きて詩を書くかぎり、「現今」にたもたれているだろう。この「現今」が人格を超えたもの＝作品自体から承認される。この体感があれば、評価はともかく、良い詩は書ける。野心など、もたないことだ。

（二〇一七年二月七日）

ライト・ヴァース

往古の和歌が、伝達意志も伝達内容もなく詠まれたとはとてもおもえない。詩はその原初的形態ではたしかな伝達性をふくんでいたというべきだろう。現代詩ではそれらがないと多くの口がいう。妄説であろうと謬見であろうと、そういわれることが、詩のどんな形態を想定しているのかをかんがえてみるのは、詩のつくり手にとって無駄ではない。

とりあえず詩を「難読詩」（読むのが困難な詩）、「可読詩」（読める詩）に二分してみる（のちにこの大別に面白みのないことをつづるつもりだが）。詩は漢籍・古語・雅語を満載した象徴詩であっても可読的でありえた。多く七・五の語調が可読性を保証していて、その語調のうえにもうろうな意味と像を、ひとは口にのぼすことができた。これは快感だったはずだ。

その後の萩原朔太郎や中原中也にいまだにぶあつい人気がとりまいているのは、可読性を詩じたいがそのまま分泌しているためだろう。さらにその後のモダニズム——ダダ詩などは、新規＝新規性の自同律のなかにあることが詩の形態的な自明性をみちびいていた。北園克衛の詩をむずかしくて読めないというひとなどいないだろう。

戦後詩でもある時代まで可読性問題は起こっていない。荒地派の詩は暗喩満載で見た目が堅牢、政治意識と疎外意識からくる絶望を多く射程に置いているが、その構造じたいはこれまた自明的だ。世界像も素朴。初期の田村隆一の詩ではその飛躍が美と恐怖にかならず変換される機微が「伝達」されるし、初期の北村太郎の詩ではくらい躊躇が空気のしめりを「つたえ」、そこに時代的共感が「かならず」わきあがってくる。

モダニズム詩と荒地的暗喩詩はそれぞれの自明性、伝達性を分有していた。ところがそれらが混淆しだすと、自明性、伝達性ともにゆらいでくる。あえて乱暴な詩史観を披瀝すれば、自堕落な「野合」が起こったのは、六〇年代詩ではなく「六八年詩」、それを受けて助詞の誤用などを意図的におこない詩のフォルムに衝撃をあたえた男性七〇年代詩の一部、それにそれらを偶像化して成立した「文学的」「学習的」男性八〇年代詩だという整理でよいだろう。時代はランボー狂いだった。こういう記述は退屈なので、さっそくここから離脱するが、この時点から難読詩の対概念としてライト・ヴァース（それも日本的な）がたちあがり、後づけ的な詩史観では辻征夫などに憧憬が集中している点を一言しておく。

「詩は可読的であるべきか」という設問への答は、「是」でゆるがないように一見おもえる。伝達性を手放した詩には贈与の意識が欠如している。脆弱な文芸ジャンルにおける前提＝「無償性」が等閑されることは自己存立条件の破壊にすぎない——こういった揚言はいっけん経済論的におもえるが、境界突破的な贈与が孤立者から孤立者へとなされる「世界の真層」を勘案するなら、もともと贈与性を前提しない作品そのものが破綻をきたしているとかんがえなおすべきなのだ。哲学的にはそんな問題機制となるだろう。

整理のため難読詩の特質をめぐってみる。前提的にあるのは、上述のように、伝達意志の欠落と、それ自身が贈与体ではないということだ。そのほかには——

【構造の非前面化】

すぐれたライト・ヴァースにあるのは、ひらがなや日常語、口語性の導入による語調のやわらかさではなく、あくまでも構造の明視性だ。ライト・ヴァースのいさぎよさは、それらを改行のつみかさね、聯間空白、さらには「みじかさ」によって明示することにある。難読詩の多くは、モチベーションが書きながら探られ、ながくなるのみではなく、その構造性が陥没している。

【勘所が作者—読者間の割符となっていないこと】

あたりまえの話だが、商業的に成功している大衆小説などのばあい、作者が仕込む勘所は読者の読みの勘所へそのまま変換されている。「ここが味読の箇所」「ここが感涙の箇所」「ここが伏線消化の箇所」「ここがわらいの箇所」といった分節により、小説のながさが組成されているのだ。そういう分節じたいを組成にみちびくことが創作動機なのだとすれば、これが詩作に適用されない理由もない。ところが「構造」があやふやになってしまった、決断力と自己裁断力のない詩作では、読者と作者が着想面で合致する「割符のようなもの」が作中に形態化しない。それで作品が無惨にも読みながされ、読書も「体験」をうったえない。

【自分の詩が他者によって書かれていないこと】

「語り」を基盤に、時空間に綜合的な演出をほどこす小説家にたいし、詩は通常そのちいささを金科玉条とする。自分の書きつつあるものはより自明的なのだ。詩作ではこの条件をみずから奪わなければ退屈が起こる。難読詩ではそこで「陶酔」がもちいられる。いっぽう可読詩ではそこで「他者化」がもちいられる。他者化は「後年への約束」へと結実する。のちに読み直し、「これが自分の書いたものか」と驚嘆することがさいわいとなるのだ。ために、自己のしるし＝「陶酔」が遮断され、付帯的に構造化がみちびかれる。陶酔は多く不注意によるが、自己の他者化は綿密な注意をその内実にしている。ライト・ヴァースの一見おだやかな口調に、他者化という峻厳な乖離が裏打ちされている点が看過されてはならない。

【語調や趣味の異様さなど、そこにあるノイズを了解できないこと】

詩作が身体性の残存なのはたしかだ。含羞にみちた詩作者はこのことをできるだけ回避しようとして、いわば余白や行間にだけ自己身体をのこす挙にでる。詩空間はそれで透明化し、読者の透視性と割符をあわせあう。すっきりした読者がすっきりした詩を読む典雅。詩をおもく濁らせるのは作者の余計な身体性が刻印されていることだろう。転倒して了解できない哲学が語られている際におぼえる疲弊。ところがよりちいさなところでは詩の細部にあらわれる「趣味」や「語調」への違和感も、じつは難読を形成してしまう。「人間的であること」をことさら詩にもとめるいわれはないが、非人間性を誇られるような倒錯に直面すると「伝達そのものの価値」がいちじるしく阻害される。

【音韻上の解決がないこと】

さきに象徴詩にかかわり言及したが、経験則でいうなら音韻のよさは難読性を溶解してしまう。もともと詩の伝達性は「志」だけの問題で、意味は伝達性のさほどの内実ではない。かんがえてみれば詩を読むことが体内での無音の音読へと転化した途端、詩の伝達は達成されてしまっている。難読性は身体によって解消されてしまうのだ。ということは逆に、難読性によって害される対象が読者の頭脳ではなく身体だという確認もできるだろう。

【詩論が透視できないこと】

あるていど詩作経験をつんでみればわかることだが、詩作者は自分の詩を定位しているものが、自分に湧いてきた詩論だと気づきはじめる。詩作は先賢の模倣から起こるとはいわれるが、語彙やフレーズなどを蒐集してくるだけでは詩にならない。ところが先賢から詩法が奪取され、それら蓄積物が醗酵しだすと、たとえ本人が模倣したと主張しても独自性をおびている詩ができるものだ。一篇の詩を定立せしめるものは、そこに潜勢している詩論なのだ。貞久秀紀が「明示法」をおおやけにするまえに、ことばにできないながら、その詩作上の明示法にすでに気づいていたファンは多かったとおもう。詩論によって詩がささえられているとき生じる印象が明澄感で、それは事物や当該身体の復権をもうながすのだから、よろこばしい。一方では詩法の斬新さにも打たれる。こういう機微のないものが、やはり難読詩となる。

【勿体ぶり、迂遠】

詩は詩でしかない。文学ではないのだ。そう捉えることが逆に詩を復権にみちびく。ところが詩の本来的権能を測りそこねると、いま現下につくりつつある詩が異様な方向――つまりは「文学」と天秤をつりあわす自己粉飾へと触手をのばしだす。むろんむきだしの承認願望や野心はとても読めたものではないが、この自己粉飾がたくみに自己神秘化と野合するばあいがある。これが叙述における「勿体ぶり」「迂遠」で、詩を書く者がより疎外されてきた（つまり詩を書く者の「性格」そのものがおかしいと一般的にいわれるようになった）八〇年代から目立つ傾向となった。性格がわるいから勿体ぶるのか、勿体ぶるから性格がわるいのかは鶏と卵の問題に似るが、詩を書くことと性格が癒着してしまうのは癪ではないか。ほんとうは「思考」が書いているはずなのだ。勿体ぶりの震源地がだれかはいう必要がないだろうが、震源地そのものはフォロワーに較べ清澄で、その「怒りやすい」身体性がすばらしいとは銘記しておくべきかもしれない。

【過剰なこと】

詩は集中力を鞭打って、喘ぎながら書くものではない。自分をなだめ、自分そのものを間歇化し、自己冷却をかさねながら、些少ずつのばし、成立してくる構造の再帰的確認を刻々しいられるもののはずだ。読者がほんとうに再帰的に読むのは、そうして現れている「生成の構造」だろう。過剰な詩はそういった詩の清澄な贈与形式を破砕する。ここで過剰なものを一息に列挙してしまおう。「圧」「喩」「語彙力」「構文のかたち」「典拠＝学殖性」、それらだ。これらが複合すると、それを盛るうつわはフレキシビリティのある散文形のほうが良いとかんたんに理解されるだろう。圧が高く、暗喩だらけで、語彙展覧を誇り、複雑な複文ばかりの衒学的な散文詩が、難読詩の恰好の標的として攻撃をくらいやすいのは必然だった。いま掲げた属性は、よくかんがえればそれぞれはわるくない。ただし野合はわるい。ここでもおなじ命題が回帰してくる。つまり構造が明示的でないものは、詩では贈与体とならないということだ。

＊

むろん可読性をたもつ詩は連綿とうけつがれてきた。場所でいえば地方、属性でいえば老齢者、主題でいえば境涯、種類でいえば抒情に。それらの詩のつくりあげる層の厚さは度外視できない。というのは「構造」が見事で、さらなる詩論形成に資するめざましい作品が数多いためだ。これは一年間、「現代詩手帖」で詩集月評を担当してさらにつよく確認したこと。同時に、可読性のたかさを導入するため、あらたに流行しているものもある。「譚詩」がそれだ。

けれどもここでとりわけ対象にしたいのは、「変型ライト・ヴァース」だ。ライト・ヴァースの概念成立はW・H・オーデンの提唱による。俗謡性、遊戯性、洒脱、皮肉、口承性といったフォーキーな要件をもつものが、文学的な詩と対置された。日本詩では文学的な詩の深刻癖をわらうためライト・ヴァースの概念導入が自然だったが（七〇年代）、たぶんそこで日本語の特質がライト・ヴァース概念を即座に日本化させてしまう。ペーソス、日常性といった目的や主題にかかわるものの擁護のほかに、脚韻よりも頭韻がおこないやすいこと（頭韻の原動力は換喩だ）、文字系列がおもに漢字・ひらかな・カタカナの三種あるなかで、ひらがなが措辞を途端に軟化・溶化させてしまうこと、主語の省略構文が馴染まれていること、等時拍音によって強弱のない音韻を魅惑にみちびくのに和語・日常語の系譜があること、これらへの気づきにより、日本的ライト・ヴァースはやわらかく研磨されていったのだった。

では変型ライト・ヴァースとはなにか。最初の前段として、俗謡と言語遊戯詩を掛け合わせながら、一方で可読性そのものが清澄な十四行詩などを量産した谷川俊太郎がいる。他方で音韻アナロジーをフル駆動させながら極上のペーソスで読者を感銘にまきこんだ岩田宏がいる。ではその次の段階はというと、たとえば奇想とヴァルネラビリティによって感情の新規化をつづけた松下育男がいて、時空、存在、うつろい、身体、動物といった哲学的テーマを卓抜な技術で詩篇化する大橋政人がいる。これらにあるのはライト・ヴァースの「ライトネス」とともに、やはり詩篇構造の清澄な明示性なのだった。この「ライトネス」と「詩篇構造の明示性」を出発点にして、おそらく変型ライト・ヴァースが出立している。

ライト・ヴァースに短縮（圧縮ではない）を導入し異常接合を味わいにした神尾和寿。ライト・ヴァースに再帰的原理をもちこんだ金井雄二。ライト・ヴァースに切断と多声化を繰り込んだ廿楽順治。ライト・ヴァースに過剰生成を容れつつ可笑化を忘れない坂多瑩子。ライト・ヴァースに物語素の対立性を連続させることで譚詩から一線を保つ小川三郎。

これらはもちこまれたものによって、「構造性の継承」を再構造化にかえる不明地帯を形成するしかない。自明であり、自明でないというのが、これらの詩作者の感触なのではないか。むろん可読性にかかわる動力もかかわる。通念的には可読性の擁護が詩の存続のために必要なのはいうまでもないが、変型ライト・ヴァースは、なんと可読性／難読性の弁別そのものを無効にしてしまうのだ。「それらは読める／同時に読めない」。「それらは読めない／同時に読める」。これらふたつの同時性が連鎖し、ループしてゆく。だから一読のみには適さない。この連鎖は、ドゥルーズが状況とアクションにかかわってしめしたS—A—S′—A′—S″—A″—…に似ている。

もともと可読詩／難読詩の対立じたいに、おもしろみがないのだ。二項対立全体が退屈というのがひとつ。もうひとつ、（現代）詩の本懐は、「わかること」「わからないけどおもしろいこと」の中間に立ちあがっている。その事実がこの二項対立では無化されてしまうためだ。「わかればいい」というのは読者のリテラシー低下と傲慢をあとづけているし、その読者への詩作者側からの迎合をもふくんでいる。「贈与体」が親密ながら、謎のかがやきを放ってこそ、ひとは「詩魔」に憑かれるのではないか。

ライト・ヴァースを土台にしなくても、可読詩／難読詩の弁別無効が実現できる。江代充がそうだ。その詩には独特の再読誘惑がある。ゆるやかに読みながら、同時に音韻に間歇をくわえるような危ない遅読を禁じているのはその構文と哲学的清澄性と隠れた抒情によるのだが、そうして再読すると、江代詩は難読詩から可読詩へとすりかわってゆく。しかも段階的にすりかわってゆく。日本語の奇蹟というしかないだろう。

（二〇一七年二月九日）

羞恥

ふだんわたしたちは、そこにあらわれている羞恥の分量、分布、貫流によって、詩篇そのものの出来を判断してしまう。恥辱のない詩は、その存立さえおかしいのだと。「詩人」（もちろんこの言いかたをするときは鉤括弧つきだ）は恥かしい。冗談めかして、その理由を「それは職業ではない（詩人であることでは食えない）」「一般から揶揄される夢見がちな性質が詩人のレッテル」などということができる。けれども問題は、ことばへの渇望をそのまま生きている倒錯が「詩人」性に露顕してしまうこと、それこそが恥辱なのだった。かぎりない、自足からの追放がそれら類型の裏箔となっている。

みずからに恥辱をかんじている「詩人」を、慎みぶかいと印象するだけでは足りない。それは縄張りをあらそうけもののようにも防衛的で、これが立場を替えれば物欲しげなのだ。ある事象に、詩作者たちは旗を立て、それが土地でないのに自分の占有をつげてしまう。そうして実際に、後進を意気阻喪にみちびく。こうした貪欲者が「詩人」だ。

たとえば葛原妙子によって、白アジサイが葡萄が鰈が、夕暮れの卓上の壜が、詩的に占拠されてしまう。永田耕衣によって揚雲雀や死螢や鯰に唾つけがおこなわれる。もちろんこうした占有宣言はドン＝キホーテ的妄想にすぎないが、ことばの美的なトリックによって事物が完璧に素描されたとき、事物はそれを語ったものにみずからの存在を明けわたす。事物のほうがさらに慎ましいのだ。そうして、「それののこる場所」と「それが消え去ったあとの空虚」とに等号がむすばれる。

幻想裡の占有は、「事物がそこにそうしてある」とただしくいうことでのみ招来される。名指すことは救済ではあるが、救われるのは事物であって、それを語った者ではない。そうした非対称性によって、語りそのものが「まっすぐなのに」ゆがんでいる——そうバレることが恥かしいのだ。

なにがしかが「何々のように」ある、「何々として」ある——このような語法は、「ある」を比喩によってよわめ、当の対象の存在手前を撫でているにすぎない。それは届いていない。このような物言いを駆使する者にはとうぜんべつの恥かしさがある。「下手糞」にまつわる恥かしさだ。文飾はいつもこの領域から頭をもたげようとする。

井坂洋子のすばらしさは、ことばの質量にそれにふさわしい意味が精確に載って、ことばのながれがたえずただしく輪郭づけられる点にある。逆にことばの質量と意味の不均衡は、ことばをつかう者、その息の恥かしい「ダダ漏れ」を多く結果する。うすい多弁の連鎖がそれだ。そうではなく端正に息をとめ、自己を抑制すること。そうしてことばが事物や世界を（偽）所有する逸脱が回避される。井坂洋子的なありかたは終始、恥辱から離れている。それでも彼女は、自分が在ることの恥かしさをどこかで滲ませてしまう。自らが女性であることが真摯に問い詰められた結果だろう。性差のなかでこうして女性におもたさが引き受けられると、男性ではなく世界に、恥辱以下の汚点が反映されてしまう。

ことばが事物を所有しないことはありえる。事物の亡霊性を引き寄せようとするか、得た事物が穴だらけで、かたちをなしていないと慚愧をつげれば済む。これらは文飾の削ぎ落としによって付帯的に言明されるものだ。「在ることが、こうして在る」、それだけの構文がさらに不安にゆれなければ、たぶん減喩効果が出てこない。これもまた恥辱の軽減だろう。もちろん恥辱の軽減は、あらかじめ恥辱が横たわっていることを前提にしている。だからもともと恥辱がないと錯覚している単純な恥かしさとは別次元のものだ。

所有が愛とからみあっている——そのように露呈して恥辱を塗られることがいわば人間の無惨なのだが、愛は多触手となって貪欲に他者へと自己領域をのばしてゆくしかない。一者への切羽詰まった盲目愛の表明、これが抒情詩の高原をつくりあげるのだから始末がわるい。

中原中也の言語感覚はみとめるが、その恥かしさの質がこどもっぽくてとても容認できない。だからエロチックな欲望を漂わせながら、それでも事物を、唄うことなく静謐につづりはじめたその後の吉岡実に軍配をあげる。たぶん現代詩の立脚はこうした判断から方向づけられたもので、それじたいはまちがっていない。ところが「中原中也たち」は現代の領野に何度も再生されてしまう。これらが無方向の、それも効力のない占有宣言をくりかえす。特許取得競争の当事者のように。結果、詩ではないものがインフレ化する。

恥かしさを回避するためには、絶対に占有できないものを対象化すればよいのだ。思想など占有宣言に恰好のもので、それは詩では恥かしい。たとえば「何々がある」といわず、「なにがしは何々である」とかたってしまう構文は、詩が論文ではないのだから、恥かしい出番間違えとしか映らない。繫辞（be＝「である」）を動詞系列からあたうかぎり除外し、動詞を多彩化、それで世界を善き多きものにするしか手はない。繫辞はもっとも低劣な所有の刻印だ。暗喩構文の根源がA＝Bだとおもいだせば、暗喩そのものが所有を貶価する「紛い」だとさらに理解されるだろう。嘘をかたってはならないとデリダはくりかえしいった。そのために暗喩が放逐されるべきだと。

錯綜した書きかたをしてしまったが、詩を書くという契機は、恥かしさをこのように多層化し、そこでは「高度」「分布」が問題になってしまうのだ。くりかえすが、恥かしさを回避するためには、絶対に占有できないものを対象化すればよい。原理的なことをしるすなら、絶対に占有できないものの総体が所与とよばれる。白アジサイや死螢は、実際は所与と加工可能性の中間に位置していたはずだ。

自己占有可能なものとして自己身体があるとする謬見がまかりとおっている。そこから責任論まで生じている。ところが大地や天空が所与であるのと同様、自己身体はあずかりしらぬ領域から到来した途端、それを「論理的に」自己所有できなくなるのだ。だから自殺と自傷と拒食は本質的には不可能で、その不可能がもし突破されるのなら、逸脱に分類されるしかない。となると、自己身体を自己所有しているという誇らしげな自己愛は最低の審級で恥かしい。うぬぼれやともだち自慢が恥かしいのと同様だ。意気軒昂な若手女性詩にはときにみられる傾向だが。詩はむろんJポップの歌詞ではない。共感の材料として肯定性を橋渡しするひつようなどないのだ。

所与であることで自己所有できない自己身体は、その所有のできなさを詩のなかでどうつづられるのか。たとえば視野には盲点があり、そのように客観性が自己身体により減算されていると気づく。この事実から、事物のすきまに自己身体が、画定されるのではなくあいまいに揺曳することがただしい記述法だと気づくだろう。「所有できないものは、脱定位的にしるされなければならない」。初期の井坂洋子（の性愛詩）はこの点を賢明に主題化した。こうした自然法則が守られた記述（いまでは中堅の女性詩に多い）なら恥辱を脱するはずだ。

それでも（＊所有していないのに）身体がいつも恥かしいという人間の鉄則は崩れない。亡霊につきまとわれている、この諦念こそが書かれる。むろんレヴィナスのいうようにたとえば女性は慎ましさの顔として他者化されているのが本当だが、渇望が詩の動力である以上、詩は慎ましさをみずからに完全反射させることなどできない。このためにこそ、詩に恥辱が「ただしく」刻印されるのだ。

恥辱が次善の叡智だというのは、なんという逆説だろう。むろん恥辱は次善のうつくしさともかかわっている。こうしるすと、ポルノグラフィをかたっていると錯覚されてしまうかもしれないが。

（二〇一七年二月十日）

俳句の手軽さ、記憶容易性は、やはりかぎりない魅惑と映る。ところが俳句のみじかすぎるからだは、畸形的な「片言」をまねくしかない。日本語の構文構造としてはいちじるしく壊れた前例のないものであって、この事実が平滑化されてきたのは、季語、切れ字、月並などの周辺要素が詠み手たちにとり調和的だったからだろう。「座」も機能していたはずだ。

いっぽうの短歌は最小単位の「歌」や「情」をもりこむうつわとして愛着されてきた。そこには単純だが構文が存在している。平叙体を音韻的有機性に超越させることをとりあえずの造語で「詩分解」といってみると、「詩分解」が成立直前ですでに気配に変わってしまっている俳句にたいし、短歌では「詩分解」がきれいに一回的に成立しているようにみえる。しかも短歌の記憶容易性は、みじかさそのものからではなく、音韻のよさによってうながされているのだから、文芸ジャンルとしてはとても強靱なのではないか。

ところが現代口語短歌では、歌唱性、詩分解の一回性がいわゆるベタに変じる。七〇年代、「復活」後の岡井隆の、アララギ調に前衛詩の精神を交錯させたような音韻＝情＝新規性の図太い光芒などとてももてない。ネオテニーの魅力があるとしてもスタイルがこどもっぽいのだ。口語では斉藤斎藤の歌のような奇矯性をはらまないと、足りないことが陰翳や可笑性や明晰さにいたらない。笹井宏之が駆け抜けた、偶然の天使的無謬はむろんその飛躍的詩性が一貫していたことによるけれども、第二の笹井の出現が禁じられるのは、短歌じしんのもつ一回性に抵触するためだ。現代口語短歌は蔓延度のわりに（ゆえに）隘路を通行しているとおもう。

よく指摘されることだが、海外からみれば日本語の詩は、「俳句」「短歌」「自由詩」、その全体が「詩」として一括されている。翻訳熱は、芭蕉、蕪村を詩聖に戴く俳句に集中しているとみえる。ところが語感や典拠や季節感以上に、俳句音律の基礎にある日本語の等時拍音が翻訳不能だ。シラブル数を五七五に嵌めるなど苦心についてはは聞くが、たとえば仕上がった英訳をみても、こちらの英語力の貧弱さも相俟ってか、それがとても俳句だとはおもえない。内在されている構文の壊れ、畸形性も、日本語でそれが起こっているのとは質がちがうように映る。

もともと詩は翻訳不能なもので、ベンヤミンの翻訳理論ではないが、ドイツ語⇕フランス語を想定しても、逐語訳によって翻訳された詩文が異言化することで、未来に展望をつくるしかない。ところが俳句翻訳は異言化にもいたらず、詩としては不全化・塵芥化してしまっているのではないか。日本にたいして神秘感をもたなければ、とても咀嚼嚥下できる代物ではないとおもう。

エズラ・パウンドが西脇順三郎をノーベル賞に推奨しようとしていた六〇年代、その英訳はどのように一般化されていたのだろうか。常識的にかんがえれば、西脇詩は音韻と色彩、それらのながれの良さ＝異常感覚（それがながさとして発露されるのが後年のならいとなる）に加え、散策速度と聯想速度による独特の認識省略が行どうしでスパークする点に唯一性があった。外景が脳髄（のさみしさ）。詩の最少可知単位が俳句性にさしもどされ、その全体は連句独吟さながらに組成され、しかも全体が滔々とながれるのだ。

　西脇的音韻は、たとえば植物名など和語の基礎に、西洋由来の学殖語がやわらかさとして載るとき、その構造的双数性をかがやかせる。これもまたたとえば英語などには変換できないのではないか。「ぽぽい」の驚愕はたしかに日本語の土壌にこそ起こっている。しかも西脇的「双」は同時に「あいだ」「無」でもあって、生起しているその瞬間をつかまえられない。翻訳がなんらかの（つまり異語化もふくめての）「定着」でしかないのなら、西脇詩の翻訳はその瞬間の定着不能性と抵触してしまう。総じていうなら、さきに造語した「詩分解」がゆるやかであればあるほど、それが翻訳可能性からはなれてゆくことになる。「ゆるやかさ」が「時間的不能性」と溶けあったものは置換できない——そうもいえる。他者のしぐさとおなじだ。


　こうつづってみるとわかる——主題論、韻律論、喩法論からはなれ、詩を自体構造的に再検討するには、「同異」に着目するといいのだと。さきにしるした詩分解は、「異」への運動だが、それが内在性として起こるのであれば、まさに「同」中の変転として捉えるしかなく、ほんとうはことば全体の「同」こそが不可視的になるのだ。

　なにかがことばに起こっている気配がする。言い回しの平易さに、事件が仕込まれていて、事後的に（たとえば一行離れたあとの前行に）意味上の踏破が起こってしまっている。阻喪が推進とみわけのつかない逆説。これが一篇の詩をよむときの記憶野に沈澱してゆき、一篇の詩はそうして「内部性」の体験だったと振り返られる。

　わたしはこのみでいうなら十五行前後の行わけ詩の自然さを重宝するが、そのことは次のようにいいかえられる。その内部性はすくなさによって外部性に似ているから、ことばの空間に自己身体を容れることが、同時に外延の開放性につながるのだと。現象学的には「みえるもの／みえないもの」の回転が体感しやすいのが十五行前後の詩篇なのだった。

内部性は「同」だ。外部性は「異」だ。ところが「同異」はことば（の運び）そのものが予定する「対」にすぎない（中国語圏ならこれを「陰陽」と換言するだろうか）。ところが詩分解は作用側と対象側の区別を無効にする。分解であるそれは同時に回転なのだ。だから逆に内部性が「異」で外部性が「同」だとする反転もただちに起こる。そうして詩に垣間みえる日常的な境涯に価値化が加わる。日常なのに界面を規定できないこと、自他が消耗することなく双としてならびあい眼下の空間から自体逸脱の生じてしまうこと——それがたとえば変型ライト・ヴァース的な詩体験なのではないか。坂多瑩子の詩はそのように読まれなければならない。

詩分解は使用語のうえで限定的であり、同時に個性的だ。だから翻訳不能性と癒合する。逆をかんがえてみればいい。詩分解があるようにみえて稀薄なシュルレアリスム詩は、実際は翻訳にすごく適していて、だからいっときは世界化した。そこでは「異」があるように使嗾がおこなわれながら、「同」の連鎖があるだけで、詩脳的には痩せてみえる（もちろん名手はいるけれども——あるいはそれが詩ではなくほんとうは驚異を盛る小説の叙法に適しているとわかっているけれども）。西脇の「超現実詩」は「同異」の弁別を、わらいをふくむ鷹揚さでゆるがしながら遊星規模の共鳴交響をつくりあげるものだから、西脇じしんがどういおうと、シュルレアリスム詩とは成り立ちがちがっている。

「同」を自己、「異」を他者とするだけではたりない。対面性が顔の尊重をともない、相互間の切羽詰まった発語をうながすというのは哲学の問題だ。詩では「同」がことばの通用性、「異」が詩分解とまず規定される。しかも「同」を保証するものが「異」であり、「異」を保証するものが「同」であるその相補性が、渇望にもかよう美的な「双数性」を付帯させる。いずれにせよ、もっともつよい魅惑は、詩性をおもたく鎧ってしまっている逸脱からではなく、日常語の詩分解から起こる。界面異常はひそやかであればあるほど優雅だろう。

（二〇一七年二月十一日）

自転車的

電車的、というすこしまえの瀬尾育生による、すぐれた詩論＝状況分析をふとおもいだす。瀬尾は想起をうながす。杉本真維子『裾花』の各詩篇が右頁で終わり、対抗頁＝左頁につぎの詩篇のタイトルだけが印刷されていると。読者はしたがって一篇を読了した余韻を切断し、左頁になにか続篇的な予感をおぼえ、頁めくりをすることになる。読者のおこなうことをわたしなりに微分化すればこうなる。置き去りの自覚―その置き去りの渦中に必然的にまいこんでいる空白―うすい時間幅にうまれる期待―頁をめくっての「見知らぬものとの再会」（語義矛盾ではない）―自己更新と自己訂正。この経緯（それは連続する）をまず瀬尾育生は「電車的」と説明した。

瀬尾論文「電車的」を精読する場ではないので、おもいきりそこに展開された論旨を短絡してしまおう。ちなみにいっておくと、この「短絡」も電車的だ。そうかんがえると「電車的」の立案は、それに対応する言説すべてを電車的にしてしまうとも気づく。禁句の再帰的発生。かつての蓮實重彥『物語批判序説』の前半部みたいだ。

瀬尾は「電車的」に「機関車的」を対比する。機関車が領域突破的、境界創造的、国家発生的なのにたいし、電車は国家内ですでにつくられてしまったシステムであり、そこで乗客は脱個性化し、しかもその軌道は都市の都市性が全うされるために環状が理想化される。瀬尾はまさに「電車的に」、宮沢賢治と石原吉郎を通過駅にして、杉本真維子から安川奈緒まで当代話題の女性詩作者を乗り換えてゆく。時代錯誤を意図したカサノヴァのように。

宮沢賢治からは『銀河鉄道の夜』が召喚され、失踪と再帰が同時に起こる電車的旅程がそこから剔抉され、その精神性が当代話題の女性詩作者たちの電車詩にも共通して影を落としていると指摘する。瀬尾がサブカルにあかるければ、『エヴァ』から『千と千尋』へと結実した車内場面を論旨に加えたかもしれない。乗客の顔がみえないこと、無時間を電車が走ること、疎外と郷愁の同時性などはそこでも共通していたのだった。『エヴァ』にいたっては無名性のナレーションが画面を痛覚的に摩擦しつづけた。

状況が都市的になればなるほど、車列をつなげたような車輛の連続性をもって電車ははしる。かつて蓮實重彥は「井の頭線は凡庸である」という繫辞構文を弄したが、たとえばやたら車輛数が多くそのぶん入構数のすくない東西線は「お下品である」。ほぼ走行中の運命を共有する乗客たちだが、もう車輛がことなればたがいを認知できない。それでも「飛び込み自殺」が「人身事故」と抽象的・迂遠的に換言された車内アナウンスは毒消しされなければならない。それで電車が不当に停車を継続されれば「おなじように」「やれやれ」、と無言の口をうごかすだろう。都市的疎外と反復が（詩作者たちの）身体の基盤になっていると瀬尾にいわれれば説得されてしまう。

望月裕二郎の歌集『あそこ』から五首、掲出しておこうか。

満を持して吊革を握る僕たちが外から見れば電車であること

つり革に光る歴史よ全員で一度死のうか満員電車

もし空が海だったらと考えて考え終わってドア閉まります

鈍行が急停車して夕暮れのポストが見える灰色と思う

高架橋を走る電車に乗ったまま朝焼けを見てしまう気がする

瀬尾は京王線のおおきな支線のつくりあげる郊外に住まっている。ところが京王線にはミニマルきわまりない支線が存在している。ひとつは東府中と府中競馬正門前の一駅分をつなぐ単線だ。車輛数はミニマル、路面電車的に家屋の軒先が迫る街なかを走り、しかもその軌道の多くが彎曲をかたどっていて、そのミニマリズムはとうぜん異世界連絡性をもつが、上りでも下りでもあっけなく終点を迎え入れてしまう。諦念がちいさくなることで幸福化をみちびいているといってもよく、それが悪場所へのみちびきと結託しているのだ。それは不完全な中央駅の構造をしている。

この路線が開放性をもつことはピンク映画ファンにはしられている。京王電鉄は、痴漢場面の撮影のために、この路線の走行車輛を安価で提供したのだ。ピンク映画の撮影班は痴漢の作用者、対象者を置き、さらに「何も知らない乗客」として大量のエキストラを仕込み、リアリティを確保するが、なにしろ一駅分の短い走行なので撮影は迅速におこなわれなければならない。楽園的解放区に迅速性が必定となるこの条件がべつの意味で電車的だが、それは瀬尾のしめした電車的とは領分がことなるだろう。

ひとつの「電車的」に、べつの「電車的」を対置するのは、しかし不毛かもしれない。そこで対立概念としてもちだしたいのが「自転車的」だ。ともあれ瀬尾が言及した石原でいえば、「葬式列車」から「自転車にのるクラリモンド」への移行となる。いうまでもなく「クラリモンド」は人称化直前で泡のようにきえてしまう音韻であり、色彩だ。詩篇はいう、「目をつぶれ」と。そうすると瞑目のまぶたのうらに風にのる「空中のリボン」がかわりに結像される仕掛けになっている。バカみたいに明澄でやさしい詩篇だ。とうぜん意味よりも音韻が先だっている。

札幌にいると、街が無限に自転車を吐き出していると錯覚するときがある。だれもかれもが条理的で退屈な空間に、平滑な逃走線を自転車の軌道で引いているようなリトルネロをかんじるのだ（以上、ドゥルーズの換喩的な縁語化）。札幌が自転車と異様に親和的なのには、いくつか理由があるだろう。商店街をつぶさにたちどまって冷やかすほどには、街は差異的細部をかかえもっていない。すべては通過すべき過程だ。市街地中心部は北海道では例外的におおきくひろがる平坦地で、自転車走行に適している。また、それにかわるだろうバス便は「便」というほどに便宜的ではない。中国人留学生が多く、彼らは自転車にもともと馴染んでいて、自転車により中国と北海道の差異を脱領土化している。

とりにくい均衡が走れば容易化する自転車は、乗って走ってこそ「それ」になるという意味で、何か遅延をしるしづけられた媒質だろう。疾走と遅延が同時的というか融即しているのだ。自転車は、走る機構、載っている者、速度、軌道を、周囲に明示伝達する透明性をもつ。運転手と乗り物のかかわりはミニマルきわまりなく、注意を向ければ乗り手が露呈してしまう。しかも車体は人体と奇妙な再帰的連続性をもつ。車輪は双数によって組織され、双数性こそがほんとうは「一」の位置にあるという原初的な直観をよみがえらせてもくれる。

ペダルを踏めば、チェーンをつうじて力動方向が変換され、自転車がうごきだす。その前進は結果にすぎず、運動の内実は回転なのだ。自転車は乗り手をはこぶが、乗り手は自転車をはこぶ。つまり自転車を媒介に、乗り手は乗り手じしんを自力で移動させている。その意味で自転車は再帰構造を最少の機械性で可視化させている。She brings herself by bicycle. 暗喩はない。背景がずれてゆく換喩だけがある。サドルに股間が乗せられる性的な構造に、再帰性の延長にかかわる暗喩をかんじる向きもあるかもしれない。かつて天井桟敷の小竹信節は、自転車への動作を延長して、永久機関的な自慰器械をしあげた。

自転車は乗り手を明示的にするとつづったが、実際はそうではないかもしれない。反射的にあらわれるのがトリュフォーの短篇映画『あこがれ』だろう。美少女ともみえるベルナデット・ラフォンは「クラリモンド」という通称でもよかった。彼女は自転車にのり、髪とスカートの裾をなびかせる。彼女を追うカメラは、ほとんど彼女を全身ショット以上の遠景でとらえる。

ベルナデットが「つくっているもの」はなにか。へだたりであり、風であり、軌道としての周回運動であり、エレガンスであり、余暇的な余裕であり、身体の気配であり、タイトルどおりの「あこがれ」=渇望だろう。いっぽうで「つくっていないもの」が明瞭にある。それが「顔」だ。陽光にかげろう彼女の顔は遠景にありすぎて、予感化された状態のまま終始定着されないのだ。つまりここでは顔と渇望の離反という、反レヴィナス(の他者)的な事態が生起している。それがベルナデットの

「顔のあたり」（実際は「余白」）をきれいにおもわせている。それはもう減喩だ。のちにトリュフォーの『私のように美しい娘』で彼女の顔が画面定着されたとき、細部や表情の物質性がはっきりとした「ごつさ」であらわれた。幻滅した。

顔のみえなさ、これがじつは札幌の自転車での通過者たちにもあるのだった。明視性が脱明視性と速度のなかでとりむすぶから、『あこがれ』のベルナデットのように、札幌の自転車の女たちもみなうつくしい。

根雪のない季節、自転車走行者が札幌の街路や北大のキャンパスをゆきかうと、避暑のために大雪山にこもっていたトンボが大量に下りて街なかを飛び交うすがたをおもいだす。何が似ているのか。透明な翅をふるわせることで不可視化するトンボは、その胴だけを限界的線分として明示させ、線分として翔んでいる。しかもその飛翔は線分が断続的に更新されるようすを「水平方向だけに」あやうく展開するのだ。スイッスイッというオノマトペが召喚されるとすると、それは生物的であるというより、かるさが機械性と融即した「些少さ」をむしろ幻覚させる。

垂直性も彎曲性もうばわれたトンボの飛翔軌道により、たとえば夕空がいくえにも層化し、空間の容量的潜勢がそこで露顕の契機を得る。ベルナデットの自転車は周回していたから、その空間に「あこがれ」を容積化したのだ。線分が水平方向に錯綜して運動の段《きだ》をつくるトンボや自転車では、速度にたいする以外の「あこがれ」を運動内に内破させてしまう。「純粋通過」とは消滅を運動の渦中に実体化されるさいの、「すでにしてある」残像ではないか。その容積には「あこがれ」は内包されない。ただ外延があるだけなのだ。

一緒に校舎を移動するとか、ぐうぜん信号待ちで学友どうしが出会ったとかの僥倖がなければ、自転車は併走しない。それぞれが孤独に走るだけだ。電車的な様相であれば、孤独は満員電車にすし詰めになっているが、自転車的な様相であれば、孤独は身体と自転車の輪郭どおりにしかならず、いさぎよく周囲の空間と非連絡的に連絡するだけだ。

自転車走行者は電車的ではないから、それを車輛や乗換手順のように、電車的に列伝化することもできない。それぞれがそれぞれのようにあって、どこかを走り、その予想だけがへだたりの相互性をもつ。だから一括分析するには躊躇をおぼえる。

これがなににたいしての寓喩かは「自転車のように」自明だろう。変型ライト・ヴァースの詩作者たちにたいしてだった。自転車走行者について書いたことはすべて彼らに妥当する。読み返してみてほしい。

（二〇一七年二月十二日）

自画像

自画像の描き手では、デューラーとレンブラントが歴史的に突出しているとおもう。前者は自画像をしるす昂然たる意義をそのまま画柄にとらえた。個の粒立ち、世界への反抗。後者は逆に、自画像の脱自明性を自画像へと不敵に展開した。むろんどちらも顔貌が良く、これがしるした「昂然」「不敵」と調和している。

詩歌もしょせん自画像の域かもしれない。叙事詩のジャンルをかんがえなければそうなる。日本の詩歌中、自画像性がすぐれて「表現主義」的だったのはむろん岡井隆だ。最近はそこに倦怠がしのびこんで、うつくしい綾もできている。『ネフスキイ』から一首。

しま馬の群が駈けてく映像をちらと見たあと〈私〉に沈む

風呂あがりかもしれない岡井隆が、伴侶がＴＶでみている動物ドキュメンタリーの画面を横目で確認したのち、そそくさと仕事の継続のため、書斎へむかう。その一瞬の「顔」がたしかに結像している。短歌はみじかいから、ただしく主題が提示されれば、ストップモーションの最終ショットまで形成する。

ちなみにいうと、シマウマの白黒の「縞」は群として密集すると界面異常をきたす。奥行きを判別できない恐怖の全体となるらしい——天敵であるはずの肉食獣たちにとっては。自然界にあらざるうごく抽象模様、その脅威。このことが、岡井の歌の〈私〉にもかすかに反映しているかもしれない。もしその〈私〉が一者にして同時に群であるならば。ならば岡井の〈私〉も結像性にして結像不能性なのではないか。

みじかくはあっても確実な量感をもつ改行詩では、そのうつわの恩寵に、時間の属性がさらに活用されている。時間は「未来」といった漠然とした前方をおもいえがけば即座に他者化する。ところがその一刻一刻は、まえの寸刻があとの寸刻ととけあって自体性をとろかし、調和的な進行感をおぼえざるをえなくなるのだ。散策は、そうした進行感に自己身体を添わせながら、無為と有為を渾然とさせる営みだろう。自己身体が時間と見分けのつかなくなるまで、ただしい散策は継続される。散策の成果がなにもないことが散策の本懐となるのはそのゆえだ。

改行詩のながさは、自画像を、写真的静止ショットからあいまいにうごくセルフドキュメンタリーへと拡張する。ただし「わたしはこうした」「わたしはこうした」という誇らしい報告は、恥辱意識の点から避けたい。どうするか。書かれている詩が日本語なら、まずは一人称主語を省略する。それは一種の斬首だ。そうして首なしになった詩的主体の行動が、行の転換単位そのままに連鎖されてゆくと、行の底にいわば「動詞の脚」が林立してきて、その推移がそのまま時間性となる。しかも動詞は日常性の域にある。構文連鎖に自然化とともに不如意もあるのだから、確実に（これが「自然化」の結果）悲哀が蓄積してゆく（これが「不如意」の結果）。くわえて主語が斬首された構文の連鎖は、動作そのものを不在の場所に内面化する。それは読者の内面にまで架橋され、読者もまた首をうしなう。そんな同調が起こるのだ。

理想とする類型は、西中行久の「週日レッスン」だった。拙著『換喩詩学』の一七一頁から一七三頁に全篇引用してあるので、おもちのかたは確認してほしい。現代詩中、最重要の一篇だということはすぐにわかる。寂寥、しかも最終的に到来する「世界のあふれ」が只事ではない。それなのに語調が慎ましさにより終始抑えられているから、泣けてしょうがない。

さて和田まさ子の個人誌「地上十センチ」14号(ゲストは宿久理花子)が送られてきた。和田は西中行久に匹敵する詩の快挙をなしとげた。彼女の四篇中三篇は散策詩、そのなかで「極上の秋」と「抜けてくる」がとりわけすばらしい出来だ。

はたからみれば散策する身体は連続的な自明性のうちにあるが、それを屈曲した脱自明性へとみちびくのは修辞のずれやねじれだ。このことで顔が不可視化する。しかも身体や思考にともなう作用性と対象性、それらの弁別がうしなわれると、散策者のいる世界の構造には判明しない結節が充満してきて、空間的に豊饒化をむかえる。そうして西中詩同様、悲哀とよろこびの同時化が起こる。「極上の秋」の行頭に序数をのせ、全篇引用することをおゆるしねがいたい。その序数にもとづき註解をほどこす。

極上の秋　和田まさ子

1　シュウメイギクが咲いている団地の
2　角を曲がった、その角を
3　同じ角度であとから曲がる人がいて
4　真似られているから
5　今日のわたしを一枚めくる
6　もともとはがれやすい皮でできている
7　おはじきのようにからだじゅうに散らばった感情が
8　ひとつに集合し、かたまりのなかで
9　じぶんと親密になる

10　五反田川のわきを通る
11　明瞭でないものをふたつ抱えて、いつか
12　捨てるはずだったが
13　きょう心を離れた、欲望の命令に
14　服従した過去も捨てる
15　きれいな指だった

16　支持する人を
17　始末して

18 生田の公園はからっぽだ
19 もう、ここに用はない
20 理由があってもなくても
21 靴底は新しい
22 行きなさいと声がする

23 角を曲がって
24 にんげんが逆さに立っている野原まで
25 重石のような川水に
26 男が話しているのを
27 耳でも目でも聞きながら
28 たくさんの比喩に
29 負けないで通り過ぎる
30 極上の秋だ

【1行目】「シュウメイギク」は「秋明菊」で、アネモネの一種。赤紫の大柄な花だが、地味でありきたりといえるかもしれない。植物名を精確に見抜くのは女性性の特質。いっぽう「団地」もありきたりの場所属性をつげる。気取りの一切ない開始で、行末が「団地の」と連体形になっていることが詩に推進力を喚起する。こういう改行は凡手にはできない。

【2行目】「角を曲がった」は眺望変化をしるしづける。世界の退屈は「角を曲がる」ことで減殺される。だがそんな曲がり角に停滞をおぼえる感性もある。たとえば《曲り角を曲る時に　曲り角も曲ってしまうので／いつまでたっても／ここにいる》（松下育男「椅子は立ち上がる」部分）。

【3—4行目】《同じ角度であとから曲がる人がいて／真似られているから》中、ミミクリをしるす「真似」はおそろしい語に昇格した。《もしも／遠くから／私がやってきたら／すこしは／真似ることができるだろうか》（高木敏次「帰り道」部分）。他人がいる。分身がいる。私が分立している。共鳴している。どうであれ、「世界のあふれ」は恐怖によってひそやかに充実している。

【5行目】《今日のわたしを一枚めくる》。こう書かれて、動作の作用域・対象域が混乱する。関係項をつたえることばがたりないのだ。ともあれ「わたし」は分離可能で、蓄積体で、わたしによって作用される対象だということはわかるが、この認識に出口がない。そうして主体から顔がきえる。前行がめくる動作をみちびいたとすれば、「他人に真似されることをきらって」という理解になるが、一枚めくれば、わたしの「今日」は「今日以外」もあらわにして新規化されるのだろうか。いずれにせよ、わたしの身体は表面性をもち、日めくりのように「枚数」単位で算えられることになる。わたしは束なのだ。次行の展開をみれば、この行末で句点が打たれているという補足が読者に生ずる。

【6行目】《もともとはがれやすい皮でできている》。前行の「一枚」から「皮＝皮膚」が召喚された。剝落容易性がしるしづけられる。けれども具体的に「皮」と書かれると逆に物質変貌が起こり、蜻蛉の翅のような透明性をイメージしてしまう。冒頭の「シュウメイギク」に「秋」が潜んでいることの間歇作用かもしれない。この行も次行の展開からみて、行末に句点を読者は補う。

【7—8行目】《おはじきのようにからだじゅうに散らばった感情が／ひとつに集合し、〔…〕》。前行

までとはことなる身体観が無媒介に到来している。読者は論脈をつなげようと躍起になる。色とりどりのおはじきを畳にぶちまけるのは童女期にふさわしいしわざだろうが、その点在性が体表に残存している。おはじきのひとつひとつが別感情をしるし、感情においてわたしは複数なのだった。ところが5行目《わたしを一枚めくる》更新は、「めくる」という作用をつうじて、感情の点在を一挙に局所化してしまう。あたらしい感情が芽生えると、それがとりあえず一枚岩の全体になる——そう示唆されている。

【8—9行目】《〔…〕かたまりのなかで／じぶんと親密になる》。同じ動作をする他人との共鳴により一身性をうばわれたわたし、あるいは一枚めくられることで束状をあかされたわたしは、新規化によって「同一性」「自体性」を再獲得する。この体感が親密だとしるされている。もちろん女性性がここに介在している。けれどもそれは恥辱意識により、明示されてはいない。

【10行目】「五反田」に幻惑されそうになるが、調べると「五反田川」は「神奈川県川崎市麻生区・多摩区を流れる多摩川水系二ヶ領本川支流の一級河川」とある。のちの「生田」とも空間的に符合する。

【11行目】《明瞭でないものをふたつ抱えて、〔…〕》。「ひとつ」なら一般化されるが、「ふたつ」にはどこか個人的なひびきがある。しかも「明瞭でないもの」はたとえば「心配事」などではない。いっけん謎解きを迫る迂遠的な措辞だが、「明瞭でないもの」「ふたつ」とはたとえば「たましい」と「からだ」ではないかなどとふとかんがえたりもする。それで圧をおぼえない。以下、行のわたりが意味形成と息の面からシンコペーションをかたどりはじめる。それがそのまま論脈の把握に混乱をきたす

よう意図的に差配されている。この詩篇でもっとも文法破壊的な五行だ。読みはとうぜん遅延化する。文法破壊は「わたし」という措辞をしゃにむに消去したい傾きによって生じている。

【11―14行目】《〔…〕いつか／捨てるはずだったが／きょう心を離れた、欲望の命令に／服従した過去も捨てる》。文脈の混乱じたいが詩的だという前提をいいつつ、論理的に文脈を組み替え、この一帯を散文化してみよう。「欲望の命令にあえなく服従したなさけない過去がわたしにはあったが、そのわだかまりが、さきほど今日のわたしを一枚めくったことで、わたしから離れた。もともとそのわだかまりはいつか捨てるはず、と念じてもいて、わたしはそれをあるきながらようやく挙行したのだ」――たとえばこう書いてみて、以上が詩篇の実際のように「詩分解」されるときには、語順が換喩的に入れ替えられ、行が「立つ」ような分離がおこなわれなければならなかったと気づく。つまり心情の分離と措辞の分離とが、ここでは見事に相即していた。読者はことばの潜在性を咀嚼するが、ことばはありのままに書かれているから、暗喩解読をしていることにはならない。

【15行目】《きれいな指だった》。「捨てる」動作をおこなった指が「きれい」と振り返られているが、「きれい」と「指」の接合は「しろさ」「ほそさ」をよびだす。ところがこの指の持ち主は論脈上、はるか5行目にある「わたし」になるから、意味的には気味悪い自己愛を結果すると一見おもえる。だが、逆に自己愛の禁忌にふれることで「わたしの指」は「わたし」から離脱し、わたしの離人症的なまなざしがたちのぼってくる。この転換がはかない。ここが詩篇中、もっとも戦慄した一行だった。往年と現在が残酷に分離されている気配がある。同時に自由間接話法的に、独白内容が無媒介化されてもいる。

【16―17行目】《支持する人を／始末して》。前聯の論脈混乱によって遅延化した読みを受け継ぎ、ここでは行を構成する文字数（音数）のすくなさによって遅延と視覚集中がともなう。「始末して」の殺し文句にふさわしい措置だ。「支持」という生硬な語が意図的にもちいられているが、こうした衝撃付与は福間健二由来かもしれない。だが「支持する人の始末」は具体性に転化できるのだろうか。できたとしても補いが必要だ。前聯からももちだしてそれをあえてすると――相手を欲しいとおもい、理知をうしなった女性的な過去を心からそぎおとしたのもわたしの女性的な指だ――わたしは欲望と切除意志の双方に女性性を反映されていて、その再帰性をことほぐひともいた――けれどもそうした「支持」さえもわたしは切り捨てたのだ――。どうだろうか。読み過ぎかもしれない。いずれにせよ、詩文の要約は、原文よりもかならず冗長化する。だから詩文はほんとうなら「かんじる」だけで解剖してはならない。

【18―19行目】《生田の公園はからっぽだ／もう、ここに用はない》。「始末」の余勢を駆って世界が空虚になった。訣別の範囲がひろがった――行のわたりはそんな動勢にのっている。筆者は以前、生田の南を伴侶と散策したことがある。うっすらした記憶では駅前からすこし離れた小高く鬱蒼とした崖の森が公園となっていた。もし詩中の公園がそれだとすると、それは「からっぽ」になるという措辞に向かない。となると、逆に「抹消」の意志がつよいことがわかる。意味解読では必然的に過去のしがらみからの脱却が強調されてしまうが、散策の呼吸でのみ行がわたっている点がむろんすばらしいのだ。あるくことで刻々のわたしが捨てられつつ、その棄却を継続させることで身体的な同一も同時に保証される。

【20―21行目】《理由があってもなくても／靴底は新しい》。掲出前行は虚辞と映る。語調面から挿入

されたと一旦かんがえつつ、前行までからの反映も同時に斟酌する。すると妙な文脈がみえる――この生田の地への散策は心身の更新のためにおこない実際それに達したのだから「気分として」靴底はひとつも磨りへらず新しいとおもえるが、現実にもこれはあたらしくあがなった靴なのだと。すると「生田」が「わたし」にとっていわくのある地とおもえてくる。だが、やはり前言のように散策の継続性により心情の凹凸が前面化しない。時間とひとしくなった「身体のようなもの」だけが詩の空間をながれ、湿潤はひとつもない。

【22行目】《行きなさいと声がする》。前聯の意味的破調にたいし、抜群の音韻性をたもった今聯はこのフレーズで終わる。自己確信を補強する何者か（もしかしたら神性）の声がわたしのなかに再帰的にひびく。けれども「おまえは行け」は熾烈な命法で、換言すると「おまえはすべきことをすればいい」となるが、たとえばそれはイエスが自分への裏切りを見破りながらユダに語ったことばなのだった。だから「行きなさいと声がする」はあらたな分裂の予感をはらむ。ただし一読ではたしかに大団円の音楽性をもつ。

【23行目】《角を曲がって》。前行での祝言を受けて、2行目へのメインテーマ回帰が起きた。意味よりも音楽的調子によりフレーズが招かれているのではないか。

【24―27行目】《にんげんが逆さに立っている野原まで／重石のような川水に／男が話しているのを／耳でも目でも聞きながら》。掲出の二行あとに「通り過ぎる」があり、掲出一行目「野原まで」はそこにかかっているととらえられるが、ふくざつな構文がつむがれていて、二聯のように読みがいったん混乱する。書かれていることは嘘＝「比喩」（28行目）のように現実的ではない。「にんげん」を

ひらがな書きにするのは当代の流行で、それは人間一般にたいするゲシュタルト崩壊をふくんでいると同時に、道義性への反撥を分泌させている（たとえば坂多瑩子「春」〔『こんなもん』〕にも《自分で自分の予想絵を描いて／首にぶらさげ／にんげん屋の店さきに／立たされている》というフレーズがある）。異常性は各行に散布されている。「にんげんの逆立ちする」野原。川水にたいする「重石のような」という直喩。「川水」に話しかける行為。それら黙示録的な幻影を正常値に着地しかえすのが、「耳でも目でも聞き」の措辞だろう。そこには「眼で聴き」「耳で視る」共感覚の幸福が伏在している。地上の異変は共感覚が平定するのだ。

【28―29行目】《たくさんの比喩に／負けないで通り過ぎる》。比喩が異常性を出来させるのなら、通常の詩的言語は狂う。ところが音韻と意味を分離しない（散策のリズムを貫通させた）穏やかな詩作精神は、狂気に「負けずに」、音韻重視に付帯する共感覚を代置する。詩論により裏打ちされた透明な詩作が立証されている細部だ。だが勝利するのではない。「通り過ぎる」のだ。通過だけがある。悲哀の水位も上昇している。《「人はただゆっくりと移動するだけだ……」》（稲川方人『われらを生かしめる者はどこか』エピグラフ）。

【30行目】《極上の秋だ》。秋は前行までを修飾節にしているのではなく、単独の一行。これも自由間接話法的な内心吐露だ。冒頭から気配としてあった秋の季節感がここで全開、前聯末部「行きなさいと声がする」の祝言性と協和した第二祝言となる。この「第二」性に、過去を断ち切った第二現在のふくみがあるだろう。単純な物言いにより透明化が起こり、それが読んできたこれまですべてに遡及する。感情も景物も、散策中出逢った他人も、曲がり角も、すべて明澄にかがやきかえす見事な結末だ。詩の本質とは運動なのだ。ちなみに詩を読むことは、その読んでいる詩を読者が書くことととひと

しい。能動的参入が必須となる。そのさいの端的な参入こそが、詩脈を吟味して意味上の句点を補うことだった。

（二〇一七年二月十四日）

作為の過剰は、これをみずから抑止しなければならない。わたしたちは、脱色されてこそ草木と調和するからだ。そのために古賢は菰さえ身にまとった。そうしなければならないさだめは、かんがえてみればずいぶんとかなしい。

作為の抑止のためにさらに作為が発動される再帰性。現在の詩作における自意識は、ふかみへともぐらざるをえない不如意をしい、これが水圧過多や窒息をまねく。この悪循環を断ち切るには、「同」のなかに次元のことなる「異」をみちびき、自分という宿痾の根源をかえてしまうことだろう。自分自身を証言できないかぎりそうするしかない。こうしるすとなにか深刻めくが、じっさいは自身の有限性をみずからからかうような、いたずらごころを引き入れることが現代的な処方となる。

編集者から聞いたはなしだが、井坂洋子は詩集をつくるとき、構成せずに詩篇の束を無造作に渡し、ならべて詩集にしてみて、と依頼するという（この荒木経惟的な挿話には荒木経惟的でない尾鰭がつく——編集者は熟考のすえ全体を完成させたが、出てきたゲラをみて井坂は、ぐうぜんできたながれの完成のため収録予定の一部を捨て、さらに新篇を書き下ろし、結果、刊行予定日までずれたらしい）。あるいは江代充が詩文庫に自分の既存詩篇ぜんぶが収録できなかったさい、収録詩を乱数表的な偶然によってえらんだのではないかと、貞久秀紀と話したこともある。これらにあるのが、いたずらごころによる「異」の導入といえるのではないか。命題はこうだ。空白をのこすこと。自分を自分の支配下に置かないこと。

部分を加算しきって全体になるようには、わたしたちの部分など、実際は確定していない。詩のフレーズ細部とおなじだ。そのことをむしろ自身にたいする放牧として、わたしたちは愉しんでいるはずだ。たとえば左手で左目を隠す。するとたちまち、身体に奥行き、ひねり、たわみが出現し、できたたわみなどによって、わたしたちは自己身体と、のこった右目でみられた世界とを思考する。実際そのようなしぐさをとっていなくても、わたしたちの認識はそれが不完全であれば、だいたいはそのようにある。

からだが全体としてあるのはアガンベンのいう「ムスリム」状態を指標し、そこではおそろしい絶滅が予告される。収容所という閉域が前提されている。逆に意味が明滅している世上にあわせ、からだの各部分が日ごとの共鳴をＯＮ／ＯＦＦでくりかえせば、からだは波動のようになる。海は全体だが、波打ち際はその伸縮によって部分なのであり、わたしたちはつつましくあれば海ではなく波打ち際を生きている。海はみえるが、波打ち際はそれを数分凝視すると「みえない」と気づく。うごいているのは、みずからへのいたずらごころだ。あるいはかくれんぼをしてみればよい。すると自分の移動しているどの場所も林間にさえなってしまう。

わたしたちは他人にたいし恫喝的であるよりも親和的でありたいとうぜんにおもう。作為の全面化がきらわれる符牒なのはいうまでもなく、みずからなす詩篇内にも無意識や自己放牧やだらしなさによる「作為のほつれ」を置く。礼服を着ている詩であっても、一瞬の部分が菰のようにみえてしまうこと。しかもみずからそんな事態を誘導していること。これはいったいなんなのだろう。

たぶん「偶然」の部分兆候が、個人的な詩篇をこの世につないでいる緩衝力になっている。詩篇の輪郭、「詩の顔」はそこからほどける。むろん「偶然」だけを志向するような詩作は滑稽なだけだ（結果的にそれは「手癖」の展覧になるだろう）。「偶然」が生じたのは、この世からの介入があったからだが、「こつじき」の眼を装塡すれば、この世はやわらかくて、秩序立ってはいない。そうしたこの世の属性によってこそ偶然が詩にも反映されるのだ。たとえば松岡政則や清水あすかの「文体」を確乎たるものとしてみず、そこに偶有の風をふかせてながめるよろこびをかんがえてみよう。

あるいは赦し。ふかい情動はけっきょく悔恨へゆきつく。それを収めるのが赦しだが、気づかれるように、他者にたいする終点をもつまえに、あるいはそれが「大悲」となるまえに、赦しは予行段階として自分自身を対象化するものだ。自身を甘やかすのではなく、論理でつくられようとしているなにかの計画性の流産を笑うこと。それは拡散と調和がひとしいとする達観まで喚起する。そうしてこの世が遊牧形態となり、あたらしい草原をもとめひとはそこを真に移動できるようになる。そのような予見にひらかれている詩篇内の「偶然」を、詩作者じしん摘み取ってはならない。むろんそれがない、「意識」に目詰まりした詩篇も数多いのだが。

「部分」にあらわれた失敗・破損・乱調・不調和・逸脱・身体・菰を、詩づくりの名手は、いわば恩寵としてのこす。くりかえすが、ひとはみずからを計画しきれない。この事実を名手は親和性に置き換える。同時に、詩篇のしるす奇想が、信念によらず、日常にあらわれた破損の場合がある。このときは自身の不調和が世界の不調和と共鳴していて、なおかつそこに深刻感がないということが、調和的な文体で書かれるべきなのだ。文体が調和的であれば、主題上の破損はこれまた「部分」の座に落ち着く。しかもその部分性はけっして全体に向けて加算できない。だからこそそこにある生の軌跡が具体性と捉えられることになる。佐々木安美や近藤久也の流儀だ。あるいは金井雄二、さらには八木幹夫まで同根かもしれない。いずれも一方では無時間のただよう無場所に身を置くことをこのむ釣り人なのが示唆的だ。

結語としていえば、「顕密」ある世の中の事象で、具体性として「顕」在化されたものが、逆に隠「密」を形成することになる。隠したものが隠密を形成するのではない。しかも顕在化は顕在化であるかぎりけっして韜晦とはならない。投企ある詩は作為過剰の詩とはちがうのだ。そうしてこの世はリズム化し、明滅する。よくかんがえると、顕密とはじっさいは精神と分離できない身体にすぎないだろう。

（二〇一七年二月十七日）

詩は生において局在化したことばの軌跡だ。それは組成をもち、脈動をたたえる。詩作には感官が、思考が、記憶が、体験が利用される（導入される）。そうでなければそれが自分のものといえなくなるためだが、その利用＝導入がなぜか離人症的になってしまうことを、つねに作者は銘記している。「自分の体験が原資になっているのに、まるでこれは自分ではないみたいだ」。これは、ことばと世界は膚接しているが、一体ではないことをしるしている。ひとつのりんごさえ命名ではなく命名以外なのだ。

ここから詩作にともなう恥辱の意味がわかる。詩作者は詩が生活の糧ではないから詩人とよばれるのを恥じる、というのでは本当の問題に到達していない。それよりも、「これは自分の詩です」と他人にさしだすことじたいに奇異をかんじ、このことが恥辱へと変転するというべきなのではないか。

本来的にはことばは空間の構成物どうよう、遍在しているはずだが、詩のことばはみずからの無際限を排除することでその捨身を実質化する（これは美化でも倫理化でもない）。たとえば朝方の散策でパンを焼く芳香がただよえば、パンと芳香のむすびつきではなく、ましてや幸福とのむすびつきでもなく、芳香が多様なものにむすびつくことを真逆の限定でしるそうとするのだ。それでたとえばこう書かれる。「芳香はいつもふたつただよう」。

選別が排除になり、一言が排中律になるとき、「現勢」と「その他」で構成された世界が詩作ではその他のほうにかたむこうとする。現勢をいなむことで全体にいたろうとするのだ（「おまえと世界の闘いでは…」）。どうしていつも、「現勢」以外への渇望が割り込んでしまうのか。そんなにつまらないのか。詩作者は連辞をあわくうすく味わいぶかく配備することがふつうだが、その営みをする自身に否定斜線がひかれるイメージをもっている。「自分ではないものの介入がある」。この自己判断が疎隔感となり、詩作者の生産物が、ひろがっていても局在となるのだった。有限性のあかしともいえる。

政治的には局在化のない（局在化によって守護されていない）秩序が例外状態であり（いまはそれだ）、秩序のない局在化が収容所だろう（多様化と平準化の並立というよりこの言い方のほうが身体にちかい）。それらはキアスムとして噛み合いをする。身体のうえに起こっているこの意味的咬合が境界になっている詩作者たちは、政治的な意味を超えた難民性をかかえている。だから社会派／言語派などといった詩作傾向にかかわる範疇わけ（二分）が無効になるのだ。境界を突破する者ではなく、自身が境界になっている者はどこにも行けない——移動するだけだ。

三群ある——不調和と切断を道具とする者。あいまいを信条とする者。調和をほどこそうと空間に音や構文をよびよせる者。ところがよくかんがえれば調和そのものは不調和とことなり自己記述的ではなく散布的だから調和とあいまいが結託し、二群しかない、というべきかもしれない（これも、カフカの書き方だ）。

不調和の形式が、驚愕を盛る繫辞構文だ。この構文は列挙される。なぜかそうなってしまう。意気軒昂にはこうした謎がある。いっぽう調和＝あいまいの形式は、列挙に間歇を導入し、列挙から列挙性の実質をうばうことだ。実現された調和はしたがって不穏ともいえる。「あるいた」「みた」「ならんだ」「もたれた」「しゃがんだ」「聴いた」「隠した」「うらやんだ」「あらった」などなど——動詞の「尾」が途切れつつ再帰する。再帰がずれと同等なのだ。これが時間と空間をつくる。動詞は身体にあたる領分を擦過してゆく。そこにわたしではなく、わたしたちが現れ、春野や秋野がかがやくばあいもある。

ところがからだや感官でなされた動詞の林立は、軒昂であるべき意気を阻喪させてしまう。動詞の連続は力感的なはずなのに、詩文の時空化に必須の「間歇」が連打性をしぼませてしまうのだ。想定される詩的主体は、注意ぶかく読めば、なにかを忘れたようにぽつりぽつりうごくだけだ。うごきに静止が拮抗している。結果、場所は「ところどころ」になり、可視性は「みえたりみえなかったり」になり、直線も点線になり、ひいては夢想になる。これがあいまいさに侵入された調和の実質なのだ。これを外延にひろげ点在化させれば、まだ藤原安紀子いがいではほとんど詩的に実現されていない「散喩」が成立してしまう。

親和的なものが非親和だ——そうかたるのは不調和と切断を道具とする者たちで、この矛盾律にみえるものは実際には同一律にすぎない。逆になにごとも中間域しかこのまず、渦中にさえ余韻を計測してしまう調和愛好者は、非親和的なものが親和的だという排中律のなかに身を置く。以前、わたしは貞久秀紀を論ずる文章に「排中律と融即」と題したことがあったが、「Aと非Aの和が全体だ」という排中律は、「ひとつのなかにAと非Aが同時的だ」という融即と、もともとが対だった。そうでなければ石ころすら拾い上げられないのが、調和愛好者ではないか。

散策者の散策をたたえること、それは「あるく」を基盤に、その他の動詞系列が間歇化してその身体をとりまき、身体が空洞のままあるく放心をうつくしいとおもうことだ。感情面においては悲哀がもっとも上質だが、表情面において放心ほどの本質があるだろうか。しかも放心に中身があるとすれば、それは益体もない聯想にすぎないのだ。ほんとうの聯想は「以外」にしかむいていない。これが身体だけに局在し、思考を例外化した者とくゆうの表情だ。

表情は表情の所在までは感知させるが、畢竟「それはみえない」。顔をうばわれた身体だけが、すこし離れた位置に局在化し、「それがあるいている」。とりあえずこの収容所内はあるける——そのことが散策詩では書かれた。

そうだ、詩作のさだめとして——「詩の顔」はきえてゆく。だれかの身体だけがのこる。


（二〇一七年二月十八日）

放心への上書き

放心からなにかの感情がすこしずつ復活しだす——その最初の「戻りっぱな」を詩が書きたい。最終形ではなく。むろんそれはかすかすぎるのだから感情のことばでは明示されない。表情を書こうとして、書かれたことばがむしろ表情になってしまう機微、それだけが「すくなく」現れる。あの再帰の感触がなつかしいのだ。

蛋白石の刻々かわるかがやきにみとれるように。大理石の模様のしたに視線がはいりこんでゆくように。うすぐらいものはうすあかるい。くらさ・あかるさのあいだでうごく。そういうのがたとえば再帰の感触で、そのままそこに「顔」がおぼろげに形成されている。しかもそれはすこし隔絶した位置にあり、それゆえにひとと、ひと以外とを、同時に生気させている。

詩作がいちど死んだあとに蘇生が起こる。その最初の「戻りっぱな」はうすく、ゆれている。経験があるだろう。だから疵のようにもみえる。それは顔の疵なのか。いや、ことばの疵ではないのか。

ゆめの放心の十代が、感情のもどりゆく二十代へ突入して、その最初の体感が客気をもって報告された——そうおもわれたのが最果タヒの『グッドモーニング』だった。一九八六年生の著者がつくりあげた二〇〇七年刊の第一詩集。

あたらしい感情をつくりだすために、自‐他を創意的志向的に架橋してゆく、現在の最果にみられる修辞の果敢なフライングはまだ全開的でなく、ところどころその鮮やかな原型が開口している。夜明け前。朝。睡蓮の開花。ながれはそのようだが、語りの「単位節」の分布はもう現在の最果の詩とおなじだ。ただし字下げや符号のトリッキーな使用により、連辞のなかにふくざつな視覚的空白が介在、かたちどおりの転記がむずかしい。だから単純化して一節だけ引く。

（き
こえる

怒声
ひとがですね
ひとをおこる
ときはですね
、土星のわっ
かがですね、
あたまにでき
るんですよね
。わたし、そ

れを目で追っ）
ていて、何度も殴られるんですけれど、

「怒声→土星」。音韻による別地点への架橋はみやすい。けれどもおおかたはメランコリーにむすびつく土星（の輪）が、ひとのいかりのとき天使の輪として現れるとされている。この着想は不当使用だろう。換言すればこれもまたあざやかな架橋性で、しかも同時にオブスキュアなのだった。架橋は「おこるひと」「おこられるひと」「わたし」の三者の圏域を説明なしに形成する。その「三」が開花の様相にみえる。前提のない開始。いや、前提としてひとつの無表情だけがあるともおもえ、そこへ読者はかくじつに遡行できる。その土地の名が「放心」なのではないか。ともあれ三者には顔がなく、その不在が顔になっている。

もちろん放心とは世界の表情だ。世界は表情において放心している。それが「ほどかれる」とすれば、ひとがそこをうごき、静止に動勢をすこしずつ摩擦させてゆくしかない（犬をはじめとした動物は、世界の放心のなかに放心としてとけこんでしまう）。それで散策詩がたっとばれる。散策詩とは放心に上書きされだした、あるかなきかの表情、その「戻りっぱな」の表情ともいえるだろう。なつかしさが必定なのだった。

今鹿仙の、ほんとうにちいさい、二〇〇六年刊の『マゴグの変体』。たぶん第一詩集だろう。だから傾向はちがうのに、最果タヒ『グッドモーニング』同様、放心を経過し脱出した、その瞬間の空気がかんじられる。ちなみに「マゴグ」は聖書中の神の敵対者。それが「変体」する（この「変体」は

「変身」とたぶんちがうはずだ)。敵対は各詩篇にかんじられない。散策のうごきが伏在的敵対を馴化し、自-他の放心の幅に変体をくりひろげている——そう読んだ。詩篇「秋のひびき」、その出だしから全体の中途くらいまでをまず引く。

十月の終りにかもめ人は
苦悩したのだ
すすきを食う魔人の封筒は
果ての世界にあてた
秋の矢印だ
詩人は何も言わないでデ
カルトを変形したような
さびしみをきく
「冬は雪に埋もれて小屋
が経文でいっぱいになる」
心はへき地に向かうのだ
ただ石碑を崇める牧人の
通過に遭いたいものだ
虫の鳴くまひるの路で
頭を皿のように傾けた

歴史があった
ひたすら水霊の唄をさけて
天国へ行け　女神の
庭のがらくたのひびき
知覚のアポローン的角
聖歌隊と茄子の畑の起伏
これらも二度とは同じ輪廻
をめぐらない

今鹿は「詩作がいちど死んだあと」の「いちど」がかなり長かったのではないだろうか。それで学殖というべき教養の間歇のされかたが、そのまま詩行の呼吸にすばらしい意味的空白をつくっている。詩集に収録されたどの詩篇にしてもそうだが、西脇順三郎が現在的に参照されている。語彙、散策経緯と同調した改行経緯、しかも西脇がごくたまにおこなった語の途中の不規則改行がさらに頻繁になることで、ノイズ要素の交響がより濃密になっている。

わかるようでわからないことのすばらしさが詩行に展開されているのは、ごらんのとおりだ。ただし明白につたわってくるのは、放心のあとに兆してきている感情が、感情語ではほとんどしるされず、ただ表情化されていることだろう。それが再帰の感触をおびて、なつかしい。

「ひと的なもの」がばらばらに布置され、それらが交響を誘引している。そのいくつかは判明性をうばわれている。列挙してみよう。「かもめ人」「魔人」「詩人」「牧人」「水霊」「女神」「アポローン」

「聖歌隊」。これらは相互関係でもあるが、相互の無関係でもある。この同時性に、「世界の放心」がにじんでいて、そこを「何者か」が、自分ではないもの（たとえば牧人）を身代わりにして通過しているのだった。

掲げたなかの「水霊」は「水妖」ではない。もっと物質性をあたえられた「水そのもの」にちかいもので、美には関連できないだろう。誘惑するのではなく、それは「ある」。この「水霊」を媒介にすると、詩集最終篇「放物線のリリク」後半へと上記の詩篇前半が接続できる。転記して終わろう。ここでも逐一的解釈はつつしんでおく。とりあえずは先の掲出部分との同一語彙、発展語彙に注意してほしい。

「我々は悲しみを持たない
マゴグの変体の臼のようにのろく
水にもぐる」
未だあらゆる詩人の恐れる
（ルサンチマン）は来ない
水霊の作用だろうか
あの建造物にすみつくのは
余程の哲学か奴隷である
こうもりと楽人
日付を知る紙の神話的

ざくろの垂れ
円頭形に女は傾いて
秋人と竹林をそれる
のが習いだった
「この世には川魚を食う
人種が少ないのか
あまり知り合いが居ないのです」
女は夫人になって嘆いた
没薬の天使のゆがみや
温泉を司る男のつまらない
くらやみも捨てて
平らさを憧れとする日に
近づくのだ
詩人と連れは遡って海に
植物の顔を覆うたそがれを探した
「それは大きくそれている」
放物線に

（二〇一七年三月一日）

再読誘惑性

詩集が一回性でのみ読まれることを、詩作者じしんが回避しなければならないのは、とうぜんのことがらながら、なかなかつらい仕儀とはいえる。自分自身にかんしても、寄贈されてきた詩集が一読のすえ、再読のひつようなしと判断され、部屋の隅につみあげられてゆくときたしかに後ろめたいきもちになる。残酷なことをしているのだ。だから再読誘惑性とはなにかという問題は、とりわけ自己保守にたいしておこなう体験的な設問とまずはならざるをえない。

再読誘惑性とちかい感触をもつのは、こう書くと意外におもわれるかもしれないが、「中間性」だろう。「わかりすぎないこと」と「まるっきりわからないこと」との中間。「魅了されすぎること」と「ぜんぜん魅惑をおぼえないこと」との中間。これら中間性を時間軸に移せば、レヴィナス用語にいう隔時性ともなる。ある細部を調伏すれば、べつの細部が目覚めてゆくような詩集空間の平定不可能性は、それらがざわめきつづけるもの、死物ではないものという詩集固有の属性をあかしする。この属性をもって、詩集が再読誘惑をもつことになる。こういえばいい——再読誘惑性とは「いきもの」にたいする殺害不能の感慨なのだ。

詩を別水準から分析するならば、それが多様多層な「順番」で織られていることはあきらかだろう。

音の順、語順、構文の順、詩行の順、聯の順、収録詩篇の順。順番が明視的だというのはたんに物理的な眼前性に支配されているだけの錯覚で、詩篇が読者に咀嚼され、内化されてゆく段階では、記憶力の優劣によらず、順番はいつもなにか迷路のような不明性をたたえてしまう。そうおもって、あらためて詩篇などをみると、語順など微細のレヴェルにかんして「なぜこの順番なのか」がそれじたい挑発的な表情をもちだし、ことばはほとんど顔の幻惑とひとしい独自性をくりひろげている。顔では目鼻がそのように表情をもってならんでいる代替不能性が誘惑なのはいうまでもない。

詩は、「存在」からうまれている。同時にことばからたんにうまれている。この判断の同時性が中間性ともいえる。詩篇細部に視線をいろいろ移せば詩は隔時的な「分離層」をもちはじめ、途端に要約不能となる。さらにはその「層」こそが顔貌性をたたえている感慨まで生ずる。とすると、詩集の再読は、ほとんど会いたい顔との再会にひとしいことにもなってしまう。観念化できない残滓がそこでは残滓ではなく本体なのだった。

ほとんどの詩篇では意味をつたえようとすることばが、その詩篇内に一回的に生じている法則により、順番化されているにすぎない。けれども「わたしは・きのう・丘を・きみと・あるいた」などの平叙組成のみでは、書かれたものは詩文とならない（むろんこうした文体が構文連鎖で詩文に変容することはある）。順番をくもらすものが順番そのものにくみこまれて、空間的時間的な整序性がどこか「文字通り」になっていない変調が、誘惑する多くの詩にかんじられるものだ。しかもその原因がたんに昂揚ではなく、認識の練磨によるところが、ほんとうに再読誘惑性をもつ詩篇・詩集の要件となる。オブスキュアなものが逆に明白性を救出する転倒。これは少数派が多数派を解放することに似ている。

いいかえよう。順番は磁場に現れた途端に「非‐順番」となり、ことばのつらなりはこの乱調を平定できない。ことばの物質的な現物性のすきまに「中間」がさまざまみなぎっていて、用語と用語とを、正順のみならず、逆順／間歇（隔時）／照応不能など多くの不測性へと攪乱してゆく。この面倒な事実に愛着を呼び込むのが詩文の磁力だろう。

愛着は想像する。詩篇の細部を書きつけている作者の手は、順番と非‐順番の双面性を立体として手許に転がしていて、その平穏な表情のなかには受苦が仕込まれていると。たとえばことばのつらなりが哲学的な示唆をおこなおうとして詩は破産する。ことばの物理的な順番が非‐順番として逆露呈してしまうことにより、示唆が示唆の途端に破綻する。このとき哲学文より優位なのか劣位なのかわからないのが詩そのものをとりまいている救済なのではないか。

語彙の謎ではなく、順番の謎。着想の謎ではなく、そのもののあらわれの謎。それじたいはほとんどがさびしい表情をしている。そこに「顔」の誘惑がある。手柄意識で書かれたものの「したり顔」には駄目な自分をふりかえるようなつらさがあり、拙劣な詩よりもさらに再読の誘惑をかんじない。読むたびにことなる表情をおびる点滅性がそうした類型の詩集では殺されている。いつもと・おなじ・したり顔。点滅性は、順番と非‐順番の分離不能の交錯からうまれ、おとなしい反作用であっても、さみしい挑発であっても、全体の調伏不能を印象させる。むしろさみしさが量的なすくなさとかかわるとき、すくなさがたんにすくなさではない戦慄が、ことばの表面的な順番のあいだに、なにかの中間性を覚醒させるつよい要因となる。

アクセルがある。けれど、理に落ちないための、常識に復さないための、ブレーキもあり、そのブレーキは意識ではなく、ことばそのものから組織されている。行け・退け、相反するふたつの方向力のなかで、ことばじたいが割れ、表面がすでに奥行きになっている。たとえば謎《エニグマ》とつぶやいて、それがそのまま《沖は在る》と、なにに貢献するかわからない断言を呼び、詩篇が閉じられ、この中断が深甚な余韻となる（吉岡実「楽園」）。そこになにが起こったのかを哲学はいうことができない。

「在ること」の示唆はなんど挫折し、その挫折をもって読者を再読に付かせただろう。正岡子規《鶏頭の十四五本もありぬべし》では「強意推量」が「十四五本」という存在論的不確定性とむすびつく哲学上の幻惑が起きている。富澤赤黄男《草二本だけ生えてゐる　時間》では時間に物象の干渉が起こり、時間の限定性が無限定性へと解放寸前になっている。順番と非－順番との交錯とは原理的にはこうした俳句的措辞に裸出されている。とりあえずこうした詩に現れている「在ること」が再読誘惑の郷愁と無縁ではないとおもう。

再読誘惑性はだから、書きすぎないこと、自意識を露出しないこと、下手なものを書かないことの防備からもはや生まれるのではなく、詩が詩であることの原理から生まれるとかんがえなおすべきなのだろう。そうした誘惑をもつ詩集をつくりあげることは、はたして「注意力」の賜物なのだろうか。そう自問して、気がとおくなる。自分に舞いおりてくる恩寵を頼みにせざるをえない。そうか、詩はそれで「生」なのか……

（二〇一七年三月十七日）

朦朧

詩の構造をかんがえるにあたり、使用されている品詞を分類するというのはたぶんただしい。吉本隆明が『言語美』のはじめのほうで、それをおこなったのも至当だった。ただし、吉本のように、品詞を「自己表出」「指示表出」、それぞれの濃淡の混淆ととらえ、品詞おのおのをそれなりの座標に置くだけではもはや足りないだろう。品詞間の作用性の問題が脱落しているのだ。

論文作法のうえでは、「AはBである」という構文が尊ばれるが、「AはBだとおもう」としるすと途端にNGとなる（指導教員のおおかたはそのように学生に示唆する）。「おもう」の媒質が書き手の脳髄だとすると、論理によけいなもの＝身体が媒介され、不純が生じるとみなされるためだ。この「不純」をつきつめてゆくと、寂寥、憂鬱、不快、欣喜、瞋恚など、そこから感情がいいあてられるよすがにもなる。とうぜん感情と純粋論理は対立する。それで動詞（身体的な品詞）は論理の対立物だという短絡が生ずる。綜合すれば論文作法はたぶん繫辞以外の動詞の極力の排除、という一種の人工性に則っている。

品詞への注目は、この意味で対立への注目につながる。たとえば品詞間の対立は、副詞、接続詞のような非本質を除いてゆくと、畢竟、主格を形成する名詞と、その帰趨をひといきにしるす動詞、このふたつの対立となる。動詞はほんらい不明性である名詞を、時空間化しそれを実在性に向けて開放するちからがある。さらにはそうした実在性を並立させるために動詞はさらなる連携をおこなおうとして、繫辞＝〈である〉を除外し、世界を動態や布置の明視性に純粋にまとめあげようとする。これはみえない主格「わたし」を基軸に構文のヴァリエーションのみを展開する哲学には成立しないことがらだろう。

名詞には固有名詞のほか、植物名などの一般名詞、さらには代名詞などがあるが、名詞の宿命は詩では朦朧化、さらには無名化を辿ろうとするのではないか。「有罪の葬儀屋がため息をつく」という詩文の書き出しで、恣意的に喚起された「葬儀屋」という主格がダメだといまおもうのは、主格の朦朧化が構文連鎖のながれのなかで起こるのではなく、「葬儀屋」と書きつけたその場で起こってしまうためだ。運動論でとらえるなら、その場での抹消は無運動だということになり、「有罪の葬儀屋がため息をつく」という詩文の書き出しは、以後、列挙という「運動」のみしか形成できない、と容易に想像がついてしまう。

主格として現れたその植物が朦朧化するのは、形状、季節、場所、それをとらえる者などが徐々にあらわになって、その植物の「そのもの性」が顕著になる一方で、それが偶有化されるためだ。みえない動因は、花がむらさきだ、葉が長い、幹が鱗状だといった形容詞・形容動詞が受けもつ。このとき実際は、その植物をしめすための主格が、その植物のみならず、そのまわりを旋回してゆく。「運動」の本質がこうした旋回＝気散じにあるとすると、集中化を裏打ちされた脱集中が朦朧化の引き金になるともかんがえられ、構文は列挙よりも内化された関係性を更新するという理解がえられる。身体は、気散じにこそ介入するのだ。だから詩の本質は意気阻喪だともいえる。

いっぽう動詞には顔の系列と身体の系列がある。顔の系列の動詞は感官の反映過程をしるすもので「みる」「きく」「かんじる」などがそれにあたる。これと対立するのが身体の系列の動詞「たつ」「あるく」「なでる」「すくう」などで、顔系列の動詞が志向化をしるすとすると、身体系列の動詞はそのふかい水準では脱志向化にまきこまれてしまう。「あるく」は領域をあるいているようで、実際は領域を超えてしまうか、領域になにもしるさないか、どちらかでしかない。となると、朦朧化をしるす品詞は、身体系列の動詞であって、構文はそれを中心にして、顔系列の動詞、名詞へと遡行がさらにしるされることで、全体の朦朧を達成するともいえるのではないか（レヴィナスの「実詞化」〔『実存から実存者へ』〕とは逆の論旨なのに注意）。

この朦朧はちかくてとおいなにかなのだ。「ちかくてとおい」ありようは、ベンヤミンならアウラの本質と喝破する。ところがもっとあやうげなものがあり、植物でならそれをたとえば「帚木＝ははきぎ」と名指すことができる。それに近づいても近づいたという実感があたえられない魔法の樹。虚子《帚木に影といふものありにけり》は源氏の出典を度外視しても「ある」のおそろしい実態を剔抉したもので、この句の作者が師・子規の《鶏頭の十四五本もありぬべし》を否定（無視）しきった理由がわからない。

さてこれまでの論旨で重要な品詞を書き落としている。それが「格助詞」だ。虚子《帚木に影といふものありにけり》では「に」の機能が綿密に吟味されなければならない。植物をしめす名詞「帚木」にたいして格助詞「に」を後続させることで一挙にその帚木が眼前の偶有の実在なのか一般性の提起なのかが不分明にされてしまう。この「に」は、たぶん日本語以外の外国語の品詞には存在しないものだ。「に」をもって「起こし」をおこなった最短詩文が「ありにけり」の「詠嘆＝過去」へと急転直下してしまうことは一種、「抒情の暴力」とよべる。「ありにけり」の日本性もなるほどすごいが、もっと戦慄すべきなのはこの「に」なのではないか。このことと、冗語とまで印象される句の全体とが相即している。

格助詞は配置により、構文を見た目以上の迷宮へといざなってゆく。たとえば方向をあらわす格助詞は日本語では「に」「へ」、ばあいによっては「を」などがかんがえられるが、英語のto、on、in、under、into、over、at、forなどよりも汎用的なことで、方向内実の中間域といったものまで指示してしまう。「に」は単純に対象の表面に行き届くのか、それとも「そのなかに」「そのむこうに」までもふくむのかが分明ではなく、結果「帚木」なら「帚木」を、朦朧をともなって怪物的に実在させてしまうのだ（芭蕉にも《朝顔に我は飯食ふ男哉》がある）。

「ありにけり」という奇怪な慨嘆はなんだろう。そうつづってしまった途端、すべてを脱力させてしまう慨嘆などありうるのだろうか。詩的には最悪の「である」という繋辞にかわり、「ある」という、ただ存在だけをしめす純粋な措辞までもが、その消滅寸前をみずからに引きうける受苦として虚子の句では再組織されている。このときさえようとしているのが、句に書かれていない主格「われ」であることも自明だとおもう。

「ある」はハイデガー→レヴィナスの考察をもむろん参照すべきだが、レヴィナスを拡張適用するならば、顔系列の動詞と身体系列の動詞との、唯一にして純然たる混淆体としてとらえるべきなのかもしれない。あらゆる動詞は、「ある」をふくんでいる。だから詩篇最後の聯に書かれた《帰って／泣いた》も「あり／ある」の同語反復をその裏に隠している。

赤尾兜子の名吟には《野蒜摘み八岐《やまた》に別れゆきし日も》がある（「八岐」は「やちまた」の置き換えで、造語の気配がある）。ここでは末尾の「も」が概嘆をふくんでいる。春の日に野遊びをした、その後〔われらは〕八方へ別れ、野蒜の匂いをゆびにのこし、平穏へと戻った、そのことがおもいかえされる、あの春の日はきえた、——分解すると「卒業的な」感慨が透けてみえてくるこのうつくしく憂鬱な句は、「ある」がないのにそれが伏在性としてかんじられる奇蹟めいた一句でもあった。

文法破壊によって、一句は全体に片言の様相にまで畸形化されている。その哀しみも充分にあるのだが、「あった」主体は、「野蒜」でもなく「〔春の〕日」でもなく、句ではあらわれていない「われら」であるのは隠れようもなく、その言い刺しの気配が悲哀をうずまかせている。だから断言＋概嘆に、迷宮が感覚できる。

句を補ってみよう。そこには理想的な品詞の消長がある。A「野蒜（名詞）」「を（格助詞）」「摘み（動詞連用形）」「八岐（名詞）」「に（格助詞）」「別れ（動詞連用形）」「ゆき（動詞連用形）」「し（助動詞連体形）」「日（名詞）」「も（助詞）」B「われら（代名詞）」「に（格助詞）」「あり（動詞連用形）」「き（助動詞終止形）」。句はB以下を言外に置くことでAの最終辞「も」に詠嘆の色彩をくわえたのだ。この「も」が一句を逆流する。結果、「野蒜」も「日」も「われら」もはるかに朦朧化する——死後から眺めかえしたように。しかも身体的な動詞は陥没している。なんとせつないのだろう。

句の全体は名詞・動詞の錯綜を、助詞があやうく支えているその様相でしかない。その様相が喘いでいる。喘ぎながら、「ある」こそが動詞の根源だということを一句は言外の域でだが、たしかにつたえている。この呼吸に、すでに赤尾兜子を死に追いやった鬱病がみえる。泣けてしょうがない。

(二〇一七年三月二十三日)

メモ：改行詩を読むさいの目安

・修辞、主題、語彙が個性的か
・長すぎる（行数が多すぎる）ことはないか
・独善を避けているか
・モチベーションは現実体験から生じているか
・語彙偏愛、または誇らしげな語彙展覧を卒業しているか
・一行目にツカミ（≒天啓）がみとめられるか
・最終行に、時空をまたがる余韻があるか
・展開に、意味形成と音楽性の双方がたもたれているか
・行の「ばらけ」が換喩性特有の、カードをひらくかたちになっているか
・イメージと脱イメージに交互性があるか
・ゆっくり読まれるための配慮があるか
・描写力はあるか
・助詞の意図的誤用などがあるか
・ぞっとさせるか、あるいは驚かせるか

・脱落による文法破壊があるか
・語調から尊大さやしたり顔が除去され、透明な中間性をひろげる方策がとられているか
・アフォリズムからは距離がとられているか
・自然にもとづく景物が入り込んでいるか
・和音または漢音の語彙が集中組織されることで音韻が高められているか
・頭韻はあるか
・暗喩構造の高圧性を回避しているか
・繫辞構文の使用が抑制されているか
・体言止め多用を忌避しているか
・構文は複文中心か
・無用な主語がはぶかれ、「詞」ではなく「辞」中心の組成になっているか
・一行の字数（音数）に、ばらつきが保持されているか
・冗語・迂言・反復がある場合それが意図的か
・散文を文節単位でのみ改行する「隠れた散文性」＝弛緩から、詩が離れているか
・各行の行頭にひらがなが多いか
・意味的な文節を除外することで引き緊まりを確保、読解にゆらぎをあたえているか
・聯間一行空白がある場合モンタージュ的効果がかんがえられているか
・学殖への耽溺を自制しているか
・哲学があるか、あたらしい感情・認識があるか

・生活をうたいながら「自慢」を禁欲できているか
・飛躍のパターン化が確実に憎悪されているか
・不連続性が連続のなかに溶け込んでいるか
・約物、疑問符などの使用ができるだけ避けられているか
・展覧される事物に趣味的偏向のないよう詩篇間に「分散」がおこなわれているか
・助詞の重複が避けられているか
・事物が「ある」ことへの操作や容喙が不当とかんがえられているか
・かなしさや恥かしさがつたわっているか
・うつくしさや謎などで再読誘惑性が図られているか
・事物と身体はともども存在しているか
・詩論的もしくは詩史論的な詩か
・定型性の自己目的化に、否がつきつけられているか
・作者の顔が削除されているか
・「現在」がしるされているか
・伝達力があることで詩篇の自立性が確保されているか

(二〇一七年十一月九日)

Ⅲ　補遺と 2017 年詩集

あたらしい感情

山田航の編んだ『桜前線開架宣言』は、「穂村弘以後」、一九七〇年代以後にうまれた歌人の傑作三五〇〇首ほどをおさめた、おそるべきアンソロジーだ。その生年からの歌人が俎上にのぼるから、しぜん口語短歌が中心となるが、口語短歌の技術展覧という点でも偏奇がなく、ひろがりをもつ。このことからさまざまな創造的読み方も可能だが、ここでは、抒情詩の「あたらしい感情」がわきおこっているさまに注目したい。

本題にはいるまえに、穂村弘以前では「歌の感情」がどう発露していたのかを簡単にふりかえっておこう。まずは前衛短歌。たとえば塚本邦雄の『装飾樂句』から一首を引いてみる。

水に卵うむ蜉蝣《かげろふ》よわれにまだ悪なさむための半生がある

「われにまだ悪なさむための半生がある」というマニフェストは大仰で肩肘張っているが、逆をとれば、前半生に悪をなせなかった寂寥もうかびあがる。この弱りが、消化器がなく、生殖ののちはただ死ぬばかり、そのぎりぎり手前での蜉蝣の水中産卵と、喩的に対照されている。半生といいながら、想起される生には蜉蝣なみのみじかさが照射されるのだ。塚本特有の、反世界を渇仰する悪や残酷への傾斜は、自壊にさらされている。それで喩法は塚本短歌の典型ながら、自己否定の抹消線がほどこされた傑作と映る。けれどもやはり第三句以降の叙法の大仰さに、鼻白んでしまう。それでは伝説的な秀歌としてひそかに語りつがれているだろう、浜田到のつぎの前衛短歌ならどうか。

頌《ほ》むるよりほか知らざりしひと喪《な》くて暁《あけ》には森の髪うごくかな

上句下句がスパークしあうという意味では、吉本隆明のいう「短歌的喩」の好箇の例ともいえる挽歌だが、作者にとっての何者が死んだのかはあきらかでない。「喪」の字があっても、恋人との生別ていどのことなのかもしれない。ところが上句と意味的に切断され、それじたいズレをかたどる下句十四音は異様な「感情」を内包している。陽ののぼりきらない逆光・遠景の森。「朝」が徐々に浸潤してくることで、かすかにゆれる樹々が黒髪のようにうごいている。この「髪」により、喪失された対象におんなのおもかげが揺曳してくる。ただし下句十四音のもつ「すくなさ」は、結局は感情の気配しかつたえず、アニミスティックな不気味さだけがせまってくる。そこに「かな」の詠嘆があるのだから、一首の眼目は自己制御の不可能ともつうじあう。それでも離人的な回顧の香るのが見逃せない。

こうした「すくなさ」が逆転的に稠密性と連絡する経緯こそが、短歌詩型特有の「あたらしい感情」を発散しているのではないか。ロマネスクな仕掛、あるいは残酷礼讃にあたらしい感情を盛ろうとした塚本が結局は転倒でしかなかったのにたいし、この浜田の一首は詩型そのものからあたらしい感情を生起させることへとどいている。

感情は措辞のすくなさによって、予感的に新規化される。たとえばことばの多い現代詩ならこれがほぼできない。結果、ゆきとどいた叙法により、普遍的な喜怒哀楽に綾や綺羅が付加されるだけだ。この分野であたらしい感情を創生しているのは、杉本真維子や最果タヒなど、ごく例外的な才能にかぎられるとおもう。さて『桜前線開架宣言』のかくされた前提となっている穂村弘自身の短歌ならどうか。かつて山田航が震撼したと述懐した一首を引こう。

風の交叉点すれ違うとき心臓に全治二秒の手傷を負えり

なにかとすれちがった。心臓を直撃するほどの恐怖や感銘が生じた。しかもたった二秒できえてしまうだけの。穂村のこの歌は、やはり「すくなさ」を主題にしていて、しかもたとえば「対象のうつくしさ」といった暗示域にあるものが徹底的に措辞されない。これが清潔さであり、叙法の洒落っ気であり、軽さだった。一首は瞬間への感銘をあたらしい感情としながら、同時に「かるさ」、あるいはそこにひそむ諦念こそを感情の本質ともしている。ところが初句中「風の」にみられる冗句的字余りが、世界そのもののおもたいひろがりを指示していて、これが感情のかるさと拮抗している。筆者は穂村短歌にあかるくないが、短歌における穂村弘という分断線は演劇でいうなら平田オリザに相当するのではないか。悲哀にかるさを交錯させたのが穂村の感情発見の手柄だったとするなら、『桜前線開架宣言』の歌人たち、「穂村弘」以後の歌人たちは、さきばしっていえば、それにさらに停滞や不如意をも付加したのではないか。これがこの山田航のすばらしい編著に接しての感慨だった。以下、愚直にひとり一首の制限をもうけて、響いてきた歌を鑑賞してみる。

イヤフォンが外れてゐると気づかずにしづかな朝を味はつてゐた　大松達知

イヤフォンによる音楽聴取の自閉。ところが歌にしめされる状況は、「世界の音楽」という外延が自己という内包を浸潤していることにしばし自覚できなかった不如意を語っている。不如意があたらしい感情を生起して、歌の主体ぜんたいをあたらしさのなかに放置する。あるいは讃嘆と不如意のうつくしい不即不離が放心をみちびく。

早送りの時のただなか声もなく少女悍馬のごとく上下す　中澤系

AVを早送りでみてしまう主体に、性欲の半崩壊がしるされている。視欲が性欲にまさってしまう踏みはずし。騎乗位の際の喘ぎの音声はきえて、うごきだけが純粋化している。それがうつくしい。「悍馬」という語の斡旋からそのことがつたわっている。欲望を分離すれば、このようにあたらしい感情がやはり成立する。

愛情であるならむしろガムテープよりもセロハンテープくらいの　松村正直

「つながりを」という希求の語が寸止めで消去されていて、それが味わいとなる。片言の措辞からうまれだす不全さを刻印された感情。それが鞏固なつながりをもとめない生の恬淡さと連絡する。

偶像の破壊のあとの空洞がたぶん僕らの偶像だろう　松木 秀

映画監督モフセン・マフマルバフは『アフガニスタンの仏像は破壊されたのではない恥辱のあまり崩れ落ちたのだ』というすばらしい本をしるしたが、タリバンによる偶像破壊は映像としてたしかに仏教親和性のたかい日本人にも衝撃をもたらしただろう。むろんひとつの宗教的な偶像は、べつの原理宗教にとって無にすぎない。ところがこの歌は消失のあとが、あるいは消失そのものが、偶像となる逆転を主題にしている。けれどもよくかんがえれば、そうした感性的な逆転は、喪失に充実をみるメランコリーとつうじあっている。

きみに与へ得ぬもののひとつはろばろと糸遊《いとゆふ》ゆらぐ野へ置きにゆく　横山未来子

女性が相聞の対象に「あたええぬもの」といえば、心の操にかかわるなにかだろうか。歌はそう予感させながら潔癖にも解答をしめさず、かたちのないものを「野に置きにいく」うごきだけを結像させている。しかもその野に「陽炎」ではなく「蜉蝣＝糸遊」をゆるがせて、「あたええぬもの」を糸の係累へとずらしてしまう。歌の根本にあるのが心情の不如意なのに、うつくしい背景をしたがえて「動作がみちる」。この遠近法そのものがあたらしい感情をゆらめかせている。

手詰まりのチェス放置してベッドへと雪崩れる僧正《ビショップ》と騎士《ナイト》のように　松野志保

理想的な性愛歌だとおもう。性愛の本質に巣食っている哀しさが不如意な喩をつくりなしているためだ。「手詰まりのチェス」とは要領をえない対峙のたとえだろう。その無理筋のたとえがそのまま機能して、不如意にも主体と対象が、「ビショップ」「ナイト」の名称をあたえられ、性愛のしとねに雪崩れこむ。「雪崩」に雪のつめたさと「崩れ」も装塡されている。むろん性愛描写の具体性が放棄され、この脱像性が歌の品位を保持させる。

セックスをするたび水に沈む町があるんだ君はわからなくても　雪舟えま

こちらは性愛歌のようにみえて——あるいは意志疎通の不可能を主題にした一首のようにみえて——自己身体の内部に沈潜した光景こそをむしろ提示している。「沈み」として形象される内部の液体性。あたらしい感情は身体と交錯したふかみでのみ実感される。「君はわからなくても」は拒絶ばかりとはかぎらない。女による自体性の自負ともうけとれるためだ。

去り方の理想を言えばしばらくはあおみどりいろの湖面を揺らす　兵庫ユカ

入水の不吉さが溝口『山椒大夫』のようにひろがりながら、その不吉さは「理想を言えば」ではぐらかされている。人を食ったような話法なのに、その冗談からじわりと悲哀もにじみだす。

企画書のてにをはに手を入れられて朧月夜はうたびととなる　田村元

歌人は助詞の斡旋に命をそそぐが、それは社用文書のてにをはと系譜がことなる。書類作成後、そうした踏みはずしの不備を上司に突かれたのだろう。そこに世情の笑いがにじむが、この一首は下句十四音の古代的なロマンティシズムが、上句十七音と乖離している歌体ぜんたいの異形性に眼目がある。この異形性があたらしい。そこからあたらしい感情を察知できる。

ドアに鍵強くさしこむこの深さ人ならば死に至るふかさか　光森裕樹

「死にいたる」とくれば「病」となるはずが、「ふかさ」がくる。また鍵穴への鍵の装塡は性的暗喩をしるすはずだが、実際の歌は「鍵開け」の動作を分解しているだけで、着想が無意味なのに音韻がすばらしい矛盾が生じている。読者は予想する。あけられるドアは、決意をもってしか向かえない相手のもので、この歌は人生上の一大事を、ばっさり部分化した換喩によっているのではないかと。歌の結構そのものが新規だった。

わたしだつたか　天より細く垂れきたる紐を最後に引つぱつたのは　石川美南

設定が終始判明しない。それでも脱像的な像がつよくのこるし、「わたしだつたか」の初句に自己規定の不安もやどる。「蜘蛛の糸」の世界をおもう読者もいるかもしれないが、河原枇杷男の次の超絶句をおもった。《秋の暮摑めば紐の喚《おら》ぶかな》。

ハムレタスサンドは床に落ちパンとレタスとハムとパンに分かれた　岡野大嗣

ハムレタスサンドが落下してそれぞれパーツに分離したことを「そのまま」歌った一首だが、その機械論的な即物性に、こわれるものへの感傷がひそむ。「自明」をいう語調があたらしい。同時に、ハムレタスサンドは床に落ちなくてもビニール包装からひらくときバラバラになりやすいという「あるある」感覚がともなう。落ちる過程のなかですでに分離がはじまっていると見抜く微視力が問われている。

電車って燃えつきながら走るから見送るだけで今日はいいんだ　山崎聡子

車中のひとを見送る——そのひとをはこぶ車輛が炎上する——理路をとりだせばただならないのに、「だけでいいんだ」の語調が日常性を錯視させてしまう。この奇妙さがあたらしい。別れをうたったロバート・ジョンソンのブルース「ラヴ・イン・ヴェイン」の red light が変形して「燃えつき」になったのではないだろうか。

浜木綿と言うきみの唇《くち》うす闇に母音の動きだけ見えている　服部真里子

なぜ「浜木綿」なのか、「うす闇」と称された場所や時間（たとえば夕方か明け方か）といったフックは歌のなかに帰属点をみいだせない。部分化の換喩のなかで、相聞の相手、そのくちびるのうごきだけが生々しく、しかもスローモーションまで感じさせる。恋する相手へむけられたこの主体のこの視線に減退と畏怖がひそんでいる。

遠ざかるビニール傘の骨は透けもうしばらくは今日であること　　大森静佳

ビニール傘から骨がすけてみえるとすれば、その日を別れて遠ざかってゆく相手の奥行になにかの光源があったのではないか。とすればその相手はくろいシルエットになっている。宵闇の光景。下句十四音「もうしばらくは今日であること」がせつない。いっけん自明辞のようにおもわせながら、相手への気持が余韻となって、今日ののこり時間を継続させると、主体が確信している。

寄りながら暗き言葉をうちかはす我らの肌で焼死せよ雪　　藪内亮輔

前衛短歌的＝塚本邦雄的な語調の大仰さがあるようにみえて（たとえば肌にふった雪は焼死などせず、「溶ける」だけだ）、上句の措辞の朦朧さが眼目だとわかる。「寄りながら」の措辞が「すくなさ」によって新鮮で、そのすくなさを「焼死」という飛躍が補塡する構造だ。

まなつあさぶろあがりてくれば曙光さすさなかはだかの感傷機械　　吉田隼人

岡井隆に代表される自写像短歌にみえて、みずからの赤裸を「感傷機械」と突き放す把握があたらしい。体言止めの歌はうごきと余韻をころすが、この一首は最終体言の意外な斡旋により、かんがえられない余韻を放つ。「さなかはだか」のア母音連鎖のみならず、歌全体にア母音がちりばめられて色彩「あか」を想起させる。ところが「赤」の語はなく、代置されているのが「曙光」だった。

水を汲むように炎を組みあげる　液体でないのだほんとうは海は　井上法子

火と水の通底、といっけんおもえて、主体が手に掬ったのは海水だと理解が生ずるが、上句との連関によって、「やはり」水／炎の中間体が主体のてのひらを焼いている了解がのこってしまう。理路がじつに不可思議な一首で、しかも作者の主張の「場所」がわからない。このわからないことが、余情をのこす。従来の短歌的余情とはまったくちがう様相で。

てのひらのくぼみに沿ひしガラス器を落とせるわが手かたちうしなふ　小原奈美

ガラス器をてのひらのくぼみでささえていたのに、それが落下した。「かたちをうしなった」のはガラス器だとおもうと、ガラス器をとり落とした手のほうだと逆転が訪れる。いやもともとくぼみあるてのひらが、かたちではないなにか底知れぬものを湛えていたのではなかったか。山田航の指摘するように葛原妙子につうじる着眼と語調をかんじるが、じつは葛原の融通無碍と原不安こそ、現在の短歌があたらしい感情のために変わらず参照すべきものだとおもう。

（「北大短歌」四号、二〇一六年五月）

裸形への解体
——瀬戸夏子について

瀬戸夏子の歌集『かわいい海とかわいくない海 end.』（書肆侃侃房、二〇一六年二月刊）のオビ文で作家・星野智幸は、（瀬戸夏子の）《読み手は母語を狂わされる》とするす。基底材を猛り狂わせたのがアントナン・アルトーなら、わたしたちをくるみ、それをもちいて思考までつくりあげるその「母語を狂わされる」ことは、なにかの価値をもつのだろうか。

思考と母語が不可分ならば、思考はとりあえず母語的だとはいえる。それが日本語であれば、主語の省略、語尾の助詞による性差の示唆、ひらがな（和語系）にやわらかい音韻が集中していること、ひらがな・カタカナ・漢字の混在さらにはルビにより外来思考が検証なくいとも容易に移入できるようにおもわれること、構文構築でながい形容節や複文を駆使すると文意がすぐに悲鳴をあげる点、敬語の存在——とりあえずこれらすべてから、自己参照的で防御的、なおかつ責任不在の思考様式ができあがるのは自明だろう。語のはこびはそれで感覚的になり、正調の文語を口語性がたえず侵食してゆく歴史がくりかえされる。

これらにたいし母語に原理的なゆさぶりをかける瀬戸作品は、母語的思考を複数の裸形へと解体している——現代詩よりもはるかに自明・果敢に。つまり母語から脈絡をうばうことは、母語的思考を再構築可能な処女地へともどすことにつうじているのではないか。とりあえずはそのように評価が成立する。とりわけ現状とりまく「わからなさ」への忌避にたいし、瀬戸は自らの作をつうじ、強烈な叛意までしるしている。

むろん歌論上の立脚もあるだろう。瀬戸夏子の短歌には三つの偏差が分布している。①音律形式「五・七・五・七・七」（＝五分節）に（ほぼ）忠実な短歌。②「五分節」だけはみとめられるが、いちじるしく音数の過剰や欠落のある破調歌。③「五分節」すらみとめがたく、音数の総数も三十一ではないために、短歌的自由律が一回的に提唱されていると捉えざるをえない一行詩。もちろん②までは伝統的で、②は往年の冗長性のつよい土屋文明の作例などにもあった。瀬戸の破調も饒舌な現代を反映し、とりあえずは冗長性を志向している。けれども瀬戸夏子は、現代口語短歌の口語性による冗長と一回的な「着想」に異議申し立てするように、冗長性の質をたがえようとする。いずれ着想が飽満してゆくだろう現代口語短歌に、予備的な逃走線を引く使命すらおぼえさせる。

瀬戸短歌の破調性にないものが「恐怖」だろう。たとえば葛原妙子『原牛』には以下の名吟がある。

築城はあなさびし　もえ上る焔のかたちをえらびぬ

日本の城の威容、かたちの雄渾な恫喝性が、そのまま炎上する焔の輪郭とおなじで、この不吉さに無自覚な、男性的な意匠感覚が「あなさびし」と詠嘆されている。この詠嘆は断言を隠している。この歌では、韻律上の欠落が、歌意にある直観の残酷・悪意と併存している。《築城は（5）／あなさびし（5）／もえ上る（5）／焔のかたちを（8）／えらびぬ（4）》と音数を五分節に整理してみると、第五句四音がとくに不穏だ。これは通用的な韻律へとただちに「添削」ができる。たとえば――《築城はあなさびしきやもえ上る焰のさまを者らえらびぬ》。こうした正調にたいする掲出歌の欠落は、実際は葛原自身の慨嘆にも欠落の穴がひらいていることを問わず語りしている。このとき直観のみならず慨嘆にすら恐怖化がおよぶとはいえないか。瀬戸の歌では以下のような作例がある。

上書きした天国になんども素手でふれ　妻が僕を殺した

同様に五分節に整理すれば以下のように捉える読み手が多いだろう。《上書きした（6）／天国になんども（9）／素手でふれ（5）／妻が僕を（6）／殺した（4）》。短歌的分節に落ち着こうとする五音・七音に対する瀬戸の呪詛はときに峻烈だが、読み手は「素手でふれ」が五音なのを捉え、それを第三句に定着させようとする。そうして韻律的脱臼に嵌る。しかも「意味」が独自なために先の葛原、「築城」首のようには「添削」が効かないのだ。

ここでは韻律の不定伸縮に、意味の不定伸縮が相即する。重なりあうベン図のように「意味」は部分化して互いに翳りをなげかける。「天国は羊皮紙のように上書きできる」「武器でなく素手ですら殺せる脆弱性が僕だ」「僕は殺されるときに天国の性質を転位される」「妻による僕の殺しそのものが天国だ」。作中の「なんども」は「殺した」にもおよび、結局、なんども殺されうることが僕の不死をあかしする錯視も起こる。僕が不定伸縮性でありうるのは、もともと僕の存在が、瞬間から瞬間への上書きで成立しているためだ――意味はさらにそのようにも拡散してゆく。読み手はうごく拡散の「あいだ」を読み、意味形成の未了状態を複雑に味わうことになる。瀬戸短歌への応接はこのような仕儀で良いのではないか。

瀬戸『かわいい海とかわいくない海 end.』は加藤郁乎の『えくとぷらすま』の位置に似ている、とかつて詩誌の時評にしるした。俳人としての加藤は正調の韻律に着想の革新を盛った『球體感覺』で俳壇へ鮮やかに登場したのち、第二句集を破調句で満艦飾にしたのだった。それでも一行詩とよべる作例の多くが「俳句性」を滲ませていた。たとえば――

遺書にして艶文、王位継承その他無し

分解するとこうなる――《遺書にして艶文（9）／王位継承（7）／その他無し（5）》。中句以降の音律は「まとも」で、初句九音は漢文読み下し調で一気読みできるため、九音を五音の速度で読むよう促される。結果、破調が正調へと復帰する。王がのこした遺書は艶文（＝ポルノグラフィ）とも目せるもので肝腎の王位継承者の指示がなかった（それほどのダンディスムに先王が殉じた）という句の「物語」自体がダンディだ。この加藤の作品と共鳴する瀬戸の作品がある。

晩節を汚すためにもそばにいてくれ他は正式な最終通告

「他」が加藤と瀬戸に共通するが、「いて／くれ」の句跨りを認識すると、全体は「五／七／五／十／七」と第四句が音数過剰なだけで、先の②に該当してしまう。「晩節を汚す」が「そばにいてくれ」と化合するため「老いらくの恋」が含意されていると初見では捉えられるだろうが、「正式な最終通告」が不穏だ。借金期限や撤退命令や殺害までおもわすこの語により、一首はたとえば以下のように意味反転する。《おまえを追放する、という最終通告に則って、おれはそれをやむなく実行するが、これこそがおまえへの愛着をしるすおれの晩節の汚しかたなのだ、だからそばにいてくれ》。加藤「遺書にして」同等のダンディスムがかんじられないだろうか。

想像するのだが、瀬戸夏子が一首をなすとき、音韻的な何かの「舞い降り」があり、のち意味が平易にむすばれる手前で換喩的なズレを導入する――そんな二段階の内的創造があるのではないだろうか。かんがえてみれば、このことは「歌」の本懐であって、だから瀬戸の歌は「母語の発狂」でありながら同時に歌の露出も刻印している。この範疇に収まる作例に、いわゆる「解釈可能な」愛唱歌が集中してきて、それらが魅惑を放つ。たとえば――

《夕焼けと夜明けのあいだ折々にひたすら妖精をつぶすゆびさき》――「夕焼けと夜明けのあいだ」は論理的には「夜」だが、この迂言法により、残光と曙光の朱に夜が包まれる。だから「妖精」が出現できる。「折々に」「ひたすら」と続くと、時間継起と身体性に齟齬ができる。にぶさの鋭さ。「妖精つぶし」とはそのまま瀬戸の作歌の質を言明しているだろう。伝統律に拠ったこの一首は、マラルメ的な「不眠の夜」と接触するようで懸隔している。

《再演よあなたはこの世に遠いから間違えて生まれた男の子に祝福を》――「再演」を対象にした頓呼法が斬新だ。「間違えて生まれた男の」を第四句の過剰なかたまりと捉えると、「五・七・五・十三・七」の分節となる。子をなすのは有限な個人の「再演」だが、このような世上以外の真の形而上的再演は「この世に遠い」。ひとはもともと「間違えて生まれる」。それも避妊の失敗などではなく、親の遺伝子を継ぐ子のうまれる限界がそもそも誤っているのだ。わたしは間違えてうまれた。わたしの再演であるわが子も間違えてうまれた。この再演連鎖は永遠であるかぎり遠い。だからこそわが子に祝福をあたえよ。

《スプーンのかがやきそれにしたって裸であったことなどあったか君にも僕にも》――無理やり分節すれば、「五・十一・七・八・八」。マニエリスム画家パルミジャミーノの球面鏡像を捉えた自画像(前方に突きだされた右手が肥大している)をおもう。反語が導入されている。スプーンの球形鏡面には「君」と「僕」の歪んだ裸身が写っているのだ。ところが一旦歪像を経由してみると、はだかになってもそれはついに自分たちの真の裸身ではない疑念が生まれる。身体が対象としてついに不完全・不充足であるかぎり、これは真理だろう。

《洗いたての権利と顔をあげて笑っているあなたは自殺と同罪だろうか》――六・十・六・八・七。曲解をしてみる――ひとは汚れれば裸身を隠す。浄めれば誇らしげに裸身を披瀝し、顔をあげ笑う。その屈託のなさはうつくしいが、罪深い。抹消の再帰性を演じる自殺が宗教の見地からのみならず論理的に罪障であるように、再帰的な自己をみせることがすでに罪なのだ。自殺してしまえ(と、愛着が言う)。

《エイプリル・フールが葬儀　帰路、右手に財布、左手に砂糖・糊　うつくしかった》――五パートへの分節化は不可能。斎藤史《定住の家をもたねば朝に夜にシシリイの薔薇やマジョルカの花》(『魚歌』)や盛田志保子《妊婦見てお葬式見て軽石を買って帰りぬゆうぐれの道》(『木曜日』)同様の「少女性彷徨」をかんじる。「エイプリル・フール」を「年度始め」ととれば「葬儀」は逆説、「嘘の称揚される日」ととれば「葬儀」は虚偽ともなるが、わたしは葬儀の帰路、右手とは不均衡で子どもっぽいものを左手にもち野外をさまよっていた。最後の「うつくしかった」を割愛すれば、全体はまだしも《エイプリル（5）／フールが葬儀（7）／帰路、右手《めて》に（5）／財布、左手《ゆんで》に（7）／砂糖・糊（5）》の分節に落ち着く。そうしなかったのは「うつくしかった」こそが一首の眼目だからだ。「うつくしきかな」の自讃でない点に注意。過去形口語がしるされることで「もはやないもの」にむけての慨嘆が生じ、自讃が破壊されているのだ。それでこそ抒情が強化される。

《口を出さないでくれこれからのしゃぼん玉のなかにひらく無数の傘よ》——分節をしるすと、《口を出さないで（8）／くれこれからの（7）／しゃぼん玉の（6）／なかにひらく（6）／無数の傘よ（7）》。「これからのしゃぼん玉のなかにひらく無数の傘」のイメージはうつくしいが、これが頓呼法の対象になって、「口を出さないでくれ」といわれている（全体が倒置法）。「これから＝未来」の正しい運用のために、うつくしいイメージはいまの自分に対し黙語してほしいと念願が語られながら、いわば見せ消ちにより、かえってしゃぼん玉の球形内に林立する無数の傘がイメージ定着される。しゃぼん玉と傘の関係には、飯田蛇笏の一句《芋の露連山影を正しうす》（『山廬集』）が参照されているかもしれない。

《愉悦すら悲しみに変えるぼくたちはいまだ若くて至高の半分》——とりわけ愛唱性の高い一首で、現代口語短歌の作歌傾向との共振がかんじられる。ぼくたちは到達していない。至高性の半分にようやく辿りついたのみだ。その理由といえるのが、愉悦すら悲しみにしてしまうぼくたちの心性だろう。となって愉悦が何かの詮索が起こる。賭博なのか性なのか学業上の優越なのか娯楽への接触なのか。このように具体性を引き寄せるとさらに悲哀が哲学化するが、哲学性というなら「半分」こそが人の生の本質だという一首の見解にもあるだろう。

以上、「読める」瀬戸短歌のいくつかを俎上にのせてきた。それらにあるのは音韻的了解と着想了解の双方で、これらがむすばれないと、母語性の庇護が壊れ、瀬戸短歌は風変わりな呪文になる。もし瀬戸短歌が現代口語短歌と同様の一回的な「詩分解」でつくられているとするなら、「ありうる」日常性で共感をうながす口語短歌にたいし、意味の錯綜に踏み込む瀬戸短歌はその成功が偶発的になるかもしれない。乱数操作に似るためだ（俳句でいえば摂津幸彦）。ところが瀬戸はこの危険域への侵入から逃げない。そこに奇蹟的な認識変化の生じる希望があるためだ。瀬戸短歌がディスコミュニケーションへのニヒリズムによらない点をあかしする一首を最後にしめそう。

オフィーリアすなわちオフィーリアの行方しれずの黒髪の姉

一見、塚本邦雄《象牙のカスタネットに彫りし花文字の　マリオ　父の名　ゆくさき知れず》（『水葬物語』）をおもわせる。塚本のロマネスクな用語は、結局は「ゆくさき知れず」の前の第四句までが、すべて「ゆくさき知れず」を荘厳する枕詞で、全体が体言止めにふさわしい思念の静止形と理解されるだろう。瀬戸の一首はどうか。

《オフィーリア（5）／すなわちオフィー（7）／リアの（3）／行方しれずの（7）／黒髪の姉（7）》に分節されるとすると、塚本「カスタ／ネット」の句跨りが、瀬戸の二度目の「オフィー／リア」の句跨りに転位されながら、塚本の初句七音が瀬戸の第三句三音に捉え返されているとわかる。「象牙」「カスタネット」「花文字」「マリオ」といった塚本のロマネスクな語彙は、ラファエル前派のジョン・エヴァレット・ミレー《オフィーリア》（夏目漱石が偏愛した）の優艶と悲愴と催眠性に転化されているようにもみえる。ところがこの一首は「Aすなわちaの姉」（A＝非A）という同一律の破壊を結果させている。この破壊を「行方しれず」そのものの「動性」が導きだすとすると、華美を修飾された塚本の静的「ゆくさき知れず」とはまったく効果が異なる。瀬戸は、「Aと非Aの一事物内での同在」＝「融即」を未開民族の思考にみたレヴィ＝ブリュルに親和しているのだ。「オフィーリア」の反復による装飾性の減少に注意。

瀬戸の歌ではオフィーリアの川流れは、死んだことで彼女を「姉」に昇格させているが、その見立ては実際には不在化と接触することになる。ちなみにミレー描く、川をながれる死せるオフィーリアの髪は褐色だし、シェイクスピア『ハムレット』ではオフィーリアは兄をもつが姉がいないのだった。何重かの不在により、その核心に融即が起こり、そこで論理的に不可能な繋辞構文が出来上がる――こうした事態は塚本の初期のロマネスク短歌にはなく、いまならそこにレヴィナス―デリダの思考系列まで聯想してしまう。ここでこそ哲学的論理が裸形へと解体されたのだった。

（「北大短歌」五号、二〇一七年五月）

端折るひと、神尾和寿

このあいだの木曜日（十一月三十日）は、北大一年生にむけて神尾和寿『アオキ』（編集工房ノア、二〇一六年）の授業をした。以下に備忘を兼ね、その概要をしるしておく。だがそのまえに――

神尾の詩はとうぜんライト・ヴァースに分類されるだろう。ライト・ヴァースの本義はW・H・オーデンによれば「俗謡」（そこにあてつけやペーソスが付帯する）だが、その組成法則どおり神尾詩もみじかく、可読性がたかい。独特のやわらかさがあるし、詩発想がびっくりするほど斬新で、「自由詩」という一般呼称、その真価にもみごとに適合する。ところがみえざる博覧強記主義者でもあるし、なによりもするどい逆説とふかい哲学を内包していて、一筋縄ではゆかない。

ライト・ヴァースと哲学性のとりあわせならば現在ではまず大橋政人をおもうひとが多いかもしれないが、大橋が時間や変化の渦中をみつめる繊細な動体視力を詩篇のどこかで発揮するのにたいし、神尾は「大雑把に」なりゆきを端折る。残酷な端折りの天才。この点ユーモラスで狷介な歴史哲学者のおもむきがあって、その時間性記述はぞんざいなほどに飛び飛び〔＊飛躍的／点滅的／可笑的〕といえるかもしれない。童話や俚諺的なものにもみうけられるが、神尾の仕込んだ個性的な詩法であることはいうまでもない。まずは傑作ぞろいの神尾『七福神通り――歴史上の人物』（思潮社、二〇〇三年）から、一篇引用しよう。この詩集では漢字で通常書かれるだろう固有名がぞんざいにカタカナ表記をされ、可笑効果をたかめている。

接触（全篇）

師匠の影を
踏まないように　ソラは常に数十メートルの距離を保ってお供をし続けていたので
平泉を巡って
ソラの視線は　師匠の尻に当たっていた
艱難辛苦の旅のなかで　色欲が高じたとき
その尻はむっちりしたものとして現れた
食欲に襲われたときには
南国の西瓜かと　思われた
大垣に到ってから「旅に病んだ」師匠を床擦れから救おうと
小ぶりのその尻に初めて直接触れてみて
別れを知った

間接的に「師匠」として語られるのが松尾芭蕉、「ソラ」が芭蕉と奥の細道、みちのくを同道した河合曾良なのは瞭然としているが、ふたりが衆道の念者と若衆の間柄だったと噂されているのも了解済みだろう。「三歩下がって師の影を踏まず」というが、神尾は曾良の芭蕉への恋着を「数十メートル」（ここで尺貫法ではなく現代の計量法がぞんざいにつかわれているのも可笑しい）と拡大的に想像することで、ふたりの仲をプラトニックに神格化している。このときあっただろう路上の「距離」がむしろ曾良の懸想にさらなる贈与をおこなったとするのが神尾の眼目だ。

ちかさにとおさの混合するものがベンヤミンの定義するアウラだが、隠密的脚力をもってとおく先行する「師匠」の後姿、その《尻はむっちりしたものとして現れた》。とおい距離は男を女にし、嵌入可能なものにする。あるいは逆に人間から性差をうばい、嵌入不可能なものにする。さらには「艱難辛苦」やひもじさは、若衆にあるべき性的突破口「尻」を念者のほうへ移行させる攪乱をおこなう。いずれにせよ神格化された色欲の正体はあいまいで、だからそれが食欲にも接合され、尻は旨そうな西瓜に滑稽にも化けるが、それらはみなおのれの物欲しさの変型にすぎない。

芭蕉と曾良の旅の大団円。そこにのちの辞世句の暗示をすることで、神尾の想像は、旅の終焉地＝大垣を、芭蕉の生の終焉地＝御堂筋と混ぜ、そこで曾良が床擦れのきびしい師の（背中から）尻をさすったと逸脱をおかす。同時にこれは史実の「端折り」だ。するとその尻は欲望の肥大から解かれて「現実のように」「小ぶり」で、そこに肉の死相が現れていたとむごい結末を迎える。ところが、このむごい結末こそが懸恋の本当の対象だったという逆転的発見まで滲ませている。つまり詩篇は「奥の細道」を背景にしながら、欲望の段階的変遷、その宿命を達観していることになる。こうしるせば深遠なことが、語調の脱力的な印象（とりわけ「尻」「むっちり」「西瓜」）により笑いへ転化され、しかも詩行の長さの不統一すら視覚的な可笑しさを助長してしまう。その意味でこれは「みじかいのに」「なんでもある」詩篇なのだった。

『アオキ』という人を喰ったタイトルの詩集は、もしかしたらそれが植物的景観から採られた正当な題名ではないかと、本をひらくまえ、うっすらと期待する読者がいるかもしれないが、その期待も冒頭詩篇のタイトルが「アオキさん」と知ってあえなく瓦解する。たとえばこれは『近藤』みたいな詩集名だったのだ。しかも神尾お得意の、カタカナによる漢字の縮減まで付帯している。詩集は、タイトルが余白ある前頁の左下にしるされ、頁をめくった見開きに詩篇本体が収まる――その反復法則が遵守されている。意表をつくそんなレイアウトが可能なためにも、詩篇はごく短いもので統一されている。その「アオキさん」(全篇)――

アオキさん

アオキさんが
まだ来ない
イノウエさんなら
三年前から来ている
ドラム缶にまたがってたばこを吸っている
旨そうだ
イヌのウエダ君と
サルのエグチ君に声をかければ
けんかの最中だ　かみつかれてひっかかれて

すごく痛いのかもしれない
アオキさんだけが　いつになっても
来ない
はじまらない

冒頭二行《アオキさんが／まだ来ない》は、井坂洋子の出世作「朝礼」の自由間接話法《安田さんまだ来てない／中橋さんも》ととおく交響しているかもしれない。すると詩篇の前提している場が「朝礼」かと構えたくなるが、なにか同窓会のような、旧知のバラバラ順繰りの集まりをかんがえるのが常道だろう。するとつづく《イノウエさんなら／三年前から来ている》が、場にあたえられるべき論理的まとまりを壊滅させてしまう。これはどこの場で、なんの集まりなのかが皆目わからなくなるのだ。しかも場は屋内ではなく、外、しかも記憶の空間かもしれない。なぜならドラム缶が「ころがっていたのは」、往年の、戦後未開発のままのこっていた「原っぱ」にふさわしい景観だからだ。井坂の人名が「安田」「中橋」と実在的信憑がたかいのにたいし、神尾「アオキさん」の人名は恣意的出鱈目かもしれない。なぜなら登場順に再転記すると、「アオキ」「イノウエ」「ウエダ」「エグチ」と律儀、機械的に、アイウエ（オ）順で一音ずつ代表されているためだ。俗諺「犬猿の仲」が、「イヌのウエダ君」と「サルのエグチ君」という措辞に分け振られているのも機械的だが、それらの機械性は安直な処理、ぞんざいをおもわせる。それでこの詩篇が軽快なナンセンス詩かというと――

読者は詩があるかぎり詩想が伏在しているという擬制から離れることができない。ならば「いつになっても／来ない」詩の主人公、「アオキさん」に過大な役割を負わせてしまうことになる。何者かの「不在」が、場の真相を、会合の真相を確定する。これは単純な真実だ。昭和天皇の不在が平成を確定したし、大谷くんの不在が来年度のファイターズを性格づけする。ということは集団や時代は、不在者の確認により、後ろ向き、遡行的に規定される奥行きから離れられず、その法則下では不在性こそがむしろ実在性だという逆転やゆらぎまで起こることになる。不在がみえるのは人と人のあいだで、あいだはむしろ「それは－かつて－あった」で充満しているのだ。喪失にみちたバルト的写真論はやがて「あいだ」こそを現像してゆくだろう。ところで詩篇「アオキさん」の眼目は、「なににつ いて詩がつくられているか」その大前提が一切判明せずに、「不在」と「未発」が人称のようにただ実質化されていて、それでも詩篇が詩篇たる要件がみたされる逆転にある。

詩集『アオキ』には冒頭詩篇「アオキさん」ととおく交響するような詩篇「ゴクラク、ゴクラク」が収録されている。これも全篇引用してみる。

ゴクラク、ゴクラク

極楽には誰だって行けるのだって　という
わけで
ぼくもきみたちも
よだれを垂らして
この蓮の池のほとりにて膝を突き合わせているのに
あいつひとりだけがいない

何かにつけて平均的な
あいつだったのに
なぜか　と
そこで理由を尋ねてしまうようでは
極楽では
やっていけません

「という／わけで」が行跨りにみえるかもしれないが、「という」を掛詞の重複部分ととった。その古典的詩法に、「極楽」「蓮の池」の仏教語彙が宥和している。しかも《極楽には誰だって行ける》は、極楽の絶対的許容度をしめす親鸞の「善人なおもて往生す、いわんや悪人をや」の悪人正機説を即座に聯想させるが、たとえばジャン・ジュネにも、悪行のさなかに神の視線のちかさを体感し、よって神からの孤独を癒すため悪を意図的に敢行しているという言明がその小説群のどこかにあったはずだ。とりあえず「アオキさん」と比較すれば、場は死んでから善行を積んだ者の行く極楽に定められ、そこに「あいつ」だけが不在だ、という感慨が描かれていることになる。

極楽に行けない理由はふたつある。ひとつは、まだ死んでいないこと。もうひとつは親鸞には離反するが、悪行をくりかえしたために地獄に堕ちる事例だ。この詩の場合は後者。ところが「何かにつけて平均的」という、リスクヘッジ的な意味では利発で善とみなされることが地獄堕ちの理由になっているのではないかと詩は間接的に示唆する。平均的収入、平均的学歴、平均的出自、平均的容姿、平均的幸福——自分の属性すべてを平準化させこの世にとけこむことは、「この世を能くかんじる」

最大の手立てではないか。ところがその同調を、極楽の主権者がきらう。なにかの突出があるためにいびつになっている人間のかわいさこそを善としているようなのだ。むろん同調圧力というネット社会の通弊がいわれる。一方では「共苦」という最大限の同調が感情の倫理性にもなる。となると形式の同調はダメ、同調による深浅の無効化なら善といった、判断哲学が拓けてくることになる。

いずれにせよ、白黒のあきらかな区別ではなく、「いびつ／平滑」により昇天者が弁別される極楽は、善悪の区別いっさいの無化を、現在の文脈でさらに機能化したものといえるのではないか。ところがその事実を極楽じたいに審問してしまうと、極楽がそのまま瓦解してしまう。極楽とは逆説なのだ。さらには逆説そのものに「おまえは逆説か」と問うと、「おまえ」か「逆説」が破砕されてしまう。そのかんがえのもと掲出部分の最終三行がつづられている――詩篇「ゴクラク、ゴクラク」はそのような読み筋を啓発する。恐ろしい詩だ――そうかんじるまえに、しかし詩篇はそんな真剣な極楽説そのものを一笑に付している。「よだれを垂らしながら」「やっていけません」の語調はそれに貢献しているし、まるで禿げ頭に手ぬぐいを乗せた温泉内の爺やストリッパーのご開陳に満悦するおやじのような詩篇タイトル「ゴクラク、ゴクラク」が真剣化に歯止めをかけているのだった。

平準化一色の者が極楽に行けないという着眼と交錯する詩篇には「祝福」もある（＊本書一四二－一四三頁参照）。書き出し「おめでとう／ありがとう」に啞然とする。こんな簡単な語彙を並べ脚韻効果をつくりあげる詩の「自由」にこれまで出逢ったおぼえがないためだ。しかもそれは人心の伝播、そのうつくしいひろがりをもよびよせる。「花火を打ち上げます」は比喩か。たとえ「風呂敷をひろげる」「喇叭を吹く」同様の、誇張をあらわす慣用比喩だとしても、じっさいの花火がみえてしまうのが詩だ。地縁血縁、前世、善悪の解除不能な宿命的つながり、世代を超えてまで現象する誘発関係を「因縁」というが、「あらゆる因縁を打ち上げます」からは地上性の悪縁を空に飛散させる一大昇華の光景がうかびあがる。結果、すべての悪を脱色漂白消毒されて、「地上に残存するのは／正直な／わたしたちだけに」なる。これが恐い——つまり浄化まえの悪渾沌であってほしい、これこそが「祝福」に値すると、「わたしたち」主体的判断が祈念していることになる。それでこの「祝福」とさきの「ゴクラク、ゴクラク」が同等の善悪観をもっていると気づく。ところが一瞬ここで結像した「花火」は、神尾的世界観では危ないものなのだった。

次に詩篇「過去形」をみよう（＊本書一四二－一四四頁参照）。冒頭《ものごとが起こる瞬間に／そのことを同時に語るのは　無理だろう》は実況行為の本質的不可能を語っている。「わずかな遅れ」は判断や描写の必然で、しかも光ですらその届きのあいだに対象からのわずかな遅延をしるしづけるのだ。たとえば感覚上、映画が残像という遅延と溶融の産物だとすると、花火見物はどうなのだろうか。それが高感度カメラの撮影後に微速度上映されたとする。すると空中をゆっくり移動する火花と、それがわずかにしるすひかりの尾が、分離と融合の範囲をどのようにして多数化されてゆくのか、わるいこの頭では想像すらつかない。夜空のそうした光景が地上の過去性をつよく照射するだけだ。「地上とは思い出ならずや」という稲垣足穂の永遠の概嘆はここに似合うのではないか。いずれにせよ現在は過去を不断に漏出することで、それ自体を対象化できない脱－当該性をおびているという感覚崩壊が到来する。

だから「痴漢行為」の現在性も、間接的・隔絶的な過去性をおびる。相手のよわい部分に、ひとは現在的にさわることができないのだ。詩中二箇所の「思い出か」には、無責任な感慨と、永遠の概嘆、このふたつがとけあっている。「さわれないことをさわっている」「さわっていることがさわれない」、このふたつによって「痴漢行為」はその現在性が過去化し不可能化するのだし、だからこそスリ行為にふさわしい「中指と人差し指」の使用（ブレッソンや黒木『スリ』、ちばてつや『モサ』等を参照）が痴漢行為に「間違って」混在し、しかもその指ふたつが主体にとって幽体離脱的に疎遠にさえなるのだ。

一見、体言止め連打の衝迫をともなった最終五行が道義的に残酷だ。痴漢被害の恐怖をおぼえる対象を舌なめずりして活写しているようにみえるからだ。それでもそれは、それまでの詩脈から「過去性の溶融による不可能化」という罰をうけている。じつは実体化がないのだ。「次の次の」というからには、①「花火」、②「痴漢行為」、③「ながい睫毛（の恐怖にさいなまれた苦悶のふるえ）」という順番がかぞえられているのだろう。ところが人間の部位の、そのような不可能性にとんだ尖端のふるえを「花火」とみなすことには、自己感覚の行き届かなさへの逆説的な「祝福」がともなっている。おそろしいことが描かれながら、ものすごくうつくしい、とかんじるのはそのためだ。

ところでまさか神尾を読者が現実の痴漢常習者ととらえることはないだろう。他の詩篇のもつ哲学性・宗教性がそれをゆるさないからだ。ここでは「痴漢行為」は先行する花火の過去性を、人間（の女性）に適用したもので、感覚論的な実験ととらえるべきものではないか。引用はしないが、感覚の脱自明性への讃歌は集中もっとも泣ける詩篇「ものの見方」に揺曳しているし、悪辣が引きに向けたフレーミング落ちで緩和化する例は「映画」を扱った「すっぱだか」にある。するとたぶん、「過去形」はそうした「フレーミング落ち」が欠落しているだけなのだ。逆転がないことに逆転がある。そうすると、「道具が用途を規定されている」という固定的世界観から、「用途の加算から道具の自明性がきえる」という逆転をみちびいた、笑えてうつくしい詩篇「楽器の色々」にも移行することができる。最後にこれをみよう(＊本書一四一－一四二頁参照)。用途が出鱈目に付加されることで、道具＝楽器の自明性がきえてゆく。マンドリンは兇器となり(打撃対象が「老婆の顔面」と具体化されるのが可笑しい)、しかも書かれていないが、そうなった途端、ただの壊れた何かへと堕ち、すべての役目を終了させる。「さみしがり屋さん」と結合させたチェロはダッチワイフのように同床を目的とした性的愛玩道具となる。女性的なくびれがあるからだし、もともと弾かれるときにそれは奏者の腿に支えられるという猥褻が介在している。

マンドリン、チェロそれぞれに、博覧強記の神尾ならではのふくみが仕込まれているだろう。マンドリンはクラブに入り、その演奏に惑溺した萩原朔太郎。大正の風物、西洋楽器の日本的抒情化の典型だ。つまりトレモロで鈴虫のような声を鳴かせ、集団で嫋々と演奏されて完結をみるそれは、ブルーグラスやブルースのフラットマンドリンのような打楽器的ストロークへの発想転換が当時ならなかった。それを憤るから神尾は、それを、老婆をうちのめす別の意味の「打楽器」として妄想したのだ。

ならばチェロにはシュルレアリスト、マン・レイのキキをモデルにした「アングルのヴァイオリン」が示唆されているのではないか。ターバン帽をかぶって坐るキキがわずかに横顔をみせ、たぶん胸許を布で覆いながら、全裸のエロチックな背中を、カメラをまえに露呈している。尻の割れ目がわずかにみえる。肥り気味だが、左右体側のシンメトリックなくびれがうつくしい。ヴァイオリンのボディには共鳴のためにf字孔が左右対称に穿たれているが、キキの裸の背中にも腰のうえあたり、左右対称にf字孔が加筆され、キキとヴァイオリン属の類同性が表明されている。ヴァイオリン属は、小→大の順にヴァイオリン、ヴィオラ、チェロ、コントラバスとなるが、坐るキキの裸の背中、その実際の「おおきさ」はチェロの領域に属するものだろう。もし神尾「楽器の色々」の「チェロ」がマン・レイの「アングルのヴァイオリン」を意識しているとすると、シュルレアリストたちの一見革命的とみえた自動記述などの営為、至高点などの思想も、「さみしがり屋」の迷妄と括られていることになる（あ、マン・レイをいうまえに、宮沢賢治の「セロ弾きのゴーシュ」があった）。

すると満を持して現れる三番目の楽器、カスタネットにはさきのふたつの弦楽器どうように詩的な出自があるのだろうか。まず順序を飛ばし、最後から三行目の「六十年後」からみる。とうぜんそこでは関西俳壇の不敵な中心だった永田耕衣の、よくかんがえると意味が不定の減喩的名吟《少年や六十年後の春の如し》が聯想されてくるだろう。となると、「カスタネット」には関西に居住して、前衛短歌の首魁だった塚本邦雄の初期作（初句七音、しかも句跨りの装飾的抒情歌）《象牙のカスタネットに彫りし花文字の　マリオ　父の名　ゆくさき知れず》がおもわれるのではないだろうか。西洋的ロマンの断片を志向するこの歌は、たぶん「ゆくさき知れず」までの全体を枕詞とする、短歌の名詞化の実験作だろう。うごきよりもイメージをこのむ塚本の癖が出ている。

カスタネットはいまでなら、宮崎駿『もののけ姫』の「コダマ」をおもわせる。ところが神尾の詩ではそれは、空から恩寵のように降るのだ——飢えた戦後の日本人のために進駐軍がばらまいた食糧物資のように。乾きにあえぐ者らへの慈雨のように。しかも塚本や宮崎の「象牙色」「白」を超えた「色とりどり」で。夢の大団円のようにおもえるが、生はつづき、カスタネットがタンスの奥にしまわれることもある。ところがひとが少年に先祖返りし、翁童化する「六十年後」、カスタネットは柩に副葬され、屍体となった自らとともに焼かれ、本当の大団円がやってくる。夢は現象しない。その者とともに死に、残像として揺曳するだけだ。神尾は破天荒な改行が見事なのだが、途中で「拾わなくてもよし」と綴られた「よし」が、最後、改行を挟む「また／よし」と法則を変えられて終わる。

「よし」がそのままに詩行変遷の祝言となることで、肯定性があふれるのだ。

繊細を装った厚顔が現在の詩作に横行している。神尾の多くの詩は逆だ。ユーモアの不遜な厚顔を装いながら、そこから哲学の繊細へとむかう入口がもうけられている。詩のテクスト論が有効なのは、むろん現在流行の詩作趨勢ではなく、神尾のように、援軍のない詩篇のほうだ。神尾をたんにライト・ヴァースの作者ととらえると大損をするだろう。

（二〇一七年十二月三日）

今年の収穫アンケート
――二〇一七年度

①②併せて今年の詩集の収穫をしめしたい。若干多めの提示となった。
①井坂洋子『七月のひと房』（栗売社）
鏡順子『耳を寄せるときこえる音』（栗売社）
川田絢音『白夜』（書肆子午線）
貞久秀紀『具現』（思潮社）
以上、「文」を切り詰め詩の生じてゆく眺めが、より過激化の順で確認できる。一言だけ。江代充の詩の終結が全容提示の祝言を迎えるのにたいし、貞久詩では「明示される」そのものが明示のなかでずれる。《ひとりのわたしが近づいてきた》と最終行で書けるとは。
藤井貞和『美しい小弓を持って』（思潮社）
憤怒が律動になり、詩へと昇華されている。圧倒的な力。回文詩の超越的な達成もある。
鈴木一平『灰と家』（いぬのせなか座）
減喩を盛り込んだ通常詩篇も見事だが、俳句と日記を併記して時空のながれが換喩的にずれてゆく詩集中心部にも感動した。

②刊行順に――
「優子の庭」(岩成達也『風の痕跡』書肆山田)
「把手」という概念に立ちすくむ。
「桐の木は」(細田傳造『かまきりすいこまれた』思潮社)
反骨とペーソスの老人ロックンローラーがふと独奏した幽邃なバラード。
「素朴な直喩」(倉橋健一『失せる故郷』思潮社)
とことわにサイが灼きつく。そのことが詩のおそろしい直喩なのだ。
「法蓮通り」(中井ひさ子『渡邊坂』土曜美術社出版販売)
《振り返ります》と書かれた一行が絶品。詩集全体がことばのすくなさであかるい。
「とりのうた」(中堂けいこ『ニューシーズンズ　new seasons』思潮社)
結像不能ゆえのやわらかいかなしさ。詩集では短く減喩的な改行詩のほうに惹かれた。
「タイフーンのあとの女」(広瀬大志『魔笛』思潮社)
方法的な偏差をもつ構成のなかで、聯変わりの空白がとりわけ鮮烈。
「右から二番目のキャベツ」(服部誕『右から二番目のキャベツ』書肆山田)
終結の「ありがとう」へとそれまでのことばが圧し寄せる。泣けた。
そのほか愛着した詩集に、法橋太郎『永遠の塔』(思潮社)、望月遊馬『水門へ』(私家)、徳弘康代『音をあたためる』(思潮社)、近藤久也『リバーサイド』(ぶーわー舎)、カニエ・ナハ『IC』(私家)など。

(「現代詩手帖」二〇一七年十二月号)

〔＊右記の根拠となったフェイスブック上の書き込みを部分的だが、以下、ならべる〕

中井ひさ子『**渡邊坂**』

やわらかくすくないことばにより時間のながれる、達意の叙述。かわいくてこわい佳作、かなしい記憶の佳作が目白押しだ。すばらしい。たとえばつぎの「振り返ります」の挿入タイミングなどまさに詩だ。

法華通り（冒頭）

法蓮通りは
人が一人やっと通れる
隠れ道です

両側の家の格子戸は
時を沈めています

前から来た人に
身構えてしまうのだけど
気づけば

からだのなかを
通りすぎていきます
振り返ります

（二〇一七年八月二十五日）

中堂けいこ『ニューシーズンズ　new seasons』

べつだん語彙展覧をほこるわけではなく、それでも理路をはずさないようながす細心なことばのはこびに同調、作者のしつらえたゆっくりさで詩行をたどってゆくと、その速度でしか味わえない理解と音韻堪能と情化と讃美が、すべて一致してしまうことがある。カフカによれば最大の一致は「死」なのだが、その性質を静謐さに置き換える詩は、饒舌な喧騒の詩と較べ、読む者にやわらかな息をあたえる。それがやさしい詩の効能で、しかもそれは読みやすいだけの詩にもないものだ。ことばが表現に一致しているとは、高度にはその状態しかなく、詩はそのことでしか救抜されない。中堂けいこの『ニューシーズンズ』は意欲あふれる散文形よりも版面にあまりのある短めの行替え詩篇が断然うつくしく、往年の江代充との類縁をもった。付箋を入れたのは、序詩、「とりのうた」「み流れ」「スープ」「ヒロシマ」「わすれもの」の六篇。これらだけでも、本詩集は詩史的な価値がある。うち幼年記憶を主題にした寂しくエロチックな「ヒロシマ」を全篇引用――。改行転機のずれ、最終局面での時制の飛躍がすばらしい。この点で本作は換喩的といえる。

ヒロシマ

トトメさんの教会に行くのは
日曜日の朝で父に手をひかれて
真っ黒いつめえりの裾まであるのを着た
両腕で幼いわたしをだきかかえ
祭壇のはしで横たわる人に体ごと沈みこむ
くりかえしのあと
人々のあかるい声がして
教会堂の裏に出るとセメントの段が灰色ににじみだし
そこによろこびやかなしみの虫が襲うのを逸らさずに眺め
トトメさんと低めた声が行き交う
ずっと後になって
路面電車がゆるやかにきしむ
教会の場所を確かめるのだった

（二〇一七年九月二十七日）

広瀬大志『魔笛』

広瀬大志のことばは、つよさと繊細な失意のあいだを往還する。イメージと脱イメージ＝音韻のそれぞれを詩篇ごとにゆきまよう。よわくあろうとする読者なら、雌性に同調することで雌性自体をまとってしまうことばの生成にとくにやわらかくつつまれる次第となるだろう。このとき構成の緻密さに、あらためてこころをうたれてゆく。これが現在の男性性の詩だ。彼の新詩集『魔笛』ではタイトル詩篇や「犬の舌の上の夏」「哲学ゾンビ」などが絶品とおもうが、「タイフーンのあとの女」での、脱イメージがそのままイメージとなる、あらわれの二重性、そこに生ずる微細な模様にとりわけ陶然とした。なんとうつくしい発語の飛躍。「楕円銀河」「あふれあい」などの修辞の効力。書かれていないことば「木漏れ日」が女体の背景となることで、女体そのものが水紋をふくむ木漏れ日のように風にゆれているのではないか。顔は欠落している。それで不可能な欲望が不可能なままに完全化してしまう。そこからは「タイフーンのあと」に脱論理的なかなしみまでにじんでゆくのだ。全篇を引いておこう。

タイフーンのあとの女

日傘に
緑をおさめて歩く女
かたわらの楕円銀河で
神は無言の役割を敷衍している
明るい森で出会った女には影はなかった

（彼女から発せられる隠された力）
ヒールの音

タイフーンのあとで
解釈者たちによれば
いちど自殺した緑は
ふたたびあふれあい
たがいに照明するといわれている

日傘の女は天体の形状で訪れる

（二〇一七年十月十八日）

服部誕『右から二番目のキャベツ』

「ありがとう」ということばは、奥床しく、場を選んで、頼りなげ、気弱に、春のキャベツのようにやわらかく、しかも永世への余韻をもって語られるのがいい。それはすこし、ひびわれている。あるいはほそながい。場所への指示とくらべるなら、その「ありがとう」は「右から二番目」といった迂言とも共通点をもっている。直接ではなく、しかも事後的なのだ。このことを抜群の構文をつかって表したのが、服部誕の新詩集、『右から二番目のキャベツ』中の巻頭タイトルポエムだった。詩中のことばがすべて照応するから、そういう静かなめまいをもたらす形成も起こる。一語を孤独にせず、間歇性をもってとおく生き返らせること、むろんそれが詩の効能だ。

右から二番目のキャベツ

八百屋の店先に並べてあるキャベツの
右から二番目のを買ってきて
おおきな鍋でまるごと煮ると
それを食べた人はきっと
しあわせになれるという言い伝えが
北欧の細長いかたちの国にはあるとしゃべりながら
自転車に二人乗りして
わたしたちを追い抜いていった
中学生くらいの頬を赤くした女の子たちよ
わたしは今　娘の手をひいて
やわらかい春のキャベツを買いに行く
ちょうどその途中なのだよ
ありがとう

（二〇一七年十月十九日）

細田傳造『かまきりすいこまれた』

細田傳造の詩は、語調は落ち着いているが、基本的には老人パンク、老人ロックンロールとでもよぶべき愉しさにみちあふれている。反骨、抵抗、ペーソス、転覆、不屈、冗談、哄笑、好色、ヘタウマ、不良性、義憤、哲学、流浪など、現代の詩が多く回避しそうなものを、たとえば孫との交情などをつうじ、日常文脈で綴ってゆく。「淡々」といいそうにもなるが、抜群の音韻意識が詩行展開にあり、ここぞというときにぼくのいう「減喩」までキメるから、カッコいいったらない。ノンシャランにみえて構成力が抜群なのだ。端倪すべかざる、とはこのこと。いまアンケートのため気になっている今年の詩集を再読（三読四読）しているが、六月刊の細田詩集『かまきりすいこまれた』への言及を忘れていた。今年とくに愛着した詩集のひとつだ。掉尾を飾るタイトルポエムの恐怖喚起などすばらしいが、じつはぼくにとっては初めての経験といえる、清澄幽邃なスローバラードが詩集内にふくまれている。なんというきれいなソロ。ちょっと佐々木安美の哲学的絶唱「山毛欅の考え」も聯想させる。その細田詩篇、「桐の木は」を以下に全篇転記しておこう。まぎれもなく「今年の収穫」だ。くりかえされる「キリノキ」の引き締まった音が頭韻効果をもつだけではなく、層を通過して「とおさ」へと読者をはこんでゆく。それですべてがだんだんかすむ。この桐はまるでさくらのようだ。むらさきがうすい。桐はその北限地が道南で、札幌在住のぼくにはいまではまぼろしとなっている。桐簞笥の自然の防腐力も知られているだろう。

桐の木は

桐の木は
いちどだけ見たことがある
いちどだけ桐の木の下に
立っていたことがある
ぶっとくて背が高くて
いい匂いがした
いちど会っただけで
桐の木の力量が分かった
桐の木は腐らない
桐の木の下には
蟬や葉っぱや鼠や
ほかの虫も蛇も動物も
みんな腐らないで
埋まっている
桐の木の下に立ったとき
きゅうに眠くなって
桐の木の下に横になった
あれから六十年もたったけれど
腐らないで眠っている

あるとき
桐の木が
いちどだけ泣いているのを見た
ことがある
東の方の空が
水浸しになって曇ったあの日
よわよわしくすすりなく
桐の木を
薄目をあけて見上げた
ことがある

（二〇一七年十月二十七日）

近藤久也『リバーサイド』

ペーソス詩、ライト・ヴァースの名手として鳴る大阪の近藤久也については、拙著『詩と減喩』で比較的ながめの詩作者論を、四つのティピカルな詩篇を軸に書いたので、いまさらここで喋々するまでもないかもしれない。とはいえ昨夏、ご夫妻で北海道旅行をされ、来札されたおりに、岩木誠一郎氏とお迎えし、愉快なひとときをすごした報告はしておくべきだろうか。近藤の詩のテーマには「家族」「釣り」「無頼群像」といったものがあり（ほかに戦前ブルース歌手を中心にした音楽評伝＝スケッチ的オマージュ詩もある）、それらはマンガ家つげ忠男の選択ともぴったり一致するのですが、意識されていますか。そう訊ねると、つげ忠男は好きだけど、熱中はしていないよね、と奥さんともども目配せしあって応じられ、あれ、この夫婦、一心同体なのかと感激したのがとりわけ鮮烈に記憶にのこっている。へえーっ、へえーっ。ときに詩でしるされる家族への減らず口には、現実の「奥行き」がさらにあったというわけだ。

その近藤の新詩集『リバーサイド』は手にとるとびっくりする。たぶん出来あいの正方形判型、ビニールカバーの「白い本」があって（写真貼付してアルバムにするか、画帖にするかが用途だろう）、それを土台に、薄灰の正方形厚紙に二段組で印字された近作詩篇が一頁ごとに余白を均等にした天地左右中央で几帳面に糊貼りしてある。そう、書名タイトルの最初から奥付の最後まで「手作り詩集」なのだった（今年、詩集の造本でびっくりしたのはそれ以外に「巻紙」に印字された金石稔の『スクロール』がある）。いちども樹液をとられず（役に立たず）、鉢植えに貧弱に生きているゴムの木、寝ている奥さんや娘などの他者性、「自らしてみせる釦つけ」など相変わらず些細なテーマが、省略され練られた筆致により抒情的でふかいことばの生を獲得する。複数の詩篇で「まだ／いきてる」という自己確認がくりかえされているが、巻頭詩「水辺にて」では近藤詩がとりおり達する神韻が、ほんのわずか、顔をだす。「ほんのわずか」がだいじだ。つまり近藤は詩作での含羞をよりたかめたようなのだ。

釣り好きが換喩的にズレた「遊魚史」を以下、転記しておく。関西弁が駆使されている。自由間接話法が「主体」になった構成で、それゆえ地の文が逆に「自由間接的に」出現する。なんて斬新な、とおもう。ラストのオチも多重だ。さすが関西人。

遊魚史

鯛と鯉と鮎
いま人名につこてええ魚偏は
それだけですわ

国が法律で決めてます
せやけど
どないしても鱒彦さんいうんやったら
戸籍の上はます彦さん
日頃は鱒彦さんて書いたらどうですやろ

生マレテ三日
ソンナモン
息子ハ国モ法モ知ラン
(オレモソンナモン知ラン)
戸籍チュウゴカイハチョロチョロ泳グ雑魚ノ餌ヤ
デ、魚ハ潜リ、回遊スルゲリラヤ
鱒二ノ文体ニイカレテ

ツケタイ
ダケヤ
（目出度イコッチャ）
ホナ

一週間後
市役所再び訪れて
平目みたいな役人に
まったく別の夢で見た人名届けでた

（二〇一七年十月二十八日）

法橋太郎『永遠の塔』

法橋《ほっきょう》太郎といえば、かつて若い身空で粕谷栄市、江代充、高貝弘也とともに同人誌「幽明」をいとなんできた伝説の詩作者だった。第一詩集『山上の舟』で注目をあつめ、以後も詩集上梓がつづいたが、やがて詩業が間遠になっていった印象が（ハタからは）ある。古本でその詩業を追っていったひとなので、ぼくには同時代者という感覚がなかったが、おもいがけず今年、フェイスブックで友人になっていただいた。以来、法橋は積極的に詩作をFBにアップして、距離がぐんぐん近づいている。いきものの息遣いが聴こえだした。
ほとんどグリッドにちかい六行くらいの断章の散文枠が、二十字詰でならべられる。段落が変わると、一行空白。トータルではほぼ三十行ていど。内容は厳格な物語詩だ。「おれ」「われわれ」が主語となり、黙示録的な苛酷な光景のなか、流浪の運命や憤怒や、時空との和解不能などが、「筋」の一定幅のなかでふかい知見をもち、それでもちいさく語られる。現在的／予言的。古語雅語もときにちりばめた、引き緊まったその文体は、流謫を意図しても鷲巣繁男的な宗教ロマンティシズムではなく、あくまでもみずからにむけて熾烈に乾こうとしている。時間の切口、空間の切口に、両者を混淆した哀しみがたちこめる。徹底して、すがすがしいほど反時代的な詩作者だ。命法、頓呼法、体言止めなどが、ちからづよくつかわれている。そうしてリズムが歌になる昂揚がくりかえされる。

その法橋がひさしぶりに世に問うた詩集が今年二月刊の『永遠の塔』だった。読みだして、一気読みするのではなく、日課として一篇一篇を間歇的に辿るべきだと気づき、途中からそうした。そうしないと全体の磁場的な詩集空間の協和性のなかで、なにか真っ白く熱いものにおおわれてしまうのだ。分節と脱分節のせめぎ。いま全体を読み返しても、「風の記録」「永遠の塔」「器」「エピゴーネンたち」「幻の群猿」「砂の楽園」など、静寂のなかに苛酷がひそみ、味読というより対峙をしいられる詩篇が数多くある。そのなかで格別に好きなのが「記憶のトルソ」だ。その第一聯だけを、法橋どおりの二十字詰で転記しておこう。ほかの法橋詩篇とことなり、石原吉郎的な着眼が走っていると気づくはずだ。自我とはなにかをめぐり、戦慄し、陶然とする。

記憶のトルソ〔＊第一聯〕

ひとりが蹲っているとき、もうひとりは走らなければならなかった。おお、記憶のトルソよ。頭のない、腕のない、脚のない、なまめかしく捻じれたその胴さえもないおまえ、いなくなったおまえのために、ひとりが蹲り、ひとりが走るのだ。おまえの血は、われわれのなかにも巡っているのだ。

（二〇一七年十月二十八日）

カニエ・ナハ『IC』

ことばの分散は、ことばの綜合を希求する。断層をふくみこんだ「タイトル＋詩篇」の現れのなかで、そこにあるすべてのことば＝細部が、それぞれのことば＝細部と反響しあい、ひとつの全体に向かおうとする気配をかんじさせる。ところが一読後、即座に再読をこころみても、最終的に読まれるものがやはり断層でしかない――むしろそうした逆説におおのくことが、そのまま詩の繙読体験になってしまうのだ。

カニエ・ナハの私家詩集『IC』は多くの私家詩集、たとえば望月遊馬の『水門』がそうだったように、詩集全体で自己組成の「すくなさ」を提出しようとしている。詩集でありながら「半詩集」を体現しようとする「停止」の状態こそが、積極的に読まれるものだ。とりわけ冒頭部分の連作が興味をひいた。句跨りもしくは破調をふくむ短歌一首がそのまま詩篇タイトルとなり、詩篇本体はみじかい散文体として起こる。タイトル→本体は導入ではなく、断絶を介在させた対置として出現していて、さらに詩篇本体すら断絶によって分解可能となっている。

年度の収穫としてまずかぞえなければならない鈴木一平『灰と家』の中心部では俳句と日記体の散文記述が対置される枠組がつづいた。そこではわかさに彩られた生活をめぐる日記体記述が読みすすめられ、ときに時空を錯誤させる換喩構造まで露呈される。このことが刺戟的だったが、同時に俳句そのものの出来の安定にも眼を瞠らされ、結果、読みがいわば散種的な分散をしいられた。カニエ『IC』の冒頭連作では、タイトルをなす短歌は、瀬戸夏子の達成に影響されたのか「短歌外」を志向していて、しかも瀬戸短歌よりも愛着性がうすい。ところがそうした事態を、開始される散文詩体＝本文がつくりなしている「分散」が救抜してゆくので、やはり鈴木一平どうようの眩暈が起こる。連作の冒頭なら――

私は私を降りるガラス窓の向こうの声をさえぎって雨

ここから矩形の水槽のガラスの三面が見えていて、二匹泳いでいるはずの金魚が、場所によって、四匹に見えたり六匹に見えたりする。ときに頭と頭とが重なり合って、頭のない、ふたつの尾ひれをもったひとつの生きものになったりする。「気づかずに、偶然、あなたの前の席に座ってしまって、けれどしばらくあなたの声だと気づかなかったの。外国映画の日本語の吹き替えみたいに、別のひとつの声のようだった。」

タイトル部分が短歌と気づくためには、最初の「私」を「わたくし」、即座につづく二度目の

「私」を「わたし」と訓む必要があるかもしれない。その短歌であらわされたタイトルと詩篇本体に断層があり、同時に詩篇本体が、水槽中の金魚のみえかたと、その後の「　」で括られた女性の発話内容によってさらに区分されるのが即座にわかる。読みは綜合へとうながされる。「透明な遮蔽物の物質的実在」「それによる遮蔽物内の像の怪物的変容」「数の増殖」といったことがらが、「　」部分でしるされる「実在者の眼前性」「遮蔽物の感知」「声の印象の変容」へと接続される。ところが骨子は「　」内として発話される述懐の前提が、どんな位置関係なのかついに判明しない「抹消」自体にある。この抹消こそが、タイトルとしてしるされた短歌へとやがて遡行してゆく。タイトル＝短歌も情景と条件を読者に伝授することがついにない。「短歌＋散文詩」のかたちをとる冒頭部分の連作から、今度はその終結部をとりだしてみよう――

　眠るのは朝までしむだふりをするんだよ、といって二度寝をする子

私がおわった子供は、耳が聞こえないように、見える人を羨ましがって、何もしなかったので、まだ生まれていない。音のないテレビで、口をいっぱいにして、何かを話していた私が、何を言ってのかわらなかった。石は寝ているふりをしていた。

直前の「短歌＋散文詩」のパーツから、掲出歌中の奇怪な修辞「しむだ」が「死んだ」の幼児語だと判明している。つづく散文詩本体は、助詞の誤用をふくめ連辞の論理構造が破砕されていて、ばらまかれたパズルピースが全体をつくりあげることはないだろう。ところが「子」（歌中にあり、詩中

にある）と「私」は接着されようとしてなおも分離する「運動」を、これほど短い措辞のなかでふくざつにくりひろげる。接着の動因が、五感の遮断と就眠だといったん理解しようとすると、「子」が二度寝によって「石＝死」を具現している奇妙な日常もせりあがってくる構造なのだ。けれど構造はそう見切られた途端、決定不能性によりさらにゆれてゆく。まるでゆれることが感覚や生のあかしであるかのように。

書記効果が、書かれているその渦中に多元的なゆらぎを胚胎してゆく。そんな手つきをかんじる。内容よりもゆらぎのほうが先んじて書かれているのではないか。ゆらぎは詩集『ＩＣ』の構成そのものにもおよびはじめる。「短歌（タイトル）＋散文詩」の連作のあとは、「短歌（タイトル）＋改行詩（最初は縦書き、のちに横書き）」にすりかわり、その後は詩篇本体が欠落して、短歌だけが無音の交響として紙面に間歇連鎖してゆく。なんとそれで詩集全体が満尾してしまう。短歌（タイトル）では《どの穴も塞がなくては。あなたが石をコヂ起こすので》のように第三句五音が欠落する大胆な破調が生じるいっぽうで、主題としての「映画」が「内容」に断続的に出来し、通奏性が維持されたりもする（「どうぶつが…」に描かれた映画館のすばらしさ）。「双方であること」はあらゆる局面で多元的に展開されている。それで小冊子なのに、「すくなさ」に「多さ」が錯視されることになる。

みごとな構成だ。周知のようにカニエ・ナハは詩集を最近立て続けに上梓しているが、どれもがことなる野心をもっている。カニエを絶好調とおもうのは、それらが「ことなりつつも」多元的才気の展覧ではなく、「すくなさ」のつつましい変奏となっている点だ。それで減喩の方法論がヴァリエーションを実現している。このことが現在的詩作の指針となるだろう。

（二〇一七年十一月八日）

隠れているわたし

——鏡順子『耳を寄せるときこえる音』

鏡順子が生前刊行した詩集は、彼女の二十七歳の誕生日の発行日付をもつ『卵のなかは、夜』（詩学社、八一年）だけだった。その後、詩作者・佐々木安美との同棲、結婚、さらには子育てをつづった、さほど多くない詩篇が未刊のままにのこされ、そのまま二〇一六年に彼女は他界した。詩集を編む気がなかったのだろうが、佐々木が遺稿詩篇を精査、みずからの関わる栗売社からまとめた。詩集は小ぶりで瀟洒な、しかも生のさなかにあって諦観と不安と沈黙がにじんでくる負の電荷をおびた傑作となり、『耳を寄せるときこえる音』と名づけられた。八〇年代中期後期の作品群とおぼしい。ゆたかさにとどいていないつつましい暮らしぶりが基調にあるが、「倦怠を感覚する者」の透視力・清聴力が全篇、こわいようにゆきわたっている。襟を正さざるをえないちいさな衝迫力があるのだ。

ふりかえると生前刊行の『卵のなかは、夜』には、少女詩集の印象があった。みずからを稀薄にしたい希求が底流にあり、それでも愛への依存や脱出衝動がみずみずしい措辞で語られるためだ。のちの『耳を寄せるときこえる音』収録詩篇と較べると、まだことばのはこびが乾ききっておらず、叙述が削りきれていない憾みものこる。集中「ひとのかたちを」という印象鮮明な詩篇がある。その書き出し——《ひとのかたちを脱ぐ／／わたしは／世界から／はなれていったわけではなく／はじめから

／遠かったのだ／／ひとのかたちを脱ぐと／わたしは／どこにもいなくなる》。掲出部で気づくのは、構文の主格部「わたしは」が残存し、そこに自己記述欲求が窺える点だろう（意味的には自己抹消が主題だが）。この書法を『耳を寄せるときこえる音』収録詩篇段階で彼女は封印した。自罰的営為、といえるほどに。

「少女詩集」と括られる点で、『卵のなかは、夜』はさほど個性的な詩集ではない。男性もふくめ、だれもが「少女」へと機械的に生成されてゆくからだ。自他をふくむ文明の問題といえるだろう。けれども「わたしは」という構文の主格部を峻厳に削ぐことも個性化を約束しない。もちろんそれは責任をあいまいにする日本語の特性だし、主部の脱落により、いわば「世界の自発」として主体を囲繞してくるさまざまな事象は、能動と受動のあいだの中動態を適度にたちあげるだけだ。わたしの事前にすら時空が連続していることは日本語的所与にすぎない。『耳を寄せるときこえる音』時点の鏡順子は、たぶんこのことをするどく意識していた。ことばをかえていえば、個性化とは脱個性化の潜勢としてしか発現しない、だから主体は「とりあえず」自己消去をくりかえされなければならない、と。その意味で『耳を寄せるときこえる音』は通常の説明的な「文」からの偏差そのものを加算の単位にしている。そこから方法論的な詩集のたたずまいがしずかに結像してくる。まず一篇全体を引こう。

大和メリヤスマンション

一階は
メリヤス工場だときいている

青い上衣を着た人たちが
出入りしている正面には
受付らしいものがあり
二階へ行く階段は
わきへまわっていかないと見えない
五階まであります　と
周旋人が言う

横手の壁には
つかわれていない金属扉が
そのままになっていて
ミシンをかける音が
低く　きこえてくる

わたしたちは二階の
二番目の部屋にはいる

なにもない台所に

あかりをつける
階下では
かっぽう着をつけたおばさんたちが
背中あわせに並んで
ミシンを踏んでいる

排水口やガス器のことなど
周旋人が説明するのをききながら
決めかねて

こうしている間も
縫いあげられていく　たくさんの
メリヤス肌着のことを
考えていた

小説の「描写」につうじるような状況提示が、「感情」を叙述しない非・小説的な、乾いた文体でそっけなくつづられている（この指摘に二重性があるのに注意）。ゆっくりと――つまり「遅延」をともない「環界の自発」として判明してゆくのは、「わたしたち」が不動産屋の案内で、貸間物件を検分している状況だが、導入される個物はわびしいくらいに輝きを欠いている。「メリヤス工場」「青い上衣」「金属扉」「かっぽう着」「背中あわせ」「排水口」（「排水口」は佐々木「さるやんまだ」の景物でもあった）。メリヤス工場があるのだから立地は工業区域だろうし、「わきへまわって」階段をのぼってからでないと住居部に至れない、エレベーターのない不便は、物件の安価を約束しているだろうし、しかも一階の工場の真上の二階という条件も、騒音被害を予想させる。廊下や室内など屋内空間のうすぐらさもつたわってくる。それら悪条件をのまざるをえないほど、これからともに暮らしはじめるだろう「わたしたち」は貧しく、あるいはその貧しさを着衣の様相などから不動産屋に読みこまれた経緯が間接的につたわってくるのだ。せつない。この「間接的につたわる」存在の質が、詩篇の背後で粉飾とは無縁な凄みを湛えているし、多弁でないことの価値も精確に測られている。「みずからにかんしては口を噤む」、それは処世上の金言だろう。

作中、唯一ある主体主部は、四聯冒頭の「わたしたち」だ。そうなると、一聯の「きいている」にはぶかれている主体も「わたしたち」なのだろうか。詩篇をただちに読み返すと、じつはここで考えがゆれる。日本語構文の通例のように、はぶかれているのは「わたし」という公算のほうがやはりたかいからだ。すると、ここで「わたし」「わたしたち」の痛ましい乖離が主題として伏在しているのではないかという読み筋がうまれる。なにしろ詩篇は「傷」を負っている。一聯一行目、わずか三文字しかない「一階は」は、削ぎ落としのあとの残骸のような隻句にすぎず、なにかゾッとさせる空白感をあらかじめ病んでいたのだった。

五聯後半が肝だろう。改めて転記すると、《階下では／かっぽう着をつけたおばさんたちが／背中あわせに並んで／ミシンを踏んでいる》。一聯は「周旋人」からの伝聞だし、三聯の「金属扉」も閉鎖中だし、周旋人が一階の工場部分のようすを訪問者たちに開示した具体記述すらないのだから、いま掲出した箇所は主体＝「隠れている」わたしの、「予想」ととりうるべきものだろう。つまり床下からはげしくかさなってひびくミシン音が、聴覚を超え「様相」を具体化したのだ。それにしては「かっぽう着」、あるいは工場空間の手狭さをしめす「背中あわせに」の措辞が生々しい。ともあれ、たとえば掲出部ののちを「そう思った」と括りこむ作法が乱暴に脱落することで、想像の「間接性」が、現実の「直接性」と奇怪に溶融する逸脱がしずかに遂げられている。おそらくはつつましい「わたしたち」と同等につつましく工場労働にいそしんでいるだろう中年女性たちに「わたし」が同期し、そこでは自他、聴覚視覚、想像現実の境界が破砕されている。字面ではみえない強度をひそめて。ただしそれは「わたしたち」ではなく、「聴くひと＝わたし」固有の領分にしか存在しない事柄なのだ。一回つづられる「わたしたち」は物件確認の当事者がカップルだと告げるが、隠れている「わたし」からみたその「相手」の描写が、残酷といえるほどに一切削がれていることにも気づかされる。

　最終聯の「メリヤス肌着」は、おばさんたちのミシンにより縫われる多数性として詩空間に現出している。肌着の具体性とともに、「重畳するもののなだれる白」が「考え」られているのだが、この「考えていた」は結像性寸前を撫でながら、同時に「放心」をも指示している。だから「わたし」と「わたしたち」の乖離が仕込まれている感触になる。不動産屋に案内された、「マンション」とは名ばかりの貸間を、「相手」と相談して借りるか借りないか、その成り行きが放棄され、「判断渦中」での思慮と放心の複合、その結果としての判断対象からの離脱がうかびあがる。そうさせている動因はおそらく「生の倦怠」だろう。それは「相手」の存在をも勘定に入れたものととれる。「出発」をしるしづける主題に降下している「停止」という汚点のようなもの。読者はおぼろげにそれを感知する。気味悪いものを摑む。同時に、「考えていた」主体の普遍的なはかなさをうべなう。単純な措辞しかないのに、なんとひびきのゆたかな詩篇だろう。つづく詩篇も全篇引用してみる。

婚姻届

道路をはなれて
草の道をいく
マーケットからは遠のいている

丈の高い草の向こうでは
作業着がいくつかうごいている
話し声もきこえる

風の方に顔を向けたまま歩く

古い電柱が積まれている
町名が
ついたままのものもあり
番地を読みながら
ひとつをまたいでいく

小型トラックが
作業の人たちをのせて
走っていくのが見える
あの道をいけば
市役所の前を通って
やがて日光街道に出る

見ている方角が
まぶしくなってくる
ふくらはぎに
たくさん傷がついている

詩篇タイトルと詩篇本体のスパークがある。つまりタイトルが欠落すると、詩篇は十全に意味化しない。この点は後述するとして、一見なんの変哲もなく自明性をもっているとみえる措辞に脱自明性が潜勢している点が、読みにあたって落とされてはならないだろう。そのまえにいうべきは、幹線道路の歩道を外れて「草の道をいく」、みえない主体＝「わたし」の消極的な迂路選択、あるいは無駄のよろこびだろう。いずれにせよ目的にむけての非効率のほうに生のかがやきと厚みがあるとする哲学がここに伏在している。

またもや景物がわびしさをつくりあげる。「作業服」そのものを主語にした二聯中の構文は、換喩の見本といえるものだ。「丈高い草」、不法投棄か正規保管かわからぬが、おそらくは川ちかくの草っぱらに積まれた用済みの木製電柱群。時代は電柱が木製からコンクリート製に移行している渦中だったのだろう。「マーケット」はスーパーや郊外ショッピングモールではないだろう。往年の商店街によくあった、ひとつのおおきな屋内にさまざまな商売が櫛比している雑然とした空間。「市場」とよばれた商業中心地だが、ときが八〇年代ならスーパーの進出時期が完了しているので、わびしい褪色をしるしていたはずだ。地名的な明示が一箇所ある。「日光街道」。それで主体のさまよっている場所が、なんとなくだが、北千住あたりの荒川ちかくという気もしてくる。八〇年代のその付近は、まだ開発漏れを起こして辺境感がつよかったのではないかと余計な想像がたちあがってくる。

最初の読みの要点は、二聯にある「作業服」と五聯にある「作業の人たち」がおなじかとかんがえることだ。もちろん散文を基盤に、叙述の削ぎ落としによって詩が組成されているのだから、詩中にその解答をあたえるフックはない。だから読者は参与的な選択をおこなう。それでもし「おなじ」とすると——主体は相当の長い時間（つまり作業員が作業中から作業を終了するまでの時間）、草っぱらを円周をえがくように彷徨していたのではないかという判断が生ずる。なぜそうなったのか。おそらくは逡巡のためだ。ここで詩篇タイトルが機能する。つまり夫の就労中、ひとりで「市役所」へ「婚姻届」を出す使命をおびた主体が、要件を果たすべき場所へ足をなかなか向けない。この「たゆたい」こそが、「感情」をしるさない詩篇に底流していて、またもや「共同生活開始の渦中」で、主体は「生の倦怠」に浸潤されているのではないかと戦慄が走ってくる。

先に掲出した詩篇でも——あるいはどの詩篇でもそうだが、鏡順子のすばらしさはそうした戦慄が顕示的ではなく、ちいさくくぐもっている点だろう。感情語彙の脱落とあわせ、彼女の詩を駆動させているのは、「書かなくてもいいが、使命により、詩発想に遅延して書いてしまう」恥じらいだと感じられる。倦怠もまたこれみよがしではない。だから最終聯、「見ている方角が／まぶしくなってくる」と倦怠とはべつのものが詩に混色してくる。それでも受容性だけを据える鏡の詩法では、それは具体的な見聞の挿入にすぎず、喩的付与、喩的多様化からは外れているはずだ。「まぶしくなってくる」がなにかの予兆の性質までおびるとすれば、それは詩篇のどの「位置」でそれが書かれたか、位置の機能性だけの問題だろう。とりあえずそれは祝言の手前で書かれ、しかもそのあとが「ふくらはぎに／たくさん傷がついている」と逆転的に収められる。これも暗喩ではなく、草っぱらをさまよった果ての事実ととらえたい。そのほうが衝迫力にとむためだ。概して暗喩的読解は、衝迫体験の軽減を内包しているものだ。弱い読みともいえる。

書かれてあるものを、書かれてないものがおおう。あるいは下支えをする。さらには、無表情のしずけさのなかに、攪乱作用がひそむ。それは詩句の現前から誇らしげな決定性を奪う分岐可能性ともいえ、これを寓喩と分類する向きもあるだろうが、鏡順子の詩は、文の説明性の縮減により、詩句の脱・当該性へといたっている点が重要だ。その後にそれが宿命的な「当該性」となる。みとめなければならないのはこの順番だろう。そうでないと、「削除」という峻厳な実質をもつ詩行の呼吸が、ものたりなさをただよわせる「欠落態」に貶められてしまう。試行的に書かれようとした生活上体験上の詩想が、削減を経て詩篇として定着される。このとき書かれようとしていた当のものが、詩想ではなく削減そのものだという二次化が生ずる。このことで詩篇細部の具体性が恩寵となり照応しあう。むろんこれは分厚い布を重ね着する重々しい暗喩では生じない事柄だ。この指摘は集中すべての詩篇に妥当する。分析をはぶくが、本詩集は好詩篇が満載されている。
それにしても先の「電柱」ではないが、照応しだす景物は、鏡順子のするどい選択眼により実体化されている。八〇年代を知るものはとうぜんそこに過去の符牒をみる。ところが彼女のたとえば「倦怠」は現在と同時に、過去にも未来にもむけられる無時間的なものだ。だから景物の過去性がゆらぐ。『耳を寄せるときこえる音』はノスタルジックに過去を指標する機能ではなく、普遍の「現在」だけを清潔にさだめつづける、時間を超えたあらわれとして遇されるべきだろう。

（二〇一七年十二月一日）

偽りの自走

――マーサ・ナカムラ『狸の匣』

『哲学の余白に』のジャック・デリダは、隠喩＝暗喩を、偽りの生産装置（単位）として敵視する。とりわけそれは哲学的言説にあってはならないものだと。デリダが俎上にのせるのは、A is B構文中のbe動詞、つまり繫辞だ。AとBとのひとしさをしめすこの構文は、実際は論証ではなく類似の直観によっている。直観だから恣意的だし、同一性ではなく近似値の誤差もつくる。ひいては類似関係のAとBが干渉しあい、まざりあって奇怪なキマイラを生むし、接合面に隙間の生じることもあるだろう。ひっきょう繫辞構文による暗喩の連続は、世界を、幻影や近似値にあふれかえった非実体にかえてしまう。言語が思考を害した惨禍がみられるだけになる。そこでは個々の存在よりも接合のほうが優勢的になるのだ。

認知言語学の理論書が詩学の定立に役立たないというのはほぼ常識に属するだろうが、そこにはかならず比喩の分析があり、換喩におされているとはいえ暗喩考察のための例文もある。認知言語学のまずしさはこの例文の凡庸さ、みじかさに負っていて、それは暗喩分析の場合も変わらない。たとえば「彼女は薔薇だ」。これを「彼女は薔薇のようだ」に較べ「ようだ」の直喩提示が隠れているから暗喩だとし、「彼女」と「薔薇」の類似性が示唆されたとするだけで、認知言語学はほぼ議論を終了させてしまう。これを必要な措辞を脱落させ、短絡させた不全な文とはとらえないし、精確さ、ひいてはうつくしさを欠いた圧縮的短軀ともみない。西欧語ではともかく、日本語では表現が陳腐すぎて、詩どころか歌詞にもみられない用例だろう。こういう生きていない例文を厚顔に提示してしまうのが多く認知言語学の弱点なのはまちがいない。

もうすこし詩らしい例文で、偽りの生産装置＝暗喩をかんがえてみよう。大手拓次の一節から引く。《あなたは　ひかりのなかに　さうらうとしてよろめく花、》。ここでは「あなた」と「花」に繫辞の等号が懸けられたかにみえるが、実際はそうではない。「あなた」は「花」だけではなく、「蹌踉」にかかわる憔悴相、「よろめく」にかかわる弱い動作停止、それらにも同時に似ており、しかも表記上のひらがなのやわらかさにも、「、」の息もれにも複合的に類似している。ということは、「あなた」の正体とは多様なものに類似線をのばす「自体の非完結性」であって、書き手は「花との一致」ではなく、むしろ「他との一致をみない、それじたいとの一致」のほうにこころをうごかされている気色となる。

しかも一字空白にはさまれた「ひかりのなかに」は、あなたの所在場所をしめすのか、花の所在場所をしめすのか、さらには「あなた」と「花」がともに「ひかりのなかに」いるのか、判断を終始留保させる。「ひかりのなかに」は場所を架橋させる機能をおびながら、関係項の場所をむしろ不在化させてしまうといっていい。結果、この詩句で印象にのこるのは、「あなた」でも「花」でもなく、「さうろう」「よろめく」となぜかむすびついてしまう「ひかり」の憔悴相ということになるのではないか。「一致」をめざす認知言語学ではなく、微差を見とおす詩学ならば、以上のような読みの手順をとるだろう。それでも詩の実作者は大手拓次のこのフレーズに、あまやかであっても「偽り」をみる。「あなた」と「花」の同在化が、反映のような距離をふくまないためだ。

A is B の繫辞構文は論文や箴言には散見されるだろうが、詩では、とくに日本語の詩では、あまりもちいられない。自己規定や対象規定として「わたしは」「あなたは」を主語に、属性を付与し、情熱の質の限定をおこなう事例が目立つだけだ。暗喩派の典型とみなされているだろう鮎川信夫にしても、ためしに『現代詩文庫9　鮎川信夫詩集』をひもといてさえ、デリダの知見とはことなり、詩篇フレーズから繫辞構文を採取することがほぼできない。「彼女は薔薇だ」的な修辞の陳腐さから離れることで、もともと詩の組成が発想されているのだ。むしろ暗喩は「意味」形成上の迂回性、フレーズが意味それ自体から離れようとするたわみとして多元的に現象しつづけている。「直接言わない」のは短縮形をとる繫辞構文だけではなく、さまざまな構文の型だということだ。それらも暗喩に属する。鮎川のばあいはこれに翻訳文体がからんでいる。ただしデリダのいうように暗喩が純粋な存在提示ではなく、そこにない何ものかとの結合を軸にした偽りの生産であって、書く主体がそうした目くらましに参与的だという事実は変わらない。鮎川というか当時の詩法がそれに自覚的でないだけだろう。

鮎川よりもさらに暗喩型の詩作者だった谷川雁ならば、偽る悪意がよりつよいためだろう、繫辞構文の変型がすこしあるが、それらが無惨なのが逆に注目にあたいする。詩篇「毛沢東」の達成度とはほどとおいフレーズが奇妙に目立つのだ。色欲の世界大の膨張により、色欲じたいを属性変えさせてしまう詩篇「色好み」では、《おお　きみたちの黒い毛であるおれ》のフレーズがある。「おれはきみたちの黒い毛である」が倒置・体言化され、それが「おお」の間投詞で括られ、悪辣美学を駆使する雁からすれば「毛」も「陰毛」ではないかと、いろいろ見極めがうまれてゆくが、ここでの繫辞構文がつくりあげる近似値がもともと魅惑的ではないために、行儀悪さを意図したフレーズ自体のいやらしい突出力だけが澱としてのこってしまう。それは、偽りの生産装置としての暗喩を、その虚偽性ゆえにこのみ、そこに習癖的に語調の強意や断定をもちこむ雁の倒錯によるものだろう。すべてが自発参与的なのだ。

詩篇「破船」中の《網をうて　燃える波がおれだ》、詩篇「世界をよこせ」中の《青空から煉瓦がふるとき／ほしがるものだけが岩石隊長だ》などの「おさない」繫辞構文も、その寸詰まり感ゆえにこのまない。これら自発性を消し、文そのものが作者をどこかへ放逐し、類似性だったものを隣接性におきかえ、空間化をおこなうのが換喩だった。暗喩の主体は作者だが、換喩の主体は文——そういうことだ。文がフレーズを「まちがいのように」喚起する。暗喩に隠れていた類似物もろもろの領域が、換喩では隣接連続体として時空展開につながれて「明示」され、詩行はひらきつづける扇をおもわすような運動体へと組成をかえられてゆく。そこでは偽りではなく、現れの一回性だけがその都度あって、真偽の問題からすべてが解放される。このとき構文が変わることで意味もかわる。「である」から解放されれば、たとえば「おれはきみたちの黒い毛」のあとに「に挟まれて在る」「をもやす」などを容れ、詩句から概嘆を消すかわりに、ぶっきらぼうに存在をしるし、動詞終止形だけをしめすこともできる。その意味で谷川雁の比喩のすばらしさは換喩的に詩句内の連続性がひろがってゆく以下のようなフレーズにあるだろう——《ばくちに負けたすがすがしい顔でおれは／歩道の奥　爆発する冷たい水を飲んでいる》（「破産の月に」部分）。ここには膠着がない。

類似と同一との弁別を無効化する繫辞構文にたいし、真理のための同一ではなく、領域化のための類似のほうが本来的で、そこに詩学を賭けるという手段が一方ではあるだろう。A is A の同語反復的虚妄を避けるそのことだけに、詩の先験があるとするかんがえ。西洋詩に底流しているのはこれだろうし、とりわけそこに直観の閃光をもちこむのがシュルレアリスムだ。だからシュルレアリスムを生きた瀧口修造の詩にも必然的に繫辞構文が多い。「偽り」を偽りのまま価値化する手立てといえるが、効果に驚愕をともなうか否かに「実験」が傾注されてゆく。A is BのBが形容詞か形容動詞ならば繫辞機能が不全だが、その段階でも瀧口詩にはハッとするフレーズがある。詩篇名を明示せず、フレーズだけをぬいてみよう。

《アフロディテノ夏ノ変化ハ／細菌学的デアル》。不完全繫辞構文だが、認知言語学のいうような、類似の内包はない。夏の季節の到来を感知して、外界が「細菌のように」ふくざつに繁殖しながら、「愛」〔＊アフロディテはギリシャの愛の女神〕の様相がふかまっていることがつたわってくる。しかもアフロディテの裸体を微視的にながめたエロスまで揺曳する。ここから少女から大人への変化が、「細菌の殖え」として黒々とおぼえられないだろうか。

Bが名詞形だった場合には、デリダの直観のように、詩想は自由度をやや蚕食され、膠着する。《ヨリ凄艶ナモノソレハ天国ノ園芸術ノ公開デアル》。それでも「天国」の植物的組成がみえ、そこにエロス的好尚物としての禁忌がくわわる。《小麦の石の乳房は鯖の女優の鏡である》。これはイメージどうしが侵食しあって、あまり魅力がない。瀧口は「鯖」になにか特異な思い入れがあるのかもしれないが、一般的には青光りと顔により、女性性にまつわらせるにはグロテスクだろう。《星は遠い椅子である》。これはきれいだ。遠さが価値化されるほか、星にだれかが正体を知らさぬまま坐るイメージのはるかな奥行きをもおもわせ、峻厳な孤独がつたわってくる。《養魚器のなかの紋章は燃える大草原である》。水中と草原、湿潤と燃焼といった矛盾撞着のなかにたしかに紋章がみえ、それが魚になる（ちなみに魚はイエスの象徴として多用された）。むろん「である」を離れれば、瀧口詩はさらに解放される。その達成として以下のフレーズをあげたい――《蠟の国の天災を、彼女の仄かな髭が物語る》。両性具有の天国性が仄見え、かつはそのこと自体が天災化されている。しかも全体に象牙色のイメージをかんじる。蠟はもえたのだろうか。とうぜんここでは何に分類できるかわからないとはいえ喩的な修辞があり、しかも偽りか否かを問題視するのも無意味となる。哲学はともかく、詩に偽りの概念をもちこむことじたいが錯誤だったかもしれない。

――というわけで、いささかながい前置きがおわった。これらはマーサ・ナカムラの詩集『狸の匣』（思潮社、二〇一七年）の画期性を語るための前段だった。まだ二十代の彼女のもくろみの第一は、暗喩によらない偽りの復権だろう。それは「小さ神」の多く出没する柳田民俗学的な散文空間のなかに、最初は逸脱的散文として顔をだす。綿密に編集構成された詩集、その初期段階ではたしかに飛躍的な詩的フレーズではなく、文の内容が、漫才でいえばツッコミを誘発するボケの色彩をもち、可笑性もあるのだが、そうした文が文脈に侵入する仕方が自走的、空間展開的で、これが換喩の機能と似通っている。それが次段階では偽りが美になろうとして、偽りそのものを内在的に偽って詩化する「換喩の換喩」（ズレのズレ）が複合してくる。こうした複層的な建築性があるから（それでもそれは作者の操作力によって閉じられているのではなく、読者側のゆっくりとした参入にむけてひらかれている）、マーサ・ナカムラが現在的なのだ。換喩／暗喩の領地獲得など、ナカムラは詩作の前提から無効化している。とはいえ「段階変化」を画策するため、ナカムラの詩に「散文」が前提されること、この点が気になる。川田絢音のような、散文内部・散文構造の自己脱落が、そのまま「みじかさの詩」となるような超越性がないのだ。
冒頭詩篇「犬のフーック」をみよう。その一聯・二聯――

疎開先が決まったのは、一九四四年の六月だったと思う。
埼玉県秩父郡の小鹿野村への疎開希望を問う回覧板が届き、私が覗いたときには、すでに「吉田」の欄に鉛筆の丸印があった。

私は初めて汽車に乗った。
受け入れ先の寺の前に一列に並んで、三年生の吉田みどりです、と名前を告げたとき、中年の女性（住職の妻か、近所の方だと思う）が大柄な筆を生き物の如くうごかして、「吉田という名字、縦に書くと「喜」という漢字に似てるね」と言ってくれたのが大変嬉しかった。

戦前の「時間と具体性」を提示されて、作者マーサ・ナカムラの年齢をかんがえれば、この自叙の形式による穏やかな散文体は、「小説の書き出し」という判断に落ち着くしかない。そう読めばいいものを、詩作経験者たちの好事家的な読みはおそらくそうしない。「疎開先」「一九四四年」「回覧板」といった時代色ある小道具を仕掛けだとかんじて笑い、「マーサ・ナカムラ」という謎めいた筆名をもつ作者の詩中の自称「吉田みどり」のネーミングの地味な絶妙さに膝を打ち、「吉田」を縦書きすると「喜」にみえる、の詳細には、圧縮による錯視という詩法上の実験が自己言及的に仕込まれているのではないかと緊張へみちびかれる。ただし散文の枠にまもられた時空変転・叙述変転のおだやかさは紛れもなく、「三年生」（尋常小学校三年でいいのか）女児のもつ素直さにすこしゆれそうになる。

三聯は二聯の舞台となった「鳳林寺」、その周囲の地勢説明でやはり小説体。そうした堅牢な穏やかさを踏まえて、四聯を読みだすと、叙述が自走して逸脱を犯す渦中に読者が置かれる。ここでの正しい応接は「笑うこと」ではないかとおもう。それまでの語調に騙された失点回復は、笑いによってのみなされるためだ。ただし、逸脱は内容面に集中し、叙述の形式が「詩的に」みだれるわけではない。その四聯――


山に繋がる木々の間で、寺の方を見ている緑色のお爺さんがいる。

初めて見つけたのは、外に出られない雨の日で、随分小さいお爺さんだなあと眺めていた。

彼は漬け物石くらいの高さしかないようだ。

身じろぎせず、にこにこと笑いながら木々と草の間から見ている。

寺の硝子戸の中にいるときには見えるのに、近づいていくと消えてしまう。

見失ってしまうのだろうと言って、友だちを硝子戸の中で見張らせて、走って向かっていったこともあったが、やはり見えなくなってしまった。

「下、下」と友だちが合図しているのは見えたが、遠く離れた友だちの顔がのっぺらぼうになっていた。

一寸法師やコロボックルなどに匹敵する「小さ神」の登場。緑色、つまり昆虫色をした老爺がそれだ。近づくと消える詳細は、『となりのトトロ』で妹・メイが家の庭の敷地にトトロをみて、つかまえようと追ったときの部分透明化まで想像させるが、わらえるのは「漬け物石くらいの高さ」。楕円球体のそれは、用途がさだめられているため、長辺ではなく置かれたときの厚みの短辺で高さをしるされる宿命にあると思いがおよんで、笑いそうにはならないだろうか。穏やかにみえた「私」は活発で利発な社交家でもあるのか疎開直後に友だちをつくっている点が自然に付帯され、ちいさな「緑爺」のやさしい怪異は友だちにも飛び火してその顔を「のっぺらぼう」に化けさせている。これを怪異の重畳とみるか、「筆の勢い」によって生じたちいさな比喩とみるかで、読者は吟味をしいられることになる。この一篇に仕込まれているのは「物語」に内在する比喩論なのではないか。

しかもここからがズレの連続となる。物語素が換喩的にズレるのだ。そうして対象がべつのものに移動する。一種の――第一段階の内挿だ。描写の細部にも、「嘘だろう」とツッコミたい軽い驚愕、前提解除、転覆がにじんでくる。読者は内心でツッコミを入れることで詩に参与する。これはすごく「かわいい」ことなのではないだろうか。一読、表面の童話性にからげられそうになるが、作品参与のありかたが読者自身の子ども時代を召喚するのだ。それでも作者はハンドル切りによって読者をちいさくゆらす。そのちいささが絶妙なのだった。五聯――

犬のフーツクは、小さいお爺さんを探しているときに見つけた。
木々の暗い隙間に、あぐらをかいて座っている、茶色に黒いぶちのある犬が見えた。

「いち、に、さん、し……」

フークッは、獣で作った押し花を、指を折り曲げて、器用に数える。

「押し花」は、私の手くらいの大きさで、狸や犬や熊などが、固く眼をつぶって紙のような薄さになっていた。

対象移動されて出現した「フーック」の命名者が誰で、しかもそのいい加減な名にどんな由来があるのか。フーックはあぐら座りが寓話的でかわいいが、「茶色に黒いぶち」の犬はおそらく誰も見たことがないだろう。そんな純血種はいないし、雑種にも存在しない。そのフーックが肉球のしばりによって指が自在にひらかない前脚先端ではなく、ほぼ人間の手をもち、しかもものを数える知能を有していると叙述によって付帯的に理解されると、犬と書かれた当初がなにかの比喩ではなかったかと読みがゆらいでくる。しかも栞用なのか「押し花」は花ではなく、獣でつくられ、それが成立するためには狸・犬・熊などがヒナギクていどにちいさく縮小されていなければならず、フーックの手許がそれほど詳細にみえる「私」の立脚地にも保証があたえられていない。仲良くなって隣に坐った、その一文が「脱落」しているとかんがえるのが妥当だろうが、「犬」の語でいったん現れた寓意性が、その後の「狸」「犬」「熊」の寓意性により、「紙のような薄さ」に変異させられている点が重要だ。内挿は既知性への関数モデルの導入だが、「薄さ」をモデルに加味していることにはふかい洞察があるのではないか。いずれにせよ、「偽り」とも名指されよう転覆がそれまでの聯よりも頻繁化する。じつはしずかな加速へとむかうこうしたリズム変転こそが、この詩篇の本当の内実ではないのか。五聯、内挿の質が変化する――

たくさんの本を持っていたフーツクは、タイの昔話を翻訳したものだという絵本を見せてくれた。

「……帰郷すると、家に誰もいなくなっていた。近所に住む幼馴染みの男が現れて、「ドアを閉めた方がいい」と言って、私の周りの部屋の扉を閉めていった。火を起こすと、我が家の火の神様である老婆が、家族の写真を見せてくれた。私が十歳にも満たないときに撮影したものである。私以外の家族みんなは、頭に黄緑色の帽子をのせていた。帽子には、草の芽に似た模様が入っている。先程ドアを閉めにきた男も、黄緑色の帽子をのせていた。黄緑色の帽子をのせている者は、流行病で、みな亡くなったのだ。写真の中で、私ひとり黄色の帽子をのせていた。帽子の中央には、「◎」の印があった……」

私はこの絵本がとても好きで、よくフーツクに読んでもらった。

この聯の問題は、家だかどこかに多くの本を架蔵しているフーツク↓タイの昔話を翻訳した絵本↓その中身、というふうに入れ子が進展してゆきながら、その中身も故郷再訪と、老婆のみせてくれた写真のもつ生のうえでの神秘的意味、とさらに内在化してゆく「目くるめき」にまずある。しかも「」の内容にはやはりたんなる譚ではなく、関数が内挿されている。写真中、黄緑色の帽子を頭にのせた家族はみな流行病で死に、黄色の帽子をのせた私だけが生きのこった。私の帽子には◎の印があった——そう語られ、色の黄、あるいは◎が生存の条件（あるいは◎は生存者マークとして事後的につけられたのかもしれない）と「因果法則」がしるされていると一見とらえられるが、その法則を破り、黄緑色の帽子をかぶりながら生存した者が「写真の内側と同時に外側にいて」「しかもそれが絵本の内側である老婆の家にみちびいた幼馴染の男」と設定されているのだ。「例外」なのだが、内挿の材料にはなっている、この不思議な位置どり。しかもナカムラは記述を迷彩化させるためか、あえて冗長に絵本の中身では舌を嚙みそうなくらい「黄緑色」「帽子」を反復させている。

おそろしい効果が付帯する。絵本のなかで生存にいたった写真内の「私」は、この詩篇の主体「私」と「十歳にも満たない」という年齢設定により、同一ではないかという錯視にみちびかれるのだ。内部性をきわめるため内部にむかってゆくとそれが外部性に反転する（これは内破だ）クラインの壺的空間。散文性を仕込んだ叙述を貫通しているのは数学的な悪意といえるだろう。この二重性により「偽り」がいわば機械生産のように現象されているのだ。物語、叙述内容、詩法はちがうが藤井貞和のかつてのアルゴリズム的名篇「神の子犬」をおもった。写真をみせた老婆と写真のなかの生存少女、あるいは詩篇の主体「吉田みどり」との関係にもわからないが何かが匂っている、と立ち位置をかえ「言い換える」こともできる。

記述が長くなりすぎているので、つづく最終聯は簡単に「要約」する（ここまで読まれたかたは、詩篇「犬のフーック」が、かたちは散文でも紛れもない詩だと確信できているはずだ——詩の特質は要約しようとすると本体よりも長くなる逆説にあるが、便宜上あえて暴挙をおこなう）。緑小爺の姿は失われ、私は犬のフーックとなんのためか杉の根もとの土を掘る（この掘ることは別の詩篇「発見」にひかりを投げる）。地下世界に星界が現れるように「星」についての会話がはじまるのだが、だれの発話によるかわからない。

話は瞬く星と瞬かない星の差異についてで、星は遠く夜空に穿たれた窓、生まれるまえの子どもたちが場所を入れ替わって順繰りにこちらをみるときは星は瞬いてみえるが、瞬かない星はたったひとりとおくの窓辺から現世を見つめつづける子どもがいて、その瞳もまばたきしていない、といった内容だが、けっきょく星と眼の弁別まで失わせる魔術性をもっている。

その後フーツクは自分で掘った穴に入り、消える。消えることでカフカの寓話的短篇「巣穴」の「モグラかどうかもわからない」「しかしモグラ的な主体」と接続されてゆく。とうぜん読者は「犬」という形容がフーツクにいつからつかなくなったかを遡行的に確認する。それは「緑色の帽子」を頭にのせるように、初出の一箇所にしかついていない。ツッコミたくて笑い、その寓話性に堪能させられながら、詩篇「犬のフーツク」は偽りの叙述法にアルゴリズム＝内挿の測量法、解体をとりいれた、その定義不能性ゆえに詩としかよぶことのできないもの、なおかつ「実際にしずかな詩的昂揚のあるもの」と認識されてゆく。知能のたかい名人芸である点はいうまでもない。しかも詩をとりまいていた神経質な「偽り」の問題に、暗喩圏とはまったくべつのところからメスが入ったのだ。

つづく収録詩篇「柳田國男の死」も、「犬のフーツク」と比肩しうる傑作詩篇だが、詳細な分析は割愛する。ここでも読者はやさしくゆらされる。ゆれは、詩にえがかれている場の意味の把握と、時制の弁別によって起こされる。そして例のごとく動物を中心に寓話的な配剤にみちる。しかも「犬のフーツク」で禁じられていた詩行の改行連鎖が、繊細な余白・余韻を放つようになる。ナカムラは書法も自在なのだ。「蛍になってもどる（死者の再臨）」「蛍が撮影した映画」「映画のなかの座敷牢幻想（むろん柳田が実生活において蔵のなかで勉強していた事実もある）」「映写機とフィルムの動物化」

「青森の天狗松が植生の景物なのか「九州小倉の無法松」のような人物なのか結局判断できないこと」「瓶」「フィルムがなくなっても白光を投影していた映写機によってあいだにある瓶中の「あかく　きいろ」の液体が金青に変色しながら、エクランに灰色部分が残存していることから柳田の骨壺の実在が予想され、この幻燈会＝マジックランタンサイクルが柳田的存在による柳田への法事となっていること」「「次の幻燈は十年後です」」の神様の言葉から、いまが七回忌で次が十七回忌と予想されることと」などが、記述の偽りを解除した中身としてわかってゆく。回想部分で突然出現した主体「私」の回想内容は不明瞭で矛盾感覚にとんでいるが、一箇所、「膣に投函」という逸脱には驚愕を禁じ得ない。

詩篇「大みそかに映画をみる」の夜の樹間の幻想性も見事だが、池の底にひらける池という視座にたぐいまれな感動をおぼえる詩篇「許須野鯉之餌遣り（ゆるすのこいのえさやり）」も、詩の立脚点そのものが展開の入れ替わりもあってはっきりせず、その幻惑力がすばらしい。「立方体状に氷の張った鯉」にみられるイメージの偽り、あるいは片言。支倉隆子のすばらしい短詩「麩」（『魅惑』、思潮社、一九九〇年）ととおく交響しているような気もする。支倉「麩」を全篇引用したのち、マーサ・ナカムラの詩篇の後半を引いて終わろう。どちらにも解説は付さない。

麩　支倉隆子

湿地帯の
水面から

ほぉいほぉいと水蒸気がのぼりつづける。春の。
昼に。
死んだばかりのひとが
麩をちぎっては水に投げている。

許須野鯉之餌遣り（後半）　マーサ・ナカムラ

美しい男が、立方体状に氷の張った鯉を釣り上げたという池を見物しに行った。

見つめていたら、青空が池に沈んでいく。

一層、辺りは暗く濁っていく。

暗闇と水中が同化していく。


見ると、池の底には、本物の池が沈んでいたのである。

そこには無数の鯉が棲んでおり、ありとあらゆる罪の形を丸い麩にして食べてしまうと見物客は言っている。

江戸時代の人、いつの時代の人か分からない人、もちろん虫や犬に至るまで、鯉に餌をやりに訪れている。

「許須野鯉之餌遣り（ゆるすのこいのえさやり）」という立て看板がある。

地上では若い頃の身体に似せて化粧をする。

水の底では、何もかも終わりがない。

池の近くの公園では、老婆が若い頃の姿のまま、恋人とブランコに乗って永遠に遊んでいた。

鯉は、口元に寄せる麩にひたすら口を動かし続けている。


（二〇一七年十二月十三日）

アルゴリズム的コラージュ

——鈴木一平『灰と家』

鈴木一平は想像力の区分ではコラージュ型の詩作者だ。通常、コラージュは外在領域から収集されたものの選択、配置換え、一堂化、美術化といった方法を透視させるが、彼の場合はそうではない。ありうべき自己組成をコラージュによって別の組成へと内在的に変貌させ、ときにそれが脱臼にまでおよぶ過激さを呈する。しかもその過激さが静謐にかんじられることが彼の得難い個性なのだとおもう。かたわらで、そうした自己変貌をくみこむ詩作に、冷徹なアルゴリズムが介入している感触もある。だからそのコラージュ≠モンタージュは「編集」というもうひとつの字義に合致するだろう。

一九九一年、宮城県生。実家の立地にもよるのだろうが、自然景物がよく詩の細部に登場するのは、彼の成熟（老成）した句眼も経由されているためだ。個性は多元的。彼の第一詩集『灰と家』（いぬのせなか座）は二〇一七年度、諸家からの讃辞をあつめたが、これらのことがほぼ指摘されていない点におどろく。「見開き単位」を一篇掲載の基準とし、そこに縦書き、横書きの変化を顕在化させる詩集レイアウトも、鈴木一平の詩法のふくざつさと同期している。

鈴木一平は「同時に」、減喩詩、俳句、日記記述（小説の亜種）、実験詩の達人で、それらの優位性からなにが選択されるかが、各詩篇の方法的錯綜、詩的内在の材料となる。抽象的な指摘を控え、具体に就いてゆこう。詩篇「岸辺の木」の、縦組みになっている前半二聯分を引く。論議のため、詩行冒頭に数字をふる点、ご了承ねがいたい――

1　引っ越した町の、うす青い空の日差しで
2　水面をとりもどす雲に、細かく映ったとおくの小屋は
3　遅れてやってくる
4　木の高さで枝がゆれたあと、すこし遅れた時間にも
5　なじむよう、ここに届くまでの時間をまねて
6　雲のうしろを抜けたあと
7　目の高さまで届けられた木が、話しかけてくる

8　さっき川べりの土手にはこんで、乾かしたはずの木陰が
9　また落ちていて、木の高さほどの日だまりに
10　かど部屋の、山茶花のなかに
11　あらわれる野を横切る雲が、景色は
12　しずかに厚くなる、いまは見えないところまで
13　目の高さを乗せた木は
14　それが倒れこむ土砂の影だったと気づく

同語反復が多い点から貞久秀紀の詩が、了解が遅延し、書かれてあることの時間経緯に注意がおよび、把握にかならず遡及行為がはいる点からは江代充の詩が、おもわれてしまう。精確の魔により再帰性が冗語感をともなって現出しているのではないか、と。叙述が基準となるだけで、文字として現れていない世界観との交錯、干渉がないのだから、詩中に暗喩がないといえる。欠落があるようにもおもえ、その穴をめぐって読みがゆれる。それで減喩詩のたたずまいまでかんじるのだが、仔細に行をたどりなおせば、語やフレーズが自己内で交換されているのではないかというそれじたい正当な読み筋が生じてくる。

1行目「うす青い空の日差し」の「うす青い」が「空」に懸かるのか「日差し」に懸かるのか不分明な点が実際は不穏なのだが、雲が厚いか、薄明時刻なのかどちらかだとあいまいに情景がイメージされ、とりあえずは書かれだしたものが了解されてしまうだろう。しずかな異変をつげるのは、それ以降だ。

2行目「水面をとりもどす雲」が躓きの石となる。雨気をはらんだ雲ということかもしれないが、ひとは雲に「面」を感覚しない。それは不定形だし、表面を欠いた奥行きであることが多い。それで「雲が水面をとりもどす」では周到に意味形成が排除されることになる。その他、2、3行目を分解的に読めば、以下のような意味の関係項が畳まれていることがわかる。「日差しにより雲が水面をとりもどす」「雲にとおくの小屋（の像）が映っている」「その小屋の映りは、（なにかに）遅れて現れている（隠れているわたし、そのあゆみにだろうか）」。これら自体はうつくしい把握やイメージ提示に一見おもえるが、すべて物理法則、気象法則から外れているために、読者はイメージに脱イメージを、意味に脱意味を「同時に」つかまされて、読みが確定できない中途性のなかに置かれる。

やがて関係項がおかしく、それらが読みの可能性のなかで是正されれば一連が可読的になるだろうという判断がうまれる。「映る」のは「雲に」ではなく「水面に」だ、「うす青い」のは日差しではなく雲だ、ととらえなおされるようなもろもろだ。それで鈴木の詩的記述は内部入れ替えによって、その1行目から3行目までがたとえばこう書き直されるだろう。

《〔よわい〕日差しによってうす青い雲のした、引っ越した町があり／〔風が落ち着き〕〔ながれがゆるやかになって〕〔川の〕水面に／雲が〔ぼんやりと〕映る〔その気づきへと〕／〔わたしのあゆみが〕遅れてやってくる／〔目路にはいってくるのは〕〔わたしのむかう〕とおくの小屋だが／〔それはとおくあり、角度もちがうので〕〔川面には映らない〕》。

掲出した詩篇を確認していただければわかるだろうが、鈴木一平の詩行は音韻が抜群に良い。しかし意味が脱臼する。しかも読者は音韻の信憑によって補正をおこない、ありうべき理路を予感する。そうなって、「音韻」「脱臼」「補正された理路」を同時に読まれることになってしまう。あるいは単純な読解ではなく「読解可能性」を再帰的に読解することへみちびかれる。ひとつとは複数のことだ――そんな信念が鈴木一平にはあるのではないか。

4行目から7行目。つかめないのは「木の高さで枝がゆれる」「時間にもなじむ」「時間をまねて」「雲のうしろを抜けた」などの措辞だろう。それらが物理法則に合致しているのか反しているのかさえ自明ではない。たとえば「木の高さで」の限定は精確性の付与のようにおもえながら、むしろ具体的なありようを混乱させてしまう。「木の高さ」「目の高さ」、「時間になじむ」「時間をまねる」が対比されているようにおもえる。「まねる」は江代充や高木敏次がその驚異的な用法を定着した動詞だ。また「目の高さ」は通常は地平線、水平線などにたいしてもちいられる。これらを綜合的に勘案し、さきと同様に正当な理路を再編すると、どうなるだろうか。冗長をおそれずにやってみよう。つづられることは記述の穴のまわりをたよりなげに周回する、減喩にたいする態度となってゆく――《〔木がその全体でゆれるのなら〕〔木は〕木の高さで枝がゆれる、／〔そう形容できるが、〕〔枝の高さが木の高さとそのまま認知できるかはわからず〕／ゆれたあと〔風がおさまって〕〔その場所にわたしは〕遅れてやってきて／〔それまでのあゆみを〕〔いまのあゆみと〕なじむよう／ここに届くまでの時間をまねて／〔自分のぜんたいを時間とかわらないものにすると〕／〔浮遊をえたのか〕〔ひとつの離魂となったわたしは〕雲のうしろに抜け／そのあと〔浮上したわたしの〕目の高さ、〔地平に先端をしるす〕木が、話しかけてくる／〔そうおもうのは〕〔時間になじみ〕〔時間をまねる〕〔わたしの遅れが奏効したからで〕／〔いつしか親しみやすく、木の高さと目の高さもおなじになった〕》。

聯がかわって8行目から12行目の途中まで。しずかだが不穏な意味脱臼をしるしている措辞（関係）をまず摘出してゆく。「木陰を土手にはこぶ」「木陰をかわかす」「かど部屋の（なかにある）山茶花」「山茶花のなかにあらわれる野」。これら了解不能性と同時に、すでにみた一聯中の語句との照応が起こり（「水面」→「川べり」、「とおくの小屋」→「かど部屋」）、詩世界が収束にむかう気配もある。

《〔わたしも雨にうたれ〕〔ぬれたほか自分のいた木陰のくらさを〕〔おのがからだにのこしていたのだが〕／〔それを〕さっき川べりの土手にはこんで、〔からだにのこっている〕木陰を乾かしたはずだったが／木陰は〔わたしをはなれ〕まだ土手に落ちていて／〔それが反映の法則なのだろうか〕日だまりは〔眼下のみならずとおくへものび〕／〔想像かもしれないが〕〔めざすとおくの小屋の〕かど部屋の〔窓にも庭の〕山茶花が映り／〔とおくというものを入れ子するように〕／〔山茶花の蘂に〕野趣のあらわれるいっぽうで／〔その背後には〕雲が横切り／景色はしずかに厚くなる、》。

場所にたいするからだのさみしさが揺曳しているのは事実だ。だが、詩篇はそうした抒情の枠に安閑とおさまる決着をきらう。12行目の途中から最終14行目にぶっきらぼうに難読性がころがっている。奇妙なのは「目の高さを乗せた木」「木が倒れこむ」「それ〔の指示対象〕」「木は土砂の影だった」など。ここからは理路への補正にかかわる自信が喪失してゆく。どう読むかゆれるどころか、わからなさで途方にくれるというにちかい。渡りかかった舟なので、とりあえず試行を完遂させる。

《目の高さ、〔地平線のとおさを〕乗せて〔とおくにある〕木は／いまは見えないところ〔にあるといってよく〕／それ〔自身のたかさをうしない〕倒れこむ〔ようにおもえたとするなら〕／〔もともと木とは〕〔くずれる〕土砂の影〔にひとしい〕／〔そうわたしも〕気づくのだが、〔思いの材料となった土砂は〕〔さっきの川べりの土手にあった〕》。

鈴木一平が一筋縄ではゆかない、これを立証するだけでこれだけの字数をついやしてしまう。ほかのすばらしい収録詩篇でもそれはかわらない。配置替えという要素を除いても、上記が論脈を補ったように、鈴木一平の詩的組成はあきらかに「足りない」。彼もまた、「すくなさ」を書いているのだ。それでは詩集の中枢を形成する「日記　1991.7—2016.7」はどうか。これも日誌的記述に俳句が複合されただけ、日誌と俳句をべつべつにとらえれば済むという「一筋縄」で対処することができない。俳句が達意なほか、日記と俳句もふくざつに反映しあう。それらはやはりコラージュの切片で、反映の実験がおこなわれているといってよく、抒情性に法悦しても素朴な読みが峻拒される。

しかも日記的記述も可読性がたかいようにおもわれながら、その存続を脱臼する機能が仕込まれている。ひとつは掌篇小説的な意外性の展開が事実以上の作為をときにかんじさせることだ。カフカ的におもしろいパートが多々ある。「三浦さん」との交情を中心に時系列で加算されていった外見をもつ青春の日々の記載も、その死の到来で頂点を迎えるが、九一頁、《駅前を歩いていると、横断歩道の向こうに三浦さんがいた。》の記述を不意にぶつけられる。「幽霊」なのか。もしかすると時系列編集とおもわれた日記的記載の連鎖に、時間軸のくるったコラージュ＝編集が介在しているのではないか。一切を素朴に読みすぎたのではないか。

日記の副題部分は日付で、前述のように「1991.7—2016.7」となっている。これも奇異だ。学籍中の鈴木の日常を綴ったと括られる日記的列挙、その起点が鈴木の生年にまで遡行しているのだ（なお、日記の創造的活用は江代充『黒球』に先例がある——そこでは日付が予想不能に錯綜する章展開がある）。とりあえず俳句と日記的記載の「反映」を、俳句＋日記から拾ってゆく。詩集レイアウトでは大きめの字の俳句の「傘」のしたに日記が収まっているがその体裁の再現は無理なので、「俳句」↓「日記」と、横にひろげるように空間翻訳する。ただしキリがないので、例証は五つに限定する。このキリのなさはなにか——詩集『灰と家』には細部があるが、静謐ながら全体が歪像にのっていて、形式ではなく内実の全体を名指すことができないのだ。これを、全体＝「全体の不可能」と換言してもいい。

日暮れかと薄く牡丹に帰る人

母親から写真が送られてくる。狸が、家の庭に咲いている花のにおいを嗅いでいる写真。むかし、裏山にある離れでありじごくを捕まえていると、花の繁みのあいだから、鹿があらわれた。鹿はこちらをじっと見たまま動かなかったが、ふいに、跳ねるように逃げていった。

掲出句は自己破砕の寸前だ。それでもある生き方をにじませている。薔薇とはちがう牡丹の東洋的な威容は日中ではつよすぎる。それが「日暮れ」になると弱体化し、それで牡丹（の牡丹的稠密に）人は「帰る」ことができる。それには日々を循環づける「日暮れ」、その時刻の認証と体感が必須なのだ。仮定により、うごく。仮定によって「帰る」。かんじられる「生き方」とはそのようなものだろう。中七あたまの「薄く」の斡旋に動悸する。

俳句には「花に隣すること」のしずかな昂奮が底流している。母親がケータイで添付メールした写真ではその当事者が狸になり、それを契機に実家での記憶がさらによみがえってくる。蜂や蝶の昆虫ではなく、動物が花を嗅ぐ生々しさ。花は性器化される。花の繁みのあいだにかつてみた鹿もよみがえる。それは対峙のあと消えていったが、自他を介在する花こそが緊張要素だった。出現の本当とは、「花に隣すること」なのではないか。俳句と日記的記述を複合すると、照応要素として現れるのはこのような直観だろう。

人来れば頭《こうべ》を少し上げる柿

会社を出て、家の前まで来て、鍵をなくしたことに気がつく。定期入れの内側のスリットに家の鍵を入れているので、定期入れを取り出すたびに、落とさないように注意している。大家にはだまって鍵を替えたので、お願いできず、いくら探しても見つからないので、合鍵を持っている、前にいっしょに住んでいた人を呼ぶ。部屋に入ると、いつも鍵を入れている木の器に、鍵が入っていておどろく。

日記記載は鍵の紛失、解決にいたったその帰趨についてだが、論理的には奇妙だ。扉は施錠されていて、その扉のなかの世界に、鍵はのこったままだったと語られている。定期入れのスリットから落ちたのだろう、とそれらしい前提がしめされ、しかも鍵は無断でかえられたため大家の開錠その他がありえないという。「前にいっしょに住んでいた人」が曲者だ。こう書かれると、男性のルームシェア・パートナーよりも、恋人で、かつて同棲していた女性が想起されてしまう。その「彼女」だけが鍵のトリックを実行できる位置にいるのだが、記載はそれを問わない。ただ「彼女」のふくみが立体性をおびて日記中に揺曳している。

順序が逆になったが、俳句のほうはどうか。自分の迂闊さを告白すると、ぼくは鈴木を、当初、詩篇等に現れる「熊」「鹿」「雪」などのディテールから北海道を故郷にもつ、と誤解していた（前述のように出身は宮城県だった）。ちなみに柿は本土が北限地で、道内には柿の植生がない。だから句中の柿はフェイクで、それが日記的記載と「照応」しているのではないかと邪推したのだ。その条件がないと、日記主体のアパートを、久しぶりにかつての恋人が来訪したのを、大家が植えた庭木の柿、その実が歓迎したというだけの照応となる。だがはたしてそうか。

日記中に書かれていることからかつての恋人への疑念がうすくにじんでくる。このうすいにじみが、ひとの来訪にあたってのの柿の応接態度にもある。それらはともに「事実」ではなく、「そうおもえる」ことの現れにすぎない。それにしても句の初五「人来れば」の「来る」のふしぎさ。「行く」の別離感にたいし、「来る」はいつも再訪の様相をおびて、しかも目的地が「自分の場所」になるのだ。その「来る」をしたのは、はたして元・恋人だろうか。うしなわれたとおもった「鍵」こそがそれをしたのではないのか。

降りる駅に乗る足渡り鳥の声

仕事おわりに、喫茶店で本を読む。家で飼っていたねこが死んだと、母親から電話がくる。高校生のとき、父親が消防署の駐車場でひろってきた。夏に帰省したときは、ほとんどなにも食べなくなって、がりがりに痩せていた。柱に体をかたむけて、ずり落ちながら横になった。電車をおりて、ホームを歩いていると、窓にちいさなヒビが入った車両を見つける。よく見ると、頭を窓に押しつけて寝ていた人のつむじだった。

句にある歩廊は渡り鳥の声がする点から、作者の生地に所在しているのかもしれない。句は車輛に下車するひと、乗車するひととの交錯を主題にしていて（乗車するひとは足だけの換喩性でとらえられる）、それが日記中の「ねこの死」の反映をうけると、死ぬひと、うまれるひとのこの世での交錯へと拡大する。それを、移動を本質とした渡り鳥、その声が荘厳している気色。しかも下車・乗車では前者が先行する。しなければならない。となればひと＝ものの死のあとに、べつのものの次なる生誕が訪れるのがこの世の法則なのだ。とはいえそれらは円滑につながれる。このことの提示のために、句切れをもうろうにする「渡り／鳥」の句跨りが動員されている。

日記中では、動作が転移する。衰弱したねこは、作者の帰省中、平衡感覚のよわまるからだを柱にあずけたが、そこから滑るような横臥をしいられた。句の「駅」を反映されて日記記述も東京のどこかの歩廊へとジャンプ・カットされるが、ねこのあわれをさそう動きは、車中の座席に坐り、反り返って後頭部を背後の窓にあずけ、ふかくねむるひとの「ずり落ちない」姿勢に転位する。ただし頭頂ちかくがつよく窓を圧迫して毛髪がよじれ地肌がひろがっている。それを日記主体は最初、ガラス側に生じた「ヒビ」とみたが、論理がそれをねむるひとの「つむじ」と訂正した。ところがねこの死は「ヒビ」なのだ。だとすれば車輛の昇降、その交錯も時間軸上にヒビをつくるのではないか。照応はこのように領域拡大をしてゆく。

眠る目を指で開けば冬の井戸

マクドナルドでコーヒーを飲みながら、三時間ほど本を読んでいると、三浦さんがやってくる。三浦さんとビールを飲む。小さい頃は見た夢を一日中おぼえていて、夢のなかで自分が取った行動を反省したり、あたらしい細部をおもいだしたりできたのに、さいきんは夢を見ても一瞬で忘れてしまうと話すと、三浦さんが、酒を飲んで寝るから、夢のなかでも酔っぱらっているんじゃないか、といった。

日記部では、夢をみること、それを記憶していることにかかわる見解が、三浦さんとのやりとりをつうじてつづられている。「コーヒー」「ビール」「酒」というふうに液体の連接がある。やがて寝酒が夢の生じる部分に就眠中浸潤してきて、夢それじたいの酩酊が、寝る者に意識や記憶をあたえないのではないかという「三浦さん」の冗談ともつかぬ物言いが結論となる。このとき就眠と夢の関係が、中心に不可能を刻印された入れ子となるだろう。

俳句のほうは「眠る目」が一見、斡旋の失敗におもえる。「閉じる目」としたほうが穏当だろう。そうでないと、就寝中の他者の瞼をこじ開けたら、みえた目に冬の井戸を聯想した、というような異様な誤読をまねきかねない。むろん「存在の感触として」ひらいてはいてもねむっているような「自分の目」を自ら指でこじあけると、冬の井戸がみえ、自分の目も冬の井戸だった、という句内の「照応」が眼目になっている。入れ子の奥にある「井戸水」が、夢を展開させる基底材として、日記記述の「酒」と照応するのだ。ひとは内側をもつ。夢がその証左だ。世界も内側をもつ。井戸がその兆候だろう。だから冬にも内側がある。

稲刈れば身の透きとおる夕べかな

高校の同級生の家の稲刈りを手伝う。大学の授業について聞かれて、今年はほとんど出席していない、年間で八単位取れればいいほうだと答えて、怒られる。夜、酒を飲む。布団の代わりに鹿の着ぐるみを着て寝る。翌朝、ちかくで火事があり、そこに住んでいた人が行方不明になる。

句は永田耕衣《夢の世に葱を作りて寂しさよ》ほどのおおきい句格と一見おもえる。鈴木の作句の古典性とは、切れ字使用が多いことだ。ところが淡さ、はるかさ、抒情の印象をあたえる措辞「身の透きとおる」が、対置された日記文により、ふくざつな干渉をうける。

おそらく宮城の農村では、田植え講があるように稲刈り講というべきものもあるのかもしれない。手伝い作業が無事終わり、高校の同級生の家での祝宴酒席となる。そのさいバイトと詩作に明け暮れ、学業がおろそかになっている日記主体が叱られた。善意と常識からの諫め、それは友だちの父親によってなされたのではないか。ところが日記主体にとっておそらくその生き方は「市隠」の状態を提示しているのだ。

それは具体性に転位する。一泊のさい、借り受けた柔らかく温かい素材の鹿の着ぐるみをパジャマ、寝袋代わりに身に帯びる。顔だけくりぬかれ、あとは全身をつなぎで包まれているそのありようもまた「市隠」といえる。知力を磨くために市中に隠れている俠者は世にいるものだ。だが、「隠れ」はそれだけではない。ニュース報道では失火した家の行方不明者を、いまは「連絡がとれないでいます」といい、焼死のむごいイメージを払拭させるのが通例になっているが、身元確認手前のその状態もまた「市隠」といえる。句中の「身の透きとおる」には、すがすがしくほこらしい達成途上性以上に、「市隠」の様相のふくざつさが「逆反映」されることになる。それは永田耕衣的な名句性を、自身が矮小化してゆく反動をもおもわせる。鈴木一平は「したり顔」の単調ではなく、自壊をアルゴリズムに組み込んでいるのだ。

先に書いたが、魅力的なディテールに即してゆくとキリがない。このキリのなさが詩集『灰と家』の再読誘惑性を組織する。読んでも読んでも足らぬもの。逃げ水のようにその全体があるのだった。

（二〇一七年十二月十五日）

文からの偏差
——井坂洋子から川田絢音へ

文章には作法がつきまとう。わかりやすさ、冗長といかめしさの排除、ひびきのよさ、つづりきらないこと、品格——。小説的散文であれば、空間と時間の「隣接」性に拠りながら、文を小出しにし、「判明」を徐々に駆動させてゆくサスペンスも、方法として念頭に置かれるだろう。物語は判明の間歇的な持続のなかに一体化するし、人称のなかに内面化する。文章が驚愕を生産する以前の問題だ。接続詞の多いたどたどしい小説などありえないし、過剰形容に無自覚な文も通常まずい。息のながい複文をなだらかにつないで着地を遅延させることで叙述にねばりをあたえるか、動詞終止形止めの短文を連鎖して動態的臨場感へと読者を一気呵成に巻き込むか、それぞれの作法だ。むろん「語り」へのそれぞれの信奉を察知することに愉しみがある。

前提をいえば、意味は文のかたちをとる。文のつよみは、書きながら意味を増加させ、それを時空の加算へと転位できることだろう。手はその拡張力にむかってうごく。書き物はこのことによって作者を超える。この事態に幻惑され、詩が文をそのまま「契機」にしてしまう現代的な倒錯も起こる。詩が着想のすこし変わった、小説としてはみじかい散文として書かれ、詩を自称するのはそのことだし、それ以下の分量のものが、適当な箇所の文節を目安に行わけされ、内実は詩とよべない改行詩としてまずしく表面化することもある。厳粛な縮小力にむかってうごく詩が軽視されすぎているのだ。あえて短絡化してしるすと、だらしなさやダダ漏れや詩的構成の欠落、さらには、詩がひらかれるための鍵穴の自己放棄などが、独善としてただ読者に映ることになる。

この段階で技術的なことをいうつもりはないが、「飛躍」「省略」「音韻化」「詩的換喩」「脱落」「謎化」「言語論内包」「イメージと脱イメージの錯綜」といった、文にたいする「反契機」の諸項目こそが詩作の特有性ではなかったのか。詩は文の機能性や自明性を疑問に付す。文を折り、文に穴をあけ、文をつなぎあやまり、あるべきものがないことによって文を未経験なものに変える。文にたいするそんな距離のとりかたを装着していない詩作が蔓延して退屈や閉塞感がみちびかれているのなら、詩の批評はまず当該の詩から「文との偏差」「詩への跳躍度」を計測し、そこから吟味をはじめるべきだろう。あたりまえのことを再確認する——これが、一般には瀕死と目されている詩のフィールドを賦活させる批評の方法なのではないのか。

抒情の価値が自明視されていた近代詩の時代なら、文にたいする反契機をたやすく手中にできた。「歌」の韻律がそれだ。文よりも歌の先験性がただしく捉えられていたのだ。著名な詩篇なので引用は控えるが、たとえば中原中也の「サーカス」では、作者の身体に内包された七五律が一種の脳内吟唱を作動させ、そのリズム的思考によって、たがいに隔絶した諸語を吸着し、そこに内在的照応を確認してゆくことで自体的な活路をつくりあげていった。発想と実現には直接性があり、呼吸と発語のあいだに径庭もない。文を縮減する推敲などなかったのではないか。ブランコの揺れの独創的なオノマトペ「ゆあーん　ゆよーん　ゆやゆよん」はY音の頭韻となって、そこに音韻的な苦みとゆううつと微速度と脱イメージと茶色がねっとり発露するが、冒頭三聯のあたまの「幾時代」の「幾」に、

「IKU」から「YIKU」へのひそかな架橋があらかじめあって、それがY音オノマトペの隔時的浮上をよんだとかんがえることもできる。内在的歌唱が詩作を統覚するとは、そういうことだ。これが、詩作が幸福な時代の付帯作用だった。

ところがもはや歌を詩の基盤にすることはできない。商業的な歌詞の領野では凡庸化がまかりとおっている。そう、文の作法や意味形成への違和から詩作がはじめられるようしいられて、詩がオルタナティヴの位置をやっと確保するだけになってしまった——これが脱出不能な詩の受難だ。たとえば発語を猛り狂わせ、展開の操舵不能をそのまま書かれたものの実質にしてしまう戦略があったとする。それでもそこでは書記と作品の一致が楽天的に信奉されていて、事態は退屈だ。作者と作品の再帰性には、連辞そのものからもたらされる、もっと深遠な脱自明性があるべきなのではないか。含羞があれば、「書くこと」と「書かれたこと」は構造的に一致しない。けれども作者性の抹消なら、書法の減少と連絡しあう。この意味では照応を中心とする詩的幻惑がまだ機能しているともいえる。けれども以下の留意が要るだろう。

たとえば「匙加減」という言いかたがあるが、詩と文の対峙において、文の自明性に圧力をくわえるため詩の匙がうごき、文の充溢を減少させるためにその領分を詩の匙が掬い崩すのではない、ということだ。文の対象性＝桎梏をあらかじめ無化すべく、匙そのものが体験の虚空に軌道をえがいて、それがそのまま詩の発露となるような超越が必要なのだ。砕いていえば、文が推敲され彫琢され、書記が厳格に脱自明性へと削られることで、詩が成るのではない。そのような二次性を笑殺して、もともと飛躍と省略と脱落が一体となった詩が手もとにあらわれる逸脱的な一次性こそが、詩作の本懐となるはずなのだ。むろんそれは困難で、だからこそ詩は文からの偏差をおのれの駆動力としなければならない。それで詩の批評、詩論も、その偏差を考察の対象にすることを余儀なくされる。これは喩の分類よりも先行する事項だろう。いまは原理的な批評をして、いったん詩をわからなくさせている澱をとりはらってみる時期なのではないか。

すぐれた詩作者の手つきを想像してみる。くりかえすが、少なさにむけて配慮がかさねられるのではない。匙そのものが、少なさそのものが、書くのだ。推敲や彫琢の努力は、気づかれると恥かしいものだから、「あらかじめ」が自らの手つきを巻き込むように書いてゆくのみだ。そのためには書くことにかかわる世界認識が要る。たとえば冗語を避けようとして転回が起こり、「それじたい」に「それ以外」が自然混入してしまう。当該によって当該以外がしるされるが、暗喩など機能していない。説明の忌避や、文法の逸脱。さらには修辞的瑕疵も辞さない。それらはすべて、脱自明的な自己再帰性がおだやかにうながすものだ。あるいはそのように身体と思考の範囲だけで書くことを解放してゆくと、冗語でさえ「それじたい」の内部交響としてその顕れを変える。「わたしだけの詩的文法」、それのみが清潔に賭けに付され、これが作品評価にさえ先行してしまう。わたしの内部性を巻き込んでいるだけの寡黙な手つき。現在的な承認願望を脱色している物質的な手。そうして書かれた詩を読むと、ひかりとしてわずかなものが感知される。それは調えや呼吸といったもので、慎重さや身体の領域から発露されてくるなにかだ。作者にあるだろう存在の厚みのまえに、それらをおぼえることで、作者／読者の関係性がしずかに抹消されてゆく。そうして競合ではなく同調だけがうまれる。競合的な対峙＝タガを外すのは、書記と作品に楽天的な一致がない点に由来している。詩のよろこびとはおよそそういうことではないのか。

＊

井坂洋子の諸作は、男性のさまざまな詩作者にくらべ、詩作状況の定点を代表するとずっとおもってきた。「無理」「野心」「虚妄」がないためで、八〇年代の日本の詩の趨勢を計測するには井坂洋子を、さらには九〇年代のそれを計測するにも彼女を……（以下同）というように、現代詩史上、第一にかんがえるべき詩作者なのだということだ。第一詩集『朝礼』（七九年、紫陽社）に収められている巻頭作「朝礼」では、川の水脈のように幾何学形をえがく濃紺の制服の整列が換喩的なズレをもつ書法でえがかれ、そこにセンセーションをよびおこした《生殖器をつぼめて爪先立つたび／くるぶしにソックスが皺寄ってくる》という整列者「自他」の感慨がはいる。女学生時代の身体の内在的な生々しさをつづったそのフレーズが印象的だが、「それでも」時制や展開範囲を同定しにくい、しかも抒情的で清冽な書法が全体をみたし、そこにふと挿入される《安田さん　まだきてない／中橋さんも》の自由間接話法、その声の曇りが胸を打った。留意すべきは最終聯だ。「朝礼」は主体＝主語が省略される日本語特性にずっと乗っているが、朝礼が終わり（《川が乱れ》という比喩で表される）、表現を省略された主体が校舎の廊下を歩いてゆくと、《窓際で迎える柔らかなもの》（たぶん朝陽）が感知される。それを受ける主体の《頬が今もざわめいて／感情がさざ波立っている／訳は聞かない／遠くからやってきたのだ》――詩篇はこのように終わる。最終二行はすばらしい余韻を発散するが、「遠くからやってきたもの」がなにかについては解釈がわかれるだろう。関係をしめす文節が不全もしくは欠落しているのだ。ところがその不全こそが情緒や感動の根拠になってしまう。実体ではなくその周囲を捉えることが、もどかしさではなく、実体のにぶい深さをにじませるといってもいい。

二〇一〇年刊の井坂の詩集『嵐の前』（思潮社）は、『朝礼』後、散文形までふくめさまざまに分岐した井坂の詩法を綜合する、風格にみちた傑作だった。とりわけ巻末に置かれた「海浜通り」のロマンティシズムに恍惚となる。そこでは断言的アフォリズムめいたものが、情景描写に混在し、待ち人をもつ「私」が海浜通りにある建物にいて、寂寥をしるす眼下の景物にあてどなく視線をさまよわせていると了解される。その「あてどなさ」が、待ち人未到着による心情の不安定さと並行するのだが、いつしか視線はみずからのさまよいに自足、とおくの永遠をさぐりあててしまう。最終聯、《じきに雨もあがるだろう／海は凶悪な黒い雲が切れて金色の光が洩れている》は残響であり予兆、希望であり終末だ。その多義性により、それじたいを欠いたそれじたいと映る。ここでの余韻が最初期「朝礼」末部の余韻ととおく交響していると感じとると、井坂洋子の詩業がひとつの円環をむかえたのだという感慨まで起きた。

　そうなると、『嵐の前』につづく井坂の最新詩集『七月のひと房』（栗売社、二〇一七年）では、円環終焉ののちのあらたな曲線が興っているという見立てになる。新聞発表詩篇だけがあつめられたわけでもないのに詩篇は概してみじかく、修辞的難解が抑えられているのをみると、いまを要約する気分が「縮減」だと井坂が示唆しているようにおもえる。これを冒頭から語ってきた「文からの偏差」という批評軸と交錯させるとどうなるか。井坂は文の潜在力を再評価し、そんな文によって詩を書こうとしているとしかおもえない。「朝礼」よりもさらに原点へと遡行するような回帰。むろんその文からは虚飾が剝ぎとられ、詩の伝達性が文の伝達性とただ等価になるような峻厳な本質化が生じている。書記が作品と一致する自堕落ではなく、書記がただ詩と一致する無慈悲な同一性が投げだされているのだ。現下とは「べつのもの」を使嗾する暗喩的な力動は、ここにみとめることができない。

ならば各フレーズは強力無比なのか。詩句がそれじたいの輪郭と作用域しかつくらない、端的で余剰のない同一性は、自身を叙述すると、自身をひだのほぐれとして、よわくひろげてゆくのだ。叙述だけを負わされたことばが柔弱や衰退に作用し、刻々に作用／被作用の表裏がうまれるのだが、そうした単位こそが同一で、解釈の贅言をよびこまない。この「ただ書かれてある」状態は、むろん小説の換喩的拡張性とはことなる。うすいものの冷ややかな流動性、恍惚——《天井にうすばかげろうが／と気づいて／目がひんやりする／涙は自分にごほうびをあげている状態／うっとり／たえまなしに流れ》（「わたしに祝福を」部分）。記憶が無へと連絡して、身体が遅延すること、それすらまるごと讃美してしまうあたらしい自己把握——《まな裡《うら》のかつての景色は小ばこにしまわれ／無数の小ばこは大ばこに／大ばこは宙へ溶解する　虚空の際／見ようとせずとも／見開かれた目にうつっていく出来事の／レンゾクで月日はなかぶくれし／吼えたつように攫《さら》われる／思い出などないが／からだの奥の感情の大海は　つねに／こまかにさざ波がたって》（「クワガタと紅白帽」部分）。自己把握に遠近の別を交叉させると眺望がアレゴリーになること——《光の欄干に黒い鳥が一本足で眠っている。それでわかった。ずいぶん前に私のなかから人が出ていったこと、代わりに入ってきた者までが。遠い、と口をついてでることばに嘘はなく、私が遠いのだと思う。》（「やわらかな手」部分）。身体上の部分と全体の相剋、その両義性がそのまま両義的価値をもつこと——《私は肉体だけしか携えていない／だとしたら／切り刻まれてもおかしくないのだ／そこらじゅうの断片をかきあつめ／掌から鳩をだす／ように／まずしさの栄えというものはあるだろうか》（「シー ウォズ ベルベット」部分）。点描法で描かれた自己危機のエレガンスが「周囲」論を起動させる——《映る顔を／すみずみまで自分だと／まごうことなく　此処にいると／思えたことがない／私のまわりも／明るい灯に／色をあぶりだされているというのに》（「水のなかの小さな生物」部分）。

自己再帰性はバロックのひだをつくり、詩のことばの同一性を脱自明化へとみちびく、と井坂洋子が詩句をつうじ語りだしているかのようだ。それでもこれら膾炙しやすい展開にたいし『七月のひと房』の凄みは、「海浜通り」が魅惑的な箴言をふくんでいたように、「徹底的な散文」をふくむことで詩の顕れに多元化をみちびいていることだ。同一性が同一性のままおのれを超える事態がそうして起こる。最も戦慄したのが、旧知を病院に見舞う前後の放浪を脱同一的につづった「西方」の最終聯。そこでは対象把握の迂遠が自己の本質的な限定化にむすびついている。それで余情のなさが余情になってしまう——《夕照を追ってわたしは西へ／電車を乗り継ぎ／終点の商店街で／そぼくな二、三の影が／売り買いのやりとりをしている／低い声を感じた》。「母の腕のつけ根の／青いあざ」を島影とみて、生地となしたその島が最終部分で脱論理的に変転する「昼ネズミ」や、男（たぶん夫）の潜在的多元性を照射された自らの帰趨を追った「匿名詩」、雨の日に買い物にいって帰宅後おじいさん（これもたぶん夫）の自然照応性に気づく「六月の耳」などは、詩脈の細い線にゾクゾクくる傑作なのだが、ぶっきらぼうな「散文」が一節にごろりと投げだされて、結果、詩篇全体に「同一性と脱同一性の同化」が起こる。ほかの詩作者にはほとんどみられない戦慄だ。それぞれ唸ったのは一見殺伐として乱暴な以下のフレーズで、ある種の散文の見本となるものだ。《昼日中から／長いシッポが台所を横切るのを／二度も見た／幸運のしるしだと思ったが／間違いだった》（「昼ネズミ」部分）。《出先で／男ばかりとたてつづけに会った夜は／窓を開け放つ／好きな男とざくろを割って食べ／なだめられて眠り／年少の一日に／少し近づく》（「匿名詩」末部）。《あめがふると昔がもどってくる／耳なりがやむよ／とおじいさんはいう／もどると／右腕をたたんで枕にし　横向きに寝ている／おじいさ

んの耳も　庭のアジサイも／こさめにかこまれ薄くひらいていた》（「六月の耳」末部）。
かつて「性愛」（『朝礼』）と「散見」（『マーマレード・デイズ』）を対象に、井坂洋子の性愛詩がアノニマスで、それが換喩的な部分化に負っていると分析したことがある（『換喩詩学』二〇九—二一二頁）。結果的には「顔の喪失」が生じ、それが読者の同調の動因となる。その系列にある『七月のひと房』所収の「戸口」は、闇としてみずからの人生遍歴をふりかえり、「異性との同在」の原型として母との双対におもいいたり、（まぼろしのような）母からの声を叱声と怯え、それでも自らの「部分」——のどぼとけに気味悪い聖性をともす展開をもつ。無駄なことは書かない、そのことがすでに無名的な浄化であり、だから部分が換喩運動をなしながら、しかも全体を分割できないのだ。冒頭聯、それに「のどぼとけ」に女の本来的な両性具有性のにじむのも凄惨だ。全篇を引く。

彼女は何も聞くまいとする
まるで男のようだが
かつては性の溝があって
またいで異性を組み伏した

みずからの長い髪にからまって
あえいだこともあった

ひとつの幹から枝分かれした

二つ身の体のように
やすらいでいるふたりの写真を破る
(ひとは母子の饗宴以来
　なぜ2なのだろうか)

ある夜明け
戸口に立って迎え入れてくれる老女のことばに
全身でふりむいて
耳を切りおとす

彼女は何も聞くまいとする
うす目をあけて
誰かが与えてくれた甕の水をのみながら
その仄白いのどぼとけが
彼女とは無関係に
ゆっくり自律的に動く

＊

川田絢音はモダニズムの影響下にある断章詩集『空の時間』(蜘蛛出版社、六九年)から詩的キャリアを開始したが、その後イタリアへ移って詩風を転換した。ロマネスクな道具立てによって、本質的な放浪者、その愛の放埒の倦怠を、小説的文体の徹底的な縮減としてつづりだしたのだ（たとえば『ピサ通り』所収「映画」、青土社、七六年）。読者の判断可能性ぎりぎりのところで限定的な修辞をつむぎ、余白を読者自身が埋めてゆく。けれどもそれは瀟洒なロマネスクのオルタナティヴと捉えることもできた。ところが「少なくしてゆく」が「少なさが書いてゆく」へと自然移行してくるにつれ、連辞の空隙に抒情とはちがったもの――たとえば恐怖によってうつくしくしぼりあげられた世界認識といったものが揺曳しだす。彼女は唯一無二の詩的存在となっていった。情景がつづられるが、文体が乾ききり、現れている圧縮が残酷美を発するのが要件だった。

八六年、『朝のカフェ』（青土社）所収「日誌」――《ホテルの入口に／骨の無いような女がいて／二足の靴をつまんで奥に持っていった／黒いレースが腐ったように垂れた部屋にはいると／仮名文字の染められたゆかたが置かれ／文字は窒息している／／いつか／海岸に／丸い白い石がじっと無関心に触れあって／波があたりを刈りこんでいた／犬の頭くらいの石を拾って　鞄に入れ／べつの街で／棄てた／／八月十日／琵琶湖で／男とホテルに泊まる》（全篇）。一聯目、「二足の靴」が読解の鍵になる。靴は左右一対が「一足」と数えられるから、不気味な老婆に案内され、不潔で旧いホテルの部屋へはいっていったのは、詩からつたわる女性主体とその相手の男、合計ふたりなのだった。そうなると三聯目の「日誌」体の報告＝備忘記述は一聯目の描写の転位で、詩のながれは描写の簡潔性がさらなる簡潔性へと縮減されていったものだという了解が生じる。簡潔さが余韻の母胎なのだ。問題は二聯。ホテルの立地は三聯目で琵琶湖畔としるされるが、ホテル投宿前後、男と遊んだ湖畔の風景ではない点に留意が要る。故意に「いつか」「海岸で」と別時制、別の場所である点が強調され、海岸にともにいたのが一聯三聯の男とはべつという公算も出てくる。主体の記憶はあいまいに多方向にひらけている。しかも海岸で拾われた「犬の頭くらいの石」は逢瀬のかたみの座を離れ、「べつの街で／棄て」られている。これは海岸に遊んだその対象との別れを暗示しているのだろうか。じつはなにもかもわからない。材料が「不足」しているのだ。回想を駆動させている女性主体の男性遍歴の詮索を超えて、主体が多様性＝「ほか」へとあいまいにひらかれている点だけが意識される。この脱落に「減喩」機能をかんじる。ここで減喩について筆者のしるしたネット上の文章をペーストしておこう（二〇一七年十月二十五日アップ）。

喩法はあるのか。どこをさがしても暗喩がみとめられないその「詩になったもの」では、消去の痕跡そのものがひとつの実体として読者の声のなかに読まれるほかなく、その「ないもの」の結節を減喩とよぶことができるだろう。むしろそれは痕跡の不能なのだ。喩がみとめられないのだから、ただ書かれたものを「ただ読む」密着が生じ、詩は身体らしきものをたどる直接体験へと変貌してゆく。顔はない。

減喩を煩雑な技巧と誤ってはならない。「それ以外」が「それ」のなかに包含されたその単純な形式が、読むことの隔時的交響性を単純にあかしするだけのはずだ。ことは詩の救済にかかわっている。「それ以外」が「それ」に隣接することで本脈がきえ、たえず別脈が現れる換喩の本質は、すべてが「中途」だということだろう。その換喩の延長にこそ減喩が置かれる。度外視されてはならない点だ。そこでは渦中と事後が分離できなくなり、語の分散が語の綜合を使嗾しながら、どこかに穴をみることになる。空間的にいっても時間的にいっても、なにか得体のしれないものがゆれている。それは脱論理や結像不能性に似ている。これが読まれるのだから、換喩どうよう減喩で書かれた詩は要約ができない。むろん要約不能性こそが「生」の別語だし、詩の物質化をみちびくものだ。詩の細部では、足りないのにすべてが的中している。それがはじまり、それがおわる。

さて「すくなさが書く」とはどういうことか。それは散文を組織づける構文が最初に習いおぼえたものにちがいない。関係節をはぶき本質だけをのこし、ジャコメッティの彫刻のような痩身体を実現する。えがきたい主題や対象にとっては苛烈なことだが、一文にいったん骨子だけへの縮小をしいると、他の文へも苛烈の法則が浸潤してゆく。それでも文のつらなりは気づく。文と文の照応、文節と文節の照応、語と語の照応に、説明的に語るべき以外の本質的な連接がにぶく生じているのだと。とうぜん補塡されつつそのような詩篇が読まれるのだから、繙読は遅延化し、意識内音読もまた静謐にならざるをえない（逆にいえば速さがうるさいということだ）。ときには決定不能性に戦慄をともなうこともある。なにかが抉られた箇所に減喩の所在が感知されるが、それは痕跡、もっといえば痕跡の不能でしかない。だから減喩に辞書的な定義がないのだ。ところがそれは詩作者に内在化された書法として確実に実在している。文が露呈することは詩の不在のようにおもえつつ、不在が詩となって文の殺伐を包含するので、減喩の詩にはいきもののような有機的な一貫性もある。川田の詩はその様相を詩集刊行ごとにつよめているのだ。

二〇一五年、思潮社刊の詩集『雁の世』（タイトルに川田自身による「渡り」の感慨が籠められている）は川田的方法のしずかな達成点だった。同詩集の萩原朔太郎賞受賞時には「テレジーン」「オシフィエンチム」など、ナチスのホロコーストの遺構地名が織られていることに解釈があつまったが、時空への想起があるとはいえ、地名は作者の東欧流浪で付帯してきた自然要素と遇していいのではないか。それでも民族分立の起こっている東欧の葛藤が空間の土台に厳しく据えられている。傑作「長い橋」（全篇）――

瓦礫の広がる墓地で
警官が棒をもってなにか探している
長い橋を渡っていくと
対岸の男たちがドラム罐に火を焚いて
口に出さず
壁に頭をぶちつけず
太い息を吐き　しずかに身をふるわせている
たがいに争うように煽りたてられた隣人
人はどんなやり方をしても救われないが
わたしたちにそれが必要なのだろう
なにを浴びても
外にものごとはないという度量で
川は外を流れている

註記はかなりできる。「瓦礫＝爆撃による破砕地」「墓地＝緊急避難的に当地で火葬がおこなわれ簡易墓地ができた」「ドラム罐に火を焚いて＝難民キャンプの様相」「口に出さず＝流罪的な境遇に憤懣を述べる気力もなくなった」「壁に頭をぶちつけず＝絶望による自死衝動はもはやない」「身をふるわせている＝冬の季節の底冷え」等々。詩の主体が両岸を渡す長い橋を渡ったとき、対岸が此岸に入れ替わり、その逆も起こった点が重要だろう。民族がちがっても、混沌では此岸彼岸はおなじなのだ。隣接性を反目の根拠にしなければ人は生きられない、憎悪もまた救済の根幹になるという諦観が強烈だ。ただし以上は状況読解だけであって、詩篇のすごさは最終三行に集中している。まず「なにを浴びても」の「なに」が補填不能。それは銃弾でも爆撃でも、あるいはひかりでも雨でも風でも夜でも構わないと気づく。異民族間の「境界」をつくりあげる川は、政治ではなくただ外界性に接続しているだけなのだ。「度量」の語をこのようにつかいきったひとはいない。くわえて、「外にものごとはないという度量で」「川は外を」のながれで「外」が間歇反復されるが、一度目の「外」と二度目の「外」は文中の位置がことなるが、指示しているものがおなじなのだ（だからこの重複には瑕疵の匂いがする）。これはふたつの法則を語る。「同異とは同一である」「同一とは同異である」。ことは川の存在論から語の存在論へと拡大してゆくのではないか。このような破壊哲学を、文の不全による詩でひそかに仄めかす川田の底知れなさに慄然とする。この最終三行が滅喩とよばれるべきものだ。

川田のいまのところの最新詩集『白夜』（書肆子午線、二〇一七年）は放浪の場所を北欧に移したが、滅喩の達成という点では『雁の世』にひけをとらない。まずは巻頭詩篇「外套」から全篇を引く。

《刺繡のある青の外套であらわれ／手にしているチケットを見せ／まわりの客に席を教えてもらって／その男はわたしの隣りに軀を沈めた／／安全ベルトを締めて／飲みものをもらってあげると／うなずき　少しこぼして／気にしてハンカチで拭き／それをくるっと回しひとり用の風を起こして眠った

／座席の背に映像のある支離滅裂／機内は／心を養う隙間がなく／待つまでもなく墜落している／どうしているかと覗くと／モンゴル外套の／底のない膨らみだけ》。一聯中の「刺繡のある青の外套」が、三聯中の「モンゴル外套」と隔時的に同格化される構成に眼を瞠るが、「ひとり用の風を起こして眠った」など気が利いて、かつ凄みのある修辞だ。北欧の空にあっておなじモンゴル系の隣席者、しかも精悍な偉丈夫に心を奪われる高齢者・川田の欲動も見事。二聯に技術がある。主語が省略された複文構造だが、なんとそれが同一主語でない文法違反を犯しているのだった。「もらってあげる」までの主語は日本語法則より隠れている一人称を指示するが、「うなずき」以降は意味的にその前の聯の最終主語「その男」に復帰する。こうした架橋により、隣席という条件を超えたふたつの身体のちかさにみちびかれる。境界がないこと。それは三聯の「機内は……墜落している」と読める成り行きへ結実してゆく。飛ぶことと墜落することの同一が示唆されているのだ。となると、「あること」と「ないこと」も連絡する。それで外套だけになって実体の消えた隣席のモンゴル人が定位されている。むろん常識は深い就眠をそこに読解するが、ことばそのものは有と無を無媒介に等号でむすんでいる。最後に「消えた天幕」（全篇）を——

知っていてその草を食べ
じぶんの息をする
天幕に寝た人も注意を逸《そ》らされ
角を真似た帽子をかぶってみても

トナカイの思いをうかがいようがなかった
養分のしみた内臓と毛皮を
余すところなく手厚くあつかい
骨片は清らかなさいころにして投げた

眼を光らせて事物を覆ってしまうので
人は眼から朽ちるようだが
トナカイの顔の皮でつくられた靴に
眼の澄んだ裂けめがある

これも修辞が行き渡っている。三聯目「あつかい」が「屠り」の換言だが、愛着から語がえらびなおされている。一聯目が二聯中の「トナカイの思い」へかかる、間歇性が破格の構成だ。天幕暮らしをするホーボー・ジャングル。狩ったトナカイからの収得物は毛皮コートになり、帽子になり、肉は食用に供され、骨までも洒落た賭博の道具になる。トナカイの質感に生活を囲まれるなかで、「動物化」の問題が起こる。それで注意力が散漫になり、眼光がするどくなるのだ。そのなかで「人は眼から朽ちるようだ」の推定が怖い。白骨化の初期段階をおもえば顔にすぐに頭蓋骨の眼窩があらわれるのだからこれは真実だろうが（ムンクの絵の顔の表象も想起する）、この詩脈では、眼を光らせて事物を視線所有した欲望＝エロスの咎として眼が先行して腐乱するようにさえおもえてしまう。人間から眼のきえる世界。すると元は動物界だった領域から眼の神性が再臨する。「トナカイの顔の皮でつくられた靴」という眩暈的なディテールによって、トナカイの元の顔が表面になっている靴があらわれ、なおかつ眼が朽ちるのだから、その眼の部分だけは裂けめとなっている。その「裂けめ」こそ眼だと川田は語っている。「裂けめ」は周到に「め」とひらがな表記されているが、実体は「裂け－眼」なのだ。瞼が引き裂かれて眼が現出するだけではなく、裂けているものすべてが眼のような閃光を発する。そのような双方向性を生きることが、人間が動物界にいることなのではないか。そこまでを「妄想」して、なおかつ確証の手立てが詩の表面にあらわれていない。それで減喩に接した感慨がうまれる。

＊

詩的フレーズではなく、「文」こそを詩の原資にしたもうひとりの卓越者として、最後に貞久秀紀を召喚しよう。彼は二〇一七年、詩集『具現』（思潮社）を上梓した。あたえられた紙幅をすでに超過しだしたので、手短にしるす。自身が熟考した詩法「明示法」によって、同語の執拗な反復も厭わず、冗語とさえおもえるほどに関係性の精確さをつづってゆくその詩＝文が、だんだん繙読を遅延させる方向に傾斜してきたことは共通の印象だろう。印象といえば、現在の貞久詩が『梢にて』以降の江代充の詩に接近してきたこともネット上の話題となった。ただし江代詩の主体は、対象感覚を開始、時間経由のあと、感覚の綜合を自らに収める満尾の状態へいたる。これにたいし現在の貞久詩の主体は、感覚の当初性から主体が換喩的にずれるのだった。「ゆく道なか」全篇を引こう。最終行が電撃的な畏怖をあたえるはずだ。すごいフレーズなのに、文脈的了解がならないためだ。

ふり返り
想い起こすものが
草がちな
ゆく道なかにはじめから
鳥のすがたでいた
ふたつ手をあわせてお椀にすくいあげれば
まだ羽のある
白灰の身がらをもつ小鳥が
ふたたび手をのばすことができたならはじめてこの鳥にゆきあたり
あたたかく触れうるものとして横たわり
ひとりのわたしが近づいていた

かつて江代充の詩篇「みおのお舟」で補足をもちいて詩の謎をくだいたように（『詩と減喩』一〇五頁）、ここでも冗語をついやしてみよう。《〔いつかみた〕〔そのすがたがあったなと〕ふり返り／〔記憶のなかに〕想い起こすものが／〔いまわたしのゆく〕草がちな／ゆく道なかに〔像をつくりなすまえの〕はじめ〔の段階〕から／鳥のすがたで〔現下にあらわれて〕いた〔ので〕／〔想像よりも実在がべつのありかたで先行するとあらためておもったものだ〕／〔わたしは自分の〕ふたつ手をあわせた〔。〕／〔そうしてなした〕お椀〔のかたち〕に〔いま眼下にみえている小鳥を〕〔さきにした想像と同様に〕〔想像で〕すくいあげれば／〔ようやく、ととらえるべきところ〕まだ〔となぜか時間錯誤してしまう〕／〔おさないたよりなげな〕羽のある／〔しかも羽毛のうすさによって地肌が〕白灰の〔いろに透ける〕身がらをもつ小鳥が／〔わたしのさわりうる可能性のまえに〕／〔はかなげにみずからの境域をつくっているので〕／〔そこへと〕ふたたび手をのばすことができたなら〔ふれていないのに〕〔ふれることが〕はじめてこの鳥にゆきあたり／〔その像は〕あたたかく触れうるものとして〔わたしの想像の感触のなかに〕横たわり〔ゆくだろう〕／〔そうかんがえ〕ひとりのわたしが〔小鳥のからだすくおうと〕／近づいていた〔のを〕〔わたしじしんが〕〔わたしのべつの像として〕／〔想像し〕〔離人的に観察しているのは〕／〔鳥の像と実在の関係が〕〔わたし自身にもおよんだからで〕／〔ということは〕〔鳥のすがたはわたしとして〕／〔はじめからそこにみえていた〕〔のかもしれない〕》。

いま試しにおこなった補塡は、かぎりなく冗長だ。けれどもその冗長（＝再帰性）は詩の原文それじたいにあり、同時に詩は「それにみあわない」脱落によって脈を不穏に渦巻かせている。冗語とは詩のなかの内部反響であって、それで「おのれがおのれに帰る」運動の猖獗を潜在させている。だからそれに同調する、以上のような補足的でまぼろしのような読み筋が成立するのだ。

（「現代詩手帖」二〇一八年二月号）

あとがき

二〇一六年に「現代詩手帖」で連載した詩書月評に、フェイスブックでつづった「詩を書くことについて」のエッセイをくわえ、さらに詩書月評の補遺と翌年度の詩集評などももりこんだ、三部構成の全体となった。文章の選定と、編集には、思潮社編集部の出本喬巳さんのお世話になった。すばらしい装幀によって本を実体化してくださった奥定泰之さんとともに、ていねいなお仕事に感謝します。

詩論的にはそれまでの『換喩詩学』『詩と減喩』でかんがえたことの展開と延長が中心となっているが、詩書月評という条件のもと、さらに幅広い詩の対象化が実現されることともなった。詩のフィールドのほんとうの多様性がつたわればさいわいだ。

詩書月評は字数が限定的で、地の文が十全にひろげられず、この補塡もあって「詩を書くことについて」のエッセイを書きだしたとおもうが、読まれるとおり、綜合的な主題として、詩における「顔とからだ」の相剋が浮上していった。これが品詞論に対応している。その前提のもとに、第三パートの多くも書かれているのだが、鏡順子論以降最後の四篇では、さらに「詩と文の関係考察」がそこに交錯していった。これはよわまっている詩を不毛な「分類」からときはなつ、救済措置だとおもう。そのような「うごき」こそが、この評論集の本質なのではないか——自分ではそうかんじている。

二〇一七年十二月　　札幌にて　著者識

＊本書は平成二十九年度北海道大学大学院文学研究科の出版助成を得て、公刊されました。

阿部嘉昭（あべ・かしょう）

一九五八年東京生、現在札幌在住
評論家、著書多数
北海道大学文学部准教授、
映画・サブカルチャー研究、詩歌論
詩集に、『昨日知った、あらゆる声で』（書肆山田）、『頬杖のつきかた』、『みんなを、屋根に。』、『ふる雪のむこう』、『空気断章』、『静思集』、『陰であるみどり』、『束』（以上思潮社）、『石のくずれ』、『橋が言う』（以上ミッドナイト・プレス）、詩論集に『換喩詩学』、『詩と減喩』（以上思潮社）がある。

詩《し》の顔《かお》、詩《し》のからだ

著者
阿部嘉昭《あべかしょう》
発行者
小田久郎
発行所
株式会社思潮社
〒一六二―〇八四二　東京都新宿区市谷砂土原町三―十五
電話〇三（三二六七）八一五三（営業）・八一四一（編集）
FAX〇三（三二六七）八一四二
印刷・製本所
三報社印刷株式会社
発行日
二〇一八年三月二十五日